はしがき

　本協会に所属する学校は、令和6年度は216校に及び、企業で経理事務を担当する人や、将来税理士などの職業会計人になる人の養成に携わっています。本協会は、簿記会計の実践面において大きな影響力を持つ税法の学習を、経理学校の正式科目として普及するよう長年努力を続けてまいりました。

　このため、本協会では毎年3回、消費税法についての能力検定試験を1級から3級に分けた形で実施し、その合格者には本協会の合格証書を授与しています。幸い、その普及率・合格率も徐々に向上しています。

　わが国の税制は、納税者の一人一人が法律に定められたルールに従って、申告・納税を自主的に行う申告納税制度を基本としています。

　その税法が難しい法律であり、若い生徒諸君にはなじみにくいということも事実ですが、学習用テキストとして平易に書かれた解説書があれば、大分勉強しやすくなるのではないかと考えられます。

　そこで、株式会社清文社のご協力を得て本協会で作成したのがこの「演習消費税法」テキストになります。発刊以来、全国各地の会員校にてご利用をいただき、好評を博しています。

　本書は、初級用テキストである「入門税法」及び中級用テキストである「演習所得税法」「演習法人税法」と姉妹書になっており、「演習所得税法」「演習法人税法」と同様、「入門税法」で一応の税法予備知識を習得された方のために作成されています。

　また、読む勉強と同時に、問題を解くことにより実力を養っていただくことを狙いとし、各章に演習問題を、最終章に総合演習問題を配置しました。問題の水準については、本協会の消費税法能力検定試験の2級ないし3級程度としています。

　なお、参考までに、巻末には本協会の消費税法能力検定試験の試験規則・級別出題区分表と、令和5年10月実施の試験問題の2級及び3級を掲載しました。読者諸氏の能力にあった検定試験をできるだけ多くの方が受験され、能力を確かなものとされるようお薦めする次第です。

令和6年3月

公益社団法人　全国経理教育協会

（注）　本書印刷日現在、令和6年度の税制改正法案は、国会で審議中ですが、学習の便を考え、あえて法案の段階にて作成としたことをご了解いただきたく存じます。

目　　次

第一章　消費税のあらまし

第二章　納税義務者

第三章　適格請求書発行事業者登録制度

第四章　課税の対象

第五章　非　課　税

第六章　免　　税

第七章　資産の譲渡等の時期

第八章　課税標準と税率

第九章　軽減税率

第十章　課税標準額に対する消費税額の調整

第十一章　仕入れに係る消費税額の控除

第十二章　仕入れに係る消費税額の調整

第十三章　2割特例（適格請求書発行事業者となる小規模事業者に係る税額控除に関する経過措置）

第十七章　国境を越えた役務の提供に対する課税の特例

第十八章　国、地方公共団体等の特例

第十九章　事業の承継

第二十章　信　　託

第二十一章　総額表示の義務

第二十二章　経　理　処　理

第二十三章　地方消費税

第二十四章　総合演習問題 …………… 279

公益社団法人 全国経理教育協会主催 消費税法能力検定試験

演習問題　検定試験問題 解答

───────────────〈凡例〉───────────────

◎本書に使用した法令・通達等の略号は次によっています。

通則法………………………国税通則法（昭和37年法律第66号）
通則令………………………国税通則法施行令（昭和37年政令第135号）
消法…………………………消費税法（昭和63年法律第108号）
消令…………………………消費税法施行令（昭和63年政令第360号）
消規…………………………消費税法施行規則（昭和63年大蔵省令第53号）
消基通………………………消費税法基本通達
措法…………………………租税特別措置法（昭和32年法律第26号）
措令…………………………租税特別措置法施行令（昭和32年政令第43号）
措規…………………………租税特別措置法施行規則（昭和32年大蔵省令第15号）
法法…………………………法人税法（昭和40年法律第34号）
法令…………………………法人税法施行令（昭和40年政令第97号）
経理通達……………………平成元年３月１日付直法２−１「消費税法等の施行に伴
　　　　　　　　　　　　　　う法人税の取扱いについて」
所法…………………………所得税法（昭和40年法律第33号）
所令…………………………所得税法施行令（昭和40年政令第96号）
所基通………………………所得税基本通達
所得税経理通達……………平成元年３月29日直所３−８・直資３−６「消費税法等
　　　　　　　　　　　　　　の施行に伴う所得税の取扱いについて」
輸徴法………………………輸入品に対する内国消費税の徴収等に関する法律（昭和
　　　　　　　　　　　　　　30年法律第37号）
インボイスQ&A …………消費税の仕入税額控除制度における適格請求書等保存方式
　　　　　　　　　　　　　　に関するQ&A
平28改所法附………………所得税法等の一部を改正する法律（平成28年法律第15号）
　　　　　　　　　　　　　　附則
平28改消令附………………消費税法施行令等の一部を改正する政令（平成28年政令
　　　　　　　　　　　　　　第148号）附則
平30改消令附………………消費税法施行令等の一部を改正する政令（平成30年政令
　　　　　　　　　　　　　　第135号）附則
令２改所法附………………所得税法等の一部を改正する法律（令和２年法律第８号）
　　　　　　　　　　　　　　附則
令６改所法附………………所得税法等の一部を改正する法律
　〈略号使用例〉消法２①七…消費税法第２条第１項第７号

第一章 消費税のあらまし

■第一節　消費税は一般間接税

　租税は、種々の観点から分類されますが、そのひとつに、直接税と間接税の区分があります。これは、税負担の転嫁の有無を基準とする分類です。直接税とは、立法段階において、法律上の納税義務者と実質的な税の負担者とが一致することを予定しているものであり、間接税とは、両者が一致せず税の負担が転嫁されることを予定しているものです。

　消費税法に規定する消費税は、税の負担者は消費者、納税義務者はその消費を提供する事業者として設計された間接税です。

　また、課税物件（課税の対象となるもの）を基準にする収得税、財産税、消費税、流通税の区分があります。収得税は所得や収益に、財産税は財産の保有に、消費税は物品やサービスの消費に、流通税は権利の移転などの行為にそれぞれ課税するものです。消費税には、特定の物品やサービスの消費を課税対象とする個別消費税と、すべての消費行為を課税対象とする一般消費税とがあります。消費税法に規定する消費税は、原則として、すべての消費行為を課税の対象と考えています。

　以下は、特に断りがない限り、この消費税法に規定する消費税を「消費税」と呼んで話を進めましょう。

■第二節　消費税の基本構造

　消費税の基本構造は、税制改革法において明らかにされています。

　「消費税は、事業者による商品の販売、役務の提供等の各段階において課税し、経済に対する中立性を確保するため、課税の累積を排除する方式による」（税制改革法10②）、「事業者は、消費に広く薄く負担を求めるという消費税の性格にかんがみ、消費税を円滑かつ適正に転嫁するものとする」（税制改革法11①）というものです。

　消費税は、物品税を中心とした課税ベースを限定する個別間接税制度における諸問題を根本的に解決するものとして創設されました。したがって、その課税はすべての消費に及ぶものとするのが基本原則です。すべての消費に広く薄く税の負担を求める、すなわち、物やサービスを消費する（買う）力があるのであれば、その消費にあわせてほんの少しの税を負担してもらおう、というものです。

ただし、消費税の納税義務者は消費を行う消費者ではなく、消費を提供する事業者です。したがって、消費税は、課税物件である「消費」を、納税義務者である事業の立場から「資産の譲渡等」と定義しています。

　また、納付すべき消費税額の算出にあたっては、税の負担を最終消費にまで転嫁するため、前段階で課税された消費税額を控除する仕入税額控除を行うものとしています。

■第三節　転嫁の仕組み

　消費税の転嫁の仕組みは、次のとおりです。

メーカー		卸売業者		小売業者		消費者
1,000円で売上げ →		3,000円で売上げ →		6,000円で売上げ →		
売上げの税額　100		売上げの税額　300		売上げの税額　600		負担する
仕入れの税額　　0		仕入れの税額　100		仕入れの税額　300		消費税額
納付税額　　　100		納付税額　　　200		納付税額　　　300		600

　各事業者は、売上げの消費税額から仕入れの消費税額を控除して納付税額を計算します。

　各事業者が納付した消費税額の合計額は、最終的に消費者が負担した消費税額と一致します。

メーカー	卸売業者	小売業者	合計	
100円 ＋	200円 ＋	300円 ＝	600円 →	消費者が負担した消費税額600円と一致

■第四節　不課税・非課税・免税・課税

　消費税を理解する上で、不課税・非課税・免税・課税の区分はとても重要です。一般に、これらの区分を行うことを「消費税の課否判定」といいます。

①　不課税取引…課税対象外取引。公益法人等を除いて、消費税の課税関係は生じません。

②　非課税取引…非課税売上高は課税売上割合の計算に影響します。

③　免　税　取　引…０％課税が適用され、その売上高が課税標準額に算入されないことを除いては、課税取引と同様の取扱いとなります。

④　課　税　取　引…売上げについては課税標準額、仕入れについては控除対象仕入税額の計算の基礎となります。

　消費税の課否判定は、資産の譲渡等であるかどうかの判断を出発点に、国内取引に該当するか、非課税資産の譲渡等に該当するか、輸出取引等に該当するか、と順を追って行います。

■課否判定の手順

<table>
<tr>
<td rowspan="2">（ステップ1）課税の対象の判断</td>
<td>

第一に、すべての取引は、「資産の譲渡等」とそれ以外とに区分します。

国内において事業者が行った「資産の譲渡等」は課税の対象となり、次のステップで、非課税・免税・課税に分類します。

課税の対象とならないものを一般に不課税と呼んでいます。

また、物品を輸入する行為は資産の譲渡等ではありませんが、その後国内で消費されるものであることから、すべての輸入貨物は課税の対象とされています。

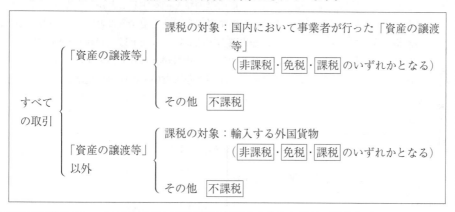

</td>
</tr>
</table>

次に、国内において事業者が行った「資産の譲渡等」のうち、非課税となる取引を区分します。

課税物件である「消費」とこれを事業者の側から定義した「資産の譲渡等」とは、その範囲に多少のズレが生じます。例えば、土地は消費財ではなく土地の譲渡は財貨の消費とはいえませんが、法人が土地を売却した場合は、国内において事業者が行った「資産の譲渡等」に該当し、課税の対象となってしまいます。このように、課税の対象となるけれども財貨の消費とはいえないものは、非課税として課税除外の取扱いがなされます。

また、財貨を消費する行為であり、国内において事業者が行った「資産の譲渡等」として課税の対象となるものであっても、医療行為や教育など、社会政策上の配慮から税負担を求めにくいものについては、非課税とされています。

（ステップ2）非課税の判断

```
国内において事業者が行った
「資産の譲渡等」
            ┌ 国内における「課税資産の譲渡等」
            │ （「非課税資産の譲渡等」以外のもの）
            │ ：免税・課税のいずれかとなる
            │
            └ 「非課税資産の譲渡等」 非課税
               ・「消費」という概念になじまないもの
               ・政策目的から非課税とするもの
```

また、輸入取引に係る非課税及び免税は、資産の譲渡等に係る非課税とは別に定められています。

⬇

（ステップ３）免税と課税の判断

最後に輸出取引及び輸出関連取引を判定します。

国内から国外に向けて行われる資産の譲渡等は、国外において行う消費のための供給といえます。消費税についての国際的ルールである消費地課税主義（消費税は財貨の消費国において課税する）の原則からすればこのような取引に課税することはできず、輸出取引等は免税とされています。

また、売上げに課税しなくてもその前段階の税を控除することができなければ、控除することができない税に相当する額は輸出事業者の利益を圧迫することとなり、結果的に輸出品の価格上昇を招きます。そこで、輸出取引等については売上げに課税しない一方で、それに係る仕入れの税を控除する免税（０％課税）の措置がとられています。

国内における課税資産の譲渡等のうち免税とならないものが、課税取引です。売上げを行う事業者にとっては課税売上げとなり、仕入れを行う事業者にとっては課税仕入れとなります。

国内における「課税資産の譲渡等」
- 輸出取引等以外　課税
　（課税売上げとなる）
- 輸出取引等　免税

■課否判定の全体像

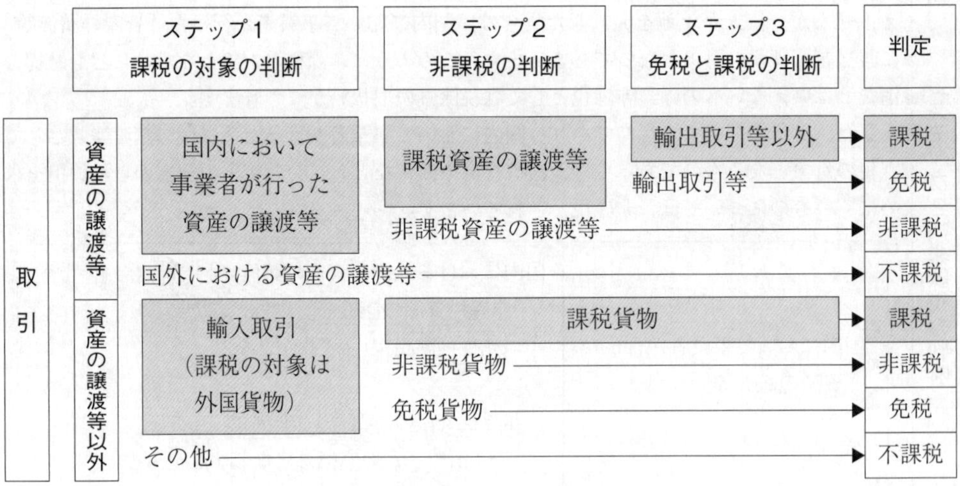

■第五節　消費税の税率

　消費税創設当時の税率は、3％でした。

　平成9年4月1日以後は4％となり、消費税額を課税標準として$\frac{25}{100}$の割合（消費税率にして1％）の地方消費税が創設され、消費税及び地方消費税の合計税率は5％となりました。

　平成24年8月22日に公布された「社会保障の安定財源の確保等を図る税制の抜本的な改革を行うための消費税法の一部を改正する等の法律」（以下「税制抜本改革法」といいます。）は、消費税等の合計税率を2段階で引き上げることを定めており、消費税及び地方消費税の合計税率は平成26年4月1日から令和元年9月30日までの間は8％、令和元年10月1日以後は10％となっています。

　また、令和元年10月1日以後は、標準税率を10％（国税7.8％、地方税2.2％）、軽減税率を8％（国税6.24％、地方税1.76％）とする複数税率制度となっています。

　軽減税率の対象は、次の3つです。

---

　(1)　酒類及び外食を除く飲食料品の譲渡
　(2)　定期購読契約による週2回以上発行される新聞の譲渡
　(3)　酒類を除く飲食料品の輸入

■第六節　仕入税額控除

(1)　税の累積を排除する仕組み

　消費税は、消費者との間で行う取引だけに限らず事業者間取引をも課税の対象としており、1つの商品が消費者に届けられるまでには、流通の各段階で幾重にも課税されることになります。取引の度に課税された税が累積することを避けるため、消費税は前段階で課税された税を排除する前段階税額控除方式を採用しており、その手続を仕入税額控除といいます。事業者が貨物を輸入した際に納付した輸入の消費税も仕入税額控除の対象となります。

　このように、仕入税額控除は、他の税においてみられるような一定の納税者に対する優遇や特典として存在する税額控除とはその位置づけが異なります。消費税は、申告納税手続を行う事業者を通して、消費者が消費税を負担することを予定している間接税ですから、消費に対する課税を実現するためには、税の転嫁が確実に行われなければなりません。

　売上げに係る消費税額と仕入れに係る消費税額のいずれもが正しく把握されてこそ、その事業者が納付すべき適正な税の算定が可能となります。

　また、仕入税額控除は、課税仕入れについてはその課税仕入れを行った日、輸入についてはその貨物を引き取った日の属する課税期間において行うものとされています。企業利益や所得の

金額は、期間利益の算定が基本であり、例えば固定資産は減価償却の手続によって費用の額を計算しますが、このような費用収益の期間的対応の考え方は、消費税にはありません。その課税期間にいくらのものを売り、いくらのものを買ったのかということを基準に納付すべき税額を計算します。したがって、棚卸資産、固定資産、その他の経費等について、金額の大きさや使用する期間に関係なく、いずれもその課税仕入れ等を行った課税期間に仕入税額控除の対象とします。

(2)　仕入税額控除の方式
①　請求書等保存方式（令和元年９月まで）
　請求書等保存方式は、仕入れの事実を記載した帳簿及び請求書等の保存を仕入税額控除の要件とするものです。
②　区分記載請求書等保存方式（令和元年10月から令和５年９月まで）
　区分記載請求書等保存方式とは、請求書等保存方式を維持した上で、複数税率に対応するため、帳簿及び請求書等の記載事項を追加するものです。
③　適格請求書等保存方式（令和５年10月以後）
　適格請求書等保存方式とは、「適格請求書発行事業者登録制度」を基礎として、原則として、「適格請求書発行事業者」から交付を受けた登録番号の記載のある「適格請求書」、「適格簡易請求書」又は「これらの書類の記載事項に係る電磁的記録」のいずれかの保存及び帳簿の保存を、仕入税額控除の要件とするものです。適格請求書発行事業者には、適格請求書等の交付及び写しの保存の義務があります。

■第七節　納付すべき消費税額の計算

　国内取引に係る消費税には３つの税額控除があります。
　納付すべき消費税額は、売上げに係る消費税額に３つの税額控除を適用して計算します。
　仕入税額控除は取引の前段階において課せられた税を排除するものであり、返還等対価に係る税額控除及び貸倒れの税額控除は売上げに係る消費税額を修正するものです。

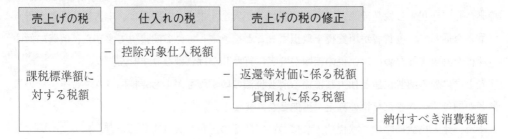

■第八節　小規模事業者及び中小事業者に対する特例

　事業者が、納付すべき消費税を計算するためには、これまでの企業利益の計算や所得金額の計算のための経理処理に加えて、新たな事務負担が生じます。そこで、その事務負担を受忍できないと思われる小規模事業者及び中小事業者については、次のような特例制度が設けられています。

1　事業者免税点制度

　国内取引に係る消費税は、すべての事業者を納税義務者とするのが原則です。ただし、その課税期間の基準期間における課税売上高及び特定期間における課税売上高が1,000万円以下である小規模事業者については、その課税期間に行った課税資産の譲渡等につき納税義務を免除することとされています（所定の要件に該当する場合は免除をしない特例があります。）。

　納税義務が免除される事業者を免税事業者、免除されない事業者を課税事業者と呼びます。

　免税事業者は、納税義務そのものが免除され仕入税額控除の規定も適用されないため、たとえ多額の課税仕入れ等があっても、還付申告を行うことができません。還付申告書を提出するためには、事前に課税事業者となることを選択しておく必要があります。

　また、免税事業者は適格請求書発行事業者の登録ができないため、免税事業者からの仕入れは仕入税額控除の対象となりません。そのため、多くの小規模事業者が課税事業者を選択して適格請求書発行事業者の登録をしています。適格請求書等保存方式の開始から３年間は、免税事業者が登録した場合の負担を軽減するために、納付税額を売上税額の２割に軽減する激変緩和措置が設けられています。

　なお、輸入の消費税については、事業者であるかどうかにかかわらず、輸入する貨物を引き取る者が納税義務者となり、納税義務を免除する制度はありません。

■全額控除

　仕入税額控除は、税の転嫁を目的としているため、非課税売上げのために生じた前段階の税は控除することができません。

　しかし、事業者の納税事務負担に配慮して、その課税期間の課税売上割合が95％以上（非課税売上高の割合が５％以下）であり、かつ、課税売上高が５億円以下である場合には、控除することができない税額をないものとみなして、課税仕入れ等の税額の全額を控除することとされています。

　消費税は、消費に対して広くうすく税の負担を求めるという制度の目的により、ごく限られた分野の取引を非課税としていますから、多くの事業者は、課税資産の販売のみを行い、受取利息など金融取引に係るわずかな非課税売上げがあるという事業内容でしょう。このようなわ

ずかな預金利息等があるために計算が複雑になることを回避するため、全額控除の取扱いが定められています。

　ただし、課税売上高が多額となる大企業等においては、非課税売上高が５％以下という枠も相対的に大きくなります。全額控除の取扱いは、非課税売上げが僅少であることを想定しているため、その適用については、その課税期間における課税売上高が５億円以下であることという要件が付されています。

2 簡易課税制度

　一般課税により控除対象仕入税額を算出するためには、課税仕入れ等について帳簿に記帳し、あわせて、取引の事実を確認することができる請求書等を保存する必要があります。しかし、小規模事業者にとっては、その事務が大きな負担になると考えられます。そこで、これらの事務負担に耐えられない小規模事業者に配慮して、簡易課税制度が設けられています。簡易課税制度は、その課税期間の基準期間における課税売上高が5,000万円以下である事業者について、その事業者の選択により、実際の課税仕入れにかかわらず、売上げの消費税額に事業の区分に応じた６段階のみなし仕入率を乗じて控除対象仕入税額を計算するものです（所定の要件に該当する場合は、選択に制限があります。）。

3 小規模事業者に係る税額控除に関する経過措置（２割特例）

　適格請求書等保存方式においては、制度の開始から３年間、免税事業者が適格請求書発行事業者の登録をする場合に、その納付税額を課税標準額に対する消費税額の20％相当額とすることができる経過措置が設けられています。

4 一定規模以下の事業者に対する事務負担の軽減措置（少額特例）

　基準期間における課税売上高が１億円以下又は特定期間における課税売上高が5,000万円以下である事業者については、適格請求書等保存方式の開始から６年間、支払対価の額が１万円未満である課税仕入れについて、適格請求書の保存がなくとも帳簿のみで仕入税額控除が認められる経過措置が設けられています。

■第九節　適格請求書等保存方式（インボイス制度）

　消費税は、令和５年10月１日に適格請求書等保存方式となりました。
　適格請求書等保存方式は、国税庁に登録をした適格請求書発行事業者から交付を受けた適格請求書の保存を仕入税額控除の要件とする仕組みです。

　適格請求書とは、売手が買手に対して、正確な適用税率や消費税額等を伝えるものであり、具体的には、従来保存すべきものとされていた請求書等の記載事項に、「登録番号」、「適用税率」及び「消費税額等」の記載が追加された書類やデータをいいます。

　適格請求書等保存方式では、売手及び買手に、次のような手続が必要です。

＜売手＞

　適格請求書を交付するためには、国税庁に申請をして、適格請求書発行事業者の登録を受ける必要があります。適格請求書発行事業者は、課税資産の譲渡等について、買手である課税事業者からの求めに応じて、適格請求書を交付し、その写しを保存しなければなりません。

＜買手＞

　仕入税額控除の適用は、原則として、帳簿及び適格請求書の保存が必要です。

　適格請求書の保存に代えて、買手が自ら作成した仕入明細書等で、適格請求書に記載が必要な事項が記載され売手の確認を受けたものを保存することもできます。

■第十節　令和６年度改正

　令和６年度税正改正における消費税の主な改正は、次のとおりです。

(1)　**適格請求書等保存方式に関する見直し**

①　適格請求書等の保存を要しない自動販売機等による課税仕入れ及び使用の際に証票が回収される課税仕入れ（３万円未満のものに限る。）について、帳簿への住所等の記載が不要となりました。

②　適格請求書発行事業者以外の者から行った課税仕入れに係る税額控除に関する経過措置について、一の者からの課税仕入れの額の合計額がその年又はその事業年度で10億円を超える場合には、その超えた部分の課税仕入れについて、本経過措置の適用を認めないこととされました。

(2)　**プラットフォーム課税の導入**

令和７年４月１日以後、国外事業者がデジタルプラットフォームを介して行うサービスは「特定プラットフォーム事業者」が行ったものとみなされます。

(3)　**国外事業者に係る事業者免税点制度の特例の見直し**

①　国外事業者は、特定期間における課税売上高について、給与支払額による判定の対象から除外されます。

②　外国法人は、基準期間があっても、国内における事業の開始時に新設法人に係る資本金1,000万円基準が適用されます。

③　特定新規設立法人の範囲に、その事業者の国外分を含む収入金額が50億円超である者が直接又は間接に支配する法人を設立した場合のその法人を加えるほか、上記②と同様の措置が講じられました。

⑷　高額特定資産を取得した場合の納税義務免除の特例等の見直し

　高額特定資産の仕入れ等をした場合に、その課税期間において取得した金又は白金の地金等の額の合計額が200万円以上である場合が加えられました。

⑸　輸出物品販売場制度の見直し

　①　免税購入された物品だと知りながら行われた課税仕入れについては、仕入税額控除の適用が認められません。

　②　輸出物品販売場制度について、物品購入時に課税し、出国時に物品を確認した上で返金する制度への見直しを検討し、令和7年度税制改正において制度の詳細について結論を得ることとなりました。

第二章 納税義務者

　すべての事業者は、原則として、国内取引に係る消費税の納税義務者となります。

　また、保税地域から課税貨物を引き取る者は、事業者であるか否かにかかわらず、引取りに係る消費税の納税義務者となります。

■第一節　国内取引に係る消費税の納税義務者

　事業者は、国内において行った課税資産の譲渡等（特定資産の譲渡等に該当するものを除きます。）及び特定課税仕入れにつき、消費税を納める義務があります（消法5①）。

　事業者とは、個人事業者及び法人をいいます（消法2①四）。

　＊　特定資産の譲渡等及び特定課税仕入れについては、**第十七章**を参照してください。

1　法　　人

　法人は、その種類、法人となる根拠法、公益性や営利性の有無等にかかわらず、すべて事業者となります。

(1)　人格のない社団等

　人格のない社団等は法人とみなされ（消法3）、消費税の納税義務者となります。

　人格のない社団等とは、法人でない社団又は財団で代表者又は管理人の定めがあるものをいいます（消法2①七）。

　「代表者又は管理人の定めがあるもの」とは、社団等の定款、寄附行為、規則、規約等によって代表者又は管理人が定められている場合のほか、その社団等の業務に係る契約を締結し、その金銭、物品等を管理する等の業務を主宰する者が事実上あることをいいます。

　したがって、法人でない社団等で資産の譲渡等を行うものには、代表者又は管理人の定めのないものは通常あり得ないことになります（消基通1-2-3）。

(2)　法人課税信託

　法人税法に規定する法人課税信託の受託者は、各法人課税信託の信託資産等及び固有資産等ごとに、それぞれ別の者とみなされ、消費税の納税義務者となります（消法15①）。

　また、個人事業者が受託事業者である場合には、その受託事業者を法人とみなして消費税法

の規定を適用します（消法15③）。詳しくは、**第二十章**を参照してください。

2 個人事業者

個人事業者とは、事業を行う個人をいいます（消法2①三）。

所得税においては、所得の源泉や性質によって異なる担税力を考慮するため、課税所得金額は、10種類の各種所得に区分して計算します。各種所得の中には事業所得があり、不動産所得の規模を判断する場合にも事業的規模という概念があります。

しかし、消費税においては、このような考え方はありません。その規模の大小にかかわらず、対価を得て行われる資産の譲渡及び貸付け並びに役務の提供が反復、継続、独立して行われることを「事業」といい（消基通5-1-1）、自己の計算において独立して事業を営む者を事業者といいます（消基通1-1-1）。

役務の提供については、雇用契約又はこれに準ずる契約に基づき、他の者に従属し、かつ、その他の者の計算により行われる事業に役務を提供する場合は、事業に該当しません。

したがって、出来高払の給与を対価とする役務の提供は事業に該当せず、また、請負による報酬を対価とする役務の提供は事業に該当します。出来高払の給与であるか請負による報酬であるかの区分については、雇用契約又はこれに準ずる契約に基づく対価であるかどうかによります。

この場合において、その区分が明らかでないときは、例えば、次の事項を総合勘案して判定します（消基通1-1-1）。

(1) その契約に係る役務の提供の内容が他人の代替を容れるかどうか。

(2) 役務の提供に当たり事業者の指揮監督を受けるかどうか。

(3) まだ引渡しを了しない完成品が不可抗力のため滅失した場合等においても、当該個人が権利として既に提供した役務に係る報酬の請求をなすことができるかどうか。

(4) 役務の提供に係る材料又は用具等を供与されているかどうか。

3 非居住者

資産の譲渡等を行う事業者が非居住者であっても、国内において行われる資産の譲渡等は、課税の対象となります（消基通5-1-11）。

4 共同事業に係る消費税の納税義務

共同事業（人格のない社団等又は匿名組合が行う事業を除きます。）に属する資産の譲渡等又は課税仕入れ等については、その共同事業の構成員が、その共同事業の持分割合又は利益の分配割合に対応する部分につき、それぞれ資産の譲渡等又は課税仕入れ等を行ったことになり

ます（消基通1－3－1）。

5 匿名組合に係る消費税の納税義務

匿名組合の事業に属する資産の譲渡等又は課税仕入れ等については、その匿名組合の営業者が単独で行ったことになります（消基通1－3－2）。

6 資産の譲渡等を行った者の実質判定

法律上資産の譲渡等を行ったとみられる者が単なる名義人であって、その資産の譲渡等に係る対価を享受せず、その者以外の者がその資産の譲渡等に係る対価を享受する場合には、その資産の譲渡等は、その対価を享受する者が行ったものとして、消費税法の規定が適用されます（消法13）。

7 帳簿の備付け等

事業者（免税事業者を除きます。）は、帳簿を備え付けてこれにその行った資産の譲渡等又は課税仕入れ若しくは課税貨物の保税地域からの引取りに関する事項を記録し、かつ、その帳簿を保存しなければならないとされています（消法58）。

■第二節　小規模事業者に係る納税義務の免除

小規模事業者については、その事務負担に配慮するため、消費税の納税義務を免除する事業者免税点制度が設けられています。小規模事業者は納税額が少額であり税収への影響が少ないことから、納税義務を免除することによって税務執行のコストを節減することができるというメリットもあります。

一般に納税義務が免除される事業者を「免税事業者」と、納税義務が免除されない事業者を「課税事業者」と呼びます。

また、小規模事業者にも還付申告の機会を与える、あるいは、制度の趣旨に反して大規模の事業者が納税義務の免除の規定を受けることを防ぐといった目的から、事業者免税点制度には、多くの特例が設けられています。

なお、適格請求書発行事業者は課税事業者に限られるため、適格請求書発行事業者の登録を受けている事業者には、事業者免税点制度は適用されません（消法9①）。

納税義務の免除	基準期間における課税売上高が1,000万円以下である場合には、納税義務を免除する（消法9①）
納税義務の免除の特例	特定期間における課税売上高が1,000万円を超える場合には、納税義務を免除しない（消法9の2①）
	基準期間がない法人でその事業年度開始の日の資本金の額が1,000万円以上であるもの（新設法人）は、納税義務を免除しない（消法12の2①）
	基準期間がない法人で課税売上高が5億円を超える事業者に支配されているもの（特定新規設立法人）は、納税義務を免除しない（消法12の3①）
	高額特定資産を取得して一般課税により申告した後2年間は、納税義務を免除しない（消法12の4①）
	課税事業者を選択した場合には、納税義務を免除しない（消法9④）
	課税事業者を選択した場合、新設法人である場合及び特定新規設立法人である場合には、「調整対象固定資産の仕入れ等を行った場合の特例」がある（消法9⑦、12の2②、12の3③）
	相続により事業を承継した場合には、被相続人の課税売上高を考慮して判定する（消法10）
	合併により事業を承継した場合には、被合併法人の課税売上高を考慮して判定する（消法11）
	法人が分割した場合には、分割する前の事業規模を考慮して判定する（消法12）
	法人課税信託である場合には、納税事務を行う者の全体の事業規模を考慮して判定する（消法15④〜⑦）

　消費税は、事業者が販売する商品やサービスの価格に上乗せして転嫁するものであることから、その課税期間が開始するまでに事業者自身がその必要性を確認しておかなければならない、また、その課税期間の納税事務手続を省略することができるかどうかは、その課税期間が開始するまでに判断しておかなければならない、とされています。そのため、事業者免税点制度は、非常に複雑な適用関係となっています。

■1 納税義務の免除

　事業者のうち、その課税期間に係る基準期間における課税売上高が1,000万円以下である者は、その課税期間中に国内において行った課税資産の譲渡等及び特定課税仕入れにつき、消費税を納める義務が免除されます（消法9①）。ただし、特定期間における課税売上高が1,000万円を超える場合には、納税義務は免除されません（消法9の2①）。

納税義務が免除される者
次のいずれにも該当する者 　①　基準期間における課税売上高が1,000万円以下 　②　特定期間における課税売上高が1,000万円以下

　＊　消費税の創設当初は、消費税が免除される基準期間における課税売上高の上限（事業者免税点）は、3,000万円とされていましたが、平成15年度の税制改正により1,000万円に引き下げられました。また、特定期間における課税売上高による判定は、平成23年度の税制改正によって設けられました。

2 基準期間における課税売上高

(1)　基準期間

　基準期間とは、個人事業者についてはその年の前々年をいい、法人についてはその事業年度の前々事業年度をいいます（消法2①十四）。

　前々事業年度が1年でない法人については、その事業年度開始の日の2年前の日の前日から1年を経過するまでの間に開始した各事業年度を合わせた期間が基準期間となります。

　基準期間は、課税期間の短縮特例を適用している場合においてもその判定が統一されるよう、課税期間ではなく、法人は事業年度、個人事業者は暦年を基礎に規定されています。

法人の基準期間		個人の基準期間
原則	前々事業年度が1年でない場合	
その事業年度の前々事業年度	その事業年度開始の日の2年前の日の前日から1年を経過する日までの間に開始した各事業年度を合わせた期間	その年の前々年

■新たに開業した場合

　法人の基準期間はその事業年度の前々事業年度とされているため、法人の設立第1期及び第2期は、その基準期間が存在しません（4参照）。

　他方、個人事業者の基準期間は暦の上での前々年とされているため、開業した年であっても暦の上で前々年は存在し、個人事業者において基準期間が存在しないということはありません。開業の年及び開業の翌年においては、まだ開業していなかった前々年が基準期間となり、基準期間における課税売上高は0となります。

(2)　基準期間における課税売上高

　基準期間における課税売上高とは、基準期間中に国内において行った課税資産の譲渡等の対価の額の合計額から、売上げに係る税抜対価の返還等の金額の合計額を控除した残額です。具

体的には、次のように計算します（消法9②、消基通1－4－5）。

区分	基準期間における課税売上高		
① 基準期間において課税事業者	課税売上高＋免税売上高（税抜き）	－	課税売上対価の返還額＋免税売上対価の返還額（税抜き）
② 基準期間において免税事業者	課税売上高＋免税売上高（税抜きしない）	－	課税売上対価の返還額＋免税売上対価の返還額（税抜きしない）
③ 基準期間が1年でない法人	上記①又は②により計算した金額	×	$\dfrac{12}{\text{基準期間の月数}}$

① 基準期間が免税事業者であった場合の課税売上高

　基準期間である課税期間において免税事業者であった場合には、基準期間における課税売上高の算定に当たっては、免税事業者であった基準期間である課税期間中に国内において行った課税資産の譲渡等に伴って収受し、又は収受すべき金銭等の全額がその事業者のその基準期間における課税売上高となります（消基通1－4－5）。

　したがって、税抜きの計算は行いません。

② 免税事業者であった課税期間の課税資産の譲渡等について対価の返還等をした場合

　免税事業者であった課税期間において行った課税資産の譲渡等について、課税事業者となった課税期間において売上げに係る対価の返還等を行った場合には、その返還した対価については税抜きの処理は行わず、返還した金銭等の全額を基準期間の課税資産の譲渡等の対価の額の合計額から控除します（消基通14－1－6）。

③ 基準期間が1年でない場合

　法人においては、基準期間が1年でない場合は、基準期間中に国内において行った課税資産の譲渡等の対価の額の合計額から売上げに係る税抜対価の返還等の金額の合計額を控除した残額をその基準期間に含まれる事業年度の月数の合計数で除し、12を乗じて計算した金額が基準期間における課税売上高となります（消法9②）。この場合、月数は暦に従って計算し、1月未満は1月とします（消法9③）。

　なお、個人事業者については、基準期間を暦年で認識するため、基準期間が1年でないということはありません。

③ 特定期間における課税売上高

(1) 個人事業者の特定期間

　個人事業者において、特定期間とは、その年の前年1月1日から6月30日までの期間をいいます（消法9の2④一）。

　個人事業者の特定期間は、暦の上の日を指して規定されていますから、たとえば、前年の中途において開業した場合であっても、1月1日から6月30日までの期間が特定期間となり、その期間において現実に発生した課税売上高又は支払った給与等の額（後述）を集計して特定期間における課税売上高を算出することとなります。

(2) 法人の特定期間

① 原則

　法人において、特定期間とは、原則として、その事業年度の前事業年度開始の日以後6月の期間をいいます（消法9の2④二）。

② 6月の期間の特例

　法人の設立にあたっては、その設立の日が月の途中であることも多く、一律に前事業年度開始の日から6月の期間を特定期間とすると、月の途中までの売上高を把握する必要が生じます。そこで、制度の簡素化の観点から、6月の期間の末日は、決算の締日と一致するよう調整する特例が定められています。

　6月の期間の末日が前事業年度の終了応当日（その前事業年度終了の日に応当するその前事業年度に属する各月の日）でない場合には、6月の期間の末日は下記のとおりとなります（消法9の2⑤、消令20の6①）。

イ　前事業年度終了の日が月の末日である場合
　…前事業年度開始の日から6月の期間の末日の属する月の前月末日までを6月の期間とみなす。
ロ　前事業年度終了の日が月の末日でない場合
　…前事業年度開始の日から6月の期間の末日の直前の終了応当日までを6月の期間とみなす。

　＊　6月の期間の末日において予定している事業年度によるため、その後に決算期を変更した場合でも変更前のものによってこの特例を適用します（消令20の6①）。

③ 前事業年度が短期事業年度である場合

　短期事業年度とは、次のものをいいます（消令20の5①）。

・その事業年度の前事業年度で7月以下であるもの
・その事業年度の前事業年度で特定期間となるべき6月の期間の末日（上記②イ、ロの調整後）
　の翌日からその前事業年度終了の日までの期間が2月未満であるもの

　その事業年度の前事業年度が短期事業年度である場合には、その事業年度の前々事業年度開始の日以後6月の期間が特定期間となります（消法9の2④三）。

　この場合の特定期間は、次のように調整されます（消法9の2④三、⑤、消令20の6②）。

イ　前々事業年度が6月以下の場合
　…前々事業年度開始の日からその終了の日までの期間が特定期間となる。
ロ　前々事業年度が6月超で6月の期間の末日が前事業年度の終了応当日でない場合
　…上記②イ、ロと同様に調整される。

　これは、特定期間における課税売上高を計算するために、その集計期間として、2か月間を確保しようとするものです。前事業年度が短期事業年度である場合には、当事業年度開始の時までに2か月の集計期間を確保することができないので、前々事業年度の売上高を用いることになります。

　ただし、前々事業年度が次に該当する場合には、この規定の適用はなく、その事業年度について特定期間は存在しないこととなります（消法9の2④三、消令20の5②）。

・前々事業年度がその事業年度の基準期間に含まれる場合
・前々事業年度開始の日以後6月の期間の末日（上記②イ、ロと同様の調整後）の翌日から前事
　業年度終了の日までの期間が2月未満である場合
・前々事業年度が6月以下で前事業年度が2月未満である場合

⑶　特定期間における課税売上高

　特定期間における課税売上高は、次のいずれかにより算出します（消法9の2②③）。

① 特定期間中に生じた課税売上高
② 特定期間中に支払った給与等の金額

① 特定期間中に生じた課税売上高

　特定期間における課税売上高は、原則として、特定期間中に国内において行った課税資産の譲渡等の対価の額の合計額から、特定期間中に行った売上げに係る対価の返還等の金額の合計額を控除して算出します（消法9の2②）。

　これは、基準期間における課税売上高と同様の計算です。ただし、年換算に準じる取扱いはありません。

② 特定期間中に支払った給与等の金額

　この規定の適用にあたっては、特定期間中に支払った給与等の金額の合計額をもって、特定期間における課税売上高とすることができます（消法９の２③）。

　その事業年度開始の時においては前事業年度の決算は確定していないので、事業者によっては、前事業年度の上半期６か月間の課税売上高の集計を正確に行うことができないということも考えられます。これに対し、給与等の金額は、売上高との相関性が高く、また、事業者は、所得税法により給与支払明細書の交付義務があり（所法231①）、源泉徴収義務者は源泉所得税を毎月あるいは６月ごとに納付していることから、その支払額を把握することが一般的に容易と考えられます。このようなことを考慮し、事業者の事務負担に配慮する観点から、特定期間における課税売上高については、その間の課税売上高に代えて、給与等の金額にすることも認めることとされています。

　給与等の金額とは、所得税法施行規則第100条第１項第１号に規定する支払明細書に記載すべき給与等の金額をいい（消規11の２）、具体的には、所得税の課税対象とされる給与、賞与等が該当します。所得税が非課税とされる通勤手当、旅費等は給与等に該当せず、その金額に未払額は含まれません（消基通１－５－23）。

　なお、国外事業者は、令和６年10月１日以後に開始する課税期間以後、特定期間における課税売上高について、給与支払額による判定はできません（消法９の２③、令６改所法附13）。

４ 基準期間がない法人の納税義務の免除の特例

　基準期間がない法人は、その事業年度の開始の日の資本金の額が1,000万円以上である場合には、納税義務は免除されません。

　また、資本金の額が1,000万円以下であっても、課税売上高が５億円を超える者に支配されるなど一定の要件に該当する場合には、納税義務は免除されません。

* 社会福祉法に規定する社会福祉法人で専ら非課税資産の譲渡等を行うことを目的として設立された法人は、対象外となります（消法12の２①、12の３①）。
* 課税事業者選択届出書を提出した場合には、その提出をした日の属する課税期間の翌課税期間（その提出をした日の属する課税期間が事業を開始した日の属する課税期間等である場合には、その課税期間）以後の課税期間は、納税義務は免除されません（27ページ参照）。
* 合併又は分割により設立した法人については、別に特例があります（248ページ参照）。

(1) 新設法人の納税義務の免除の特例

　その事業年度の基準期間がない法人のうち、その事業年度開始の日における資本金の額又は出資の金額が1,000万円以上であるものを「新設法人」といい、その新設法人の基準期間がない事業年度における課税資産の譲渡等については、小規模事業者に係る納税義務の免除の規定

は、適用されません（消法12の2①）。

　なお、外国法人は、令和6年10月1日以後に開始する課税期間以後は、国内における事業の開始時に資本金の額が1,000万円以上である場合には、基準期間があっても、「新設法人」に該当するものとして取り扱われます（消法12の2③、令6改所法附13）。

(2) 特定新規設立法人の納税義務の免除の特例

　その事業年度の基準期間がない法人のうち、上記の「新設法人」に該当しないものを「新規設立法人」といいます（消法12の3①）。

　新規設立法人のうち、「新設開始日」において「特定要件」に該当し、かつ、新規設立法人が特定要件に該当する旨の判定の基礎となった他の者及び当該他の者と特殊な関係にある法人（以下「特殊関係法人」といいます。）のうちいずれかの者のその新規設立法人の当該新設開始日の属する事業年度の「基準期間に相当する期間における課税売上高」が5億円を超えるものは、「特定新規設立法人」となります（消法12の3①）。

　特定新規設立法人の基準期間がない事業年度に含まれる各課税期間における課税資産の譲渡等については、小規模事業者に係る納税義務の免除の規定は、適用されません（消法12の3①）。

　なお、外国法人は、令和6年10月1日以後に開始する課税期間以後は、特定新規設立法人の範囲に、その事業者の国外分を含む収入金額が50億円超である者が直接又は間接に支配する法人を設立した場合のその法人を加えます（消法12の3④、令6改所法附13）。

　また、国内における事業の開始時には、基準期間があっても、基準期間がないものとみなされ、特定新規設立法人の判定の対象となります（消法12の3⑤、令6改所法附13）。

① 新設開始日

　「新設開始日」とは、その基準期間がない事業年度開始の日をいいます（消法12の3①）。

② 特定要件

　「特定要件」とは、他の者により新規設立法人の発行済株式又は出資の総数又は総額の$\frac{50}{100}$を超える数又は金額の株式又は出資が直接又は間接に保有される場合その他の他の者により新規設立法人が支配される場合であることをいい、次により判定します（消法12の3①、消令25の2①）。

新規設立法人が支配される場合
①　当該他の者が新規設立法人の発行済株式又は出資（自己株式等を除きます。以下、「発行済株式等」といいます。）の総数又は総額の$\frac{50}{100}$を超える数又は金額の株式又は出資を有する場合

② 当該他の者及び次に掲げる者が新規設立法人の発行済株式等の総数又は総額の$\frac{50}{100}$を超える数又は金額の株式又は出資を有する場合

　イ　当該他の者の親族等

　ロ　当該他の者（イに掲げる当該他の者の親族等を含みます。）が他の法人を完全に支配している場合における当該他の法人

　ハ　当該他の者及びこれとロに規定する関係のある法人が他の法人を完全に支配している場合における当該他の法人

　ニ　当該他の者並びにこれとロ及びハに規定する関係のある法人が他の法人を完全に支配している場合における当該他の法人

③ 当該他の者及びこれと上記②のイからニまでに掲げる関係のある者が新規設立法人の次に掲げる議決権のいずれかにつき、その総数（その議決権を行使することができない株主等が有する当該議決権の数を除きます。）の$\frac{50}{100}$を超える数を有する場合

　イ　事業の全部若しくは重要な部分の譲渡、解散、継続、合併、分割、株式交換、株式移転又は現物出資に関する決議に係る議決権

　ロ　役員の選任及び解任に関する決議に係る議決権

　ハ　役員の報酬、賞与その他の職務執行の対価として法人が供与する財産上の利益に関する事項についての決議に係る議決権

　ニ　剰余金の配当又は利益の配当に関する決議に係る議決権

④ 当該他の者及びこれと上記②のイからニまでに掲げる関係のある者が新規設立法人の株主等（合名会社、合資会社又は合同会社の社員に限ります。）の総数の半数を超える数を占める場合

③ 特殊関係法人

「特殊関係法人」とは、次に掲げる法人のうち、非支配特殊関係法人以外の法人です（消令25の3）。

特殊関係法人
① 当該他の者（親族等を含みます。）が他の法人を完全に支配している場合における当該他の法人
② 当該他の者及びこれと①に掲げる関係のある法人が他の法人を完全に支配している場合における当該他の法人
③ 当該他の者及びこれと①及び②に掲げる関係のある法人が他の法人を完全に支配している場合における当該他の法人
次の「非支配特殊関係法人」を除く。 ① 当該他の者の別生計親族等が他の法人を完全に支配している場合における当該他の法人 ② 別生計親族等及びこれと①に掲げる関係のある法人が他の法人を完全に支配している場合における当該他の法人 ③ 別生計親族等及びこれと①及び②に掲げる関係のある法人が他の法人を完全に支配している場合における当該他の法人

④　基準期間に相当する期間における課税売上高

　「基準期間に相当する期間における課税売上高」は、判定対象者（他の者及び当該他の者と特殊な関係にある法人のうちいずれかの者をいいます。）の基準期間相当期間における課税売上高とされています（消令25の4①）。

　「基準期間相当期間」とは、次の期間をいいます（消令25の4②）。

基準期間相当期間
(1)　判定対象者が個人である場合 　①　新規設立法人の新設開始日の2年前の日の前日から同日以後1年を経過する日までの間に12月31日が到来する年において判定対象者が個人事業者であった場合 　　　　　　　　　　　　　　　　　　　　………その12月31日の属する年 　②　新規設立法人の新設開始日の1年前の日の前日から新設開始日の前日までの間に12月31日が到来する年（同日の翌日から新設開始日の前日までの期間が2月未満であるものを除きます。）において判定対象者が個人事業者であった場合　　　………その12月31日の属する年 　③　新規設立法人の新設開始日の1年前の日の前日から新設開始日の前日までの間に6月30日が到来する年（同日の翌日から新設開始日の前日までの期間が2月未満であるものを除きます。）において判定対象者が個人事業者であった場合 　　　　　　　　　………その6月30日の属する年の1月1日から6月30日までの期間 (2)　判定対象者が法人である場合 　①　新規設立法人の新設開始日の2年前の日の前日から同日以後1年を経過する日までの間に終了した判定対象者の各事業年度がある場合　　　………その各事業年度を合わせた期間 　②　新規設立法人の新設開始日の1年前の日の前日から新設開始日の前日までの間に終了した判定対象者の各事業年度（その終了する日の翌日から新設開始日の前日までの期間が2月未満であるものを除きます。）がある場合　　　………その各事業年度を合わせた期間 　③　新規設立法人の新設開始日の1年前の日の前日から新設開始日の前日までの間に判定対象者の事業年度開始の日以後6月の期間（その6月の期間の末日の翌日から新設開始日の前日までの期間が2月未満であるものを除きます。）の末日が到来する場合 　　　　　　　　　　　　　　　　　　　　　　………その6月の期間 　なお、①又は②については、基準期間における課税売上高の計算に準じ、③については特定期間における課税売上高の計算に準じます（消令25の4①③④）。

⑤　解散した法人の取扱い

　新規設立法人がその新設開始日において特定要件に該当し、かつ、当該他の者と特殊な関係にある法人であったもので、その新規設立法人の設立の日前1年以内又はその新設開始日前1年以内に解散したもののうち、その解散した日において当該特殊な関係にある法人に該当していたものがある場合には、その解散法人は特殊な関係にある法人とみなして判定します（消法12の3②）。

⑥　情報提供の義務

　他の者は、特定要件に該当する新規設立法人から基準期間相当期間における課税売上高が5億円を超えるかどうかの判定に関し必要な事項について情報の提供を求められた場合には、これに応じなければならないものとされています（消法12の3④）。

(3)　調整対象固定資産の仕入れ等を行った場合

　新設法人又は特定新規設立法人が、その基準期間がない事業年度において調整対象固定資産の仕入れ等を行った場合には、その調整対象固定資産の仕入れ等の日の属する課税期間からその課税期間の初日以後3年を経過する日の属する課税期間までの各課税期間においては、納税義務は免除されず（消法12の2②、12の3③）、簡易課税制度を適用することもできません（消法37③二、④）。ただし、最初に調整対象固定資産の課税仕入れ等を行った課税期間において簡易課税制度を適用する場合は、この規定は適用されません（消法12の2②、12の3③）。

新設法人又は特定新規設立法人		
基準期間がない課税期間中に調整対象固定資産の仕入れ等をした		基準期間がない課税期間中に調整対象固定資産の仕入れ等をしていない
仕入れ等の課税期間の控除対象仕入税額を一般課税により計算した	仕入れ等の課税期間に簡易課税制度を適用した	

・基準期間がない課税期間は課税事業者となる
・基準期間が生じた後は基準期間における課税売上高及び特定期間における課税売上高により判定する＊（課税事業者を選択した場合を除く。）

設立の課税期間から、仕入れ等の課税期間の初日から3年を経過する日の属する課税期間まで
　・引き続き課税事業者となる
　・簡易課税制度を適用することができない

＊　この特例は、新設法人又は特定新規設立法人が特定非常災害の被災事業者となった場合には、被災日の属する課税期間以後の課税期間については適用されません（措法86の5④⑥）。
　なお、事業者免税点制度の適用を受けるにあたっては、国税通則法第11条の規定の適用を受けない場合には、基準期間がない課税期間の最後の事業年度終了の日と指定日とのいずれか遅い日までに、この取扱いの適用を受けようとする旨等を記載した届出書を提出する必要があります（措法86の5④、措規37の3の2①、消基通19-1-3）。
　この取扱いは、平成29年4月1日以後に発生する特定非常災害について適用されます。

5 高額特定資産を取得した場合等の納税義務の免除の特例

高額特定資産を取得した場合等について、納税義務の免除の特例が設けられています。

* 特定非常災害の被災事業者については、この特例の対象から除外する取扱いがあります（措法86の5⑤⑦）。

⑴ 高額特定資産の仕入れ等を行った場合

課税事業者が、一般課税による課税期間中に国内における高額特定資産の仕入れ等を行った場合には、その高額特定資産の仕入れ等の日の属する課税期間の翌課税期間から、その高額特定資産の仕入れ等の日の属する課税期間の初日以後3年を経過する日の属する課税期間までの各課税期間における課税資産の譲渡等及び特定課税仕入れについては、小規模事業者に係る納税義務の免除の規定は適用されません（消法12の4①）。

また、その高額特定資産の仕入れ等の日の属する課税期間の初日から同日以後3年を経過する日の属する課税期間の初日の前日までの期間は、簡易課税制度選択届出書を提出することができません（消法37③三）。したがって、小規模事業者に係る納税義務の免除の規定が適用されない期間においては、簡易課税制度を適用することもできないこととなります。

① 高額特定資産

「高額特定資産」とは、棚卸資産及び調整対象固定資産のうち、一取引単位につき、支払対価の額（税抜き）が1,000万円以上のものをいいます（消法12の4①、消令25の5①）。

② 「高額特定資産の仕入れ等」

「高額特定資産の仕入れ等」とは、高額特定資産の課税仕入れ又は高額特定資産に該当する課税貨物の保税地域からの引取りをいいます（消法12の4①）。

なお、令和6年4月1日以後に行う金又は白金の地金等の課税仕入れ等については、その課税期間において取得した金又は白金の地金等の額の合計額が200万円以上である場合は、「高額特定資産の仕入れ等をした場合」に該当することとなります（消法12の4③、令6改所法附13）。

③ 自己建設高額特定資産である場合

他の者との契約に基づき、又はその事業者の棚卸資産若しくは調整対象固定資産として自ら建設、製作又は製造をした高額特定資産を「自己建設高額特定資産」といいます。

自己建設高額特定資産については、その自己建設高額特定資産の建設等に要した仕入れ等に係る支払対価の額の合計額（税抜き）が累計で1,000万円以上となった場合に、小規模事業者

に係る納税義務の免除の規定が適用されないこととなります（消法12の4①）。

　この場合、その自己建設高額特定資産の建設等が完了した日の属する課税期間の初日以後3年を経過する日の属する課税期間までの各課税期間が特例の対象となります（消法12の4①）。

　＊　自己建設高額特定資産の累計額の計算には、事業者免税点制度及び簡易課税制度の適用を受ける課税期間に行った課税仕入れ等は含まれません。

(2)　**課税事業者となった場合等の棚卸資産に係る消費税額の調整の適用を受けた場合**

　課税事業者が、高額特定資産である棚卸資産又は高額特定資産である課税貨物について、課税事業者となった場合等の棚卸資産に係る消費税額の調整の適用を受けた場合には、その適用を受けた課税期間の翌課税期間から、その適用を受けた課税期間の初日以後3年を経過する日の属する課税期間までの各課税期間における課税資産の譲渡等及び特定課税仕入れについては、小規模事業者に係る納税義務の免除の規定は適用されません（消法12の4②）。

　また、その適用を受けた日の属する課税期間の初日から同日以後3年を経過する日の属する課税期間の初日の前日までの期間は、簡易課税制度選択届出書を提出することができません（消法37③三）。したがって、小規模事業者に係る納税義務の免除の規定が適用されない期間においては簡易課税制度を適用することもできないこととなります。

①　**課税事業者となった場合等の棚卸資産に係る消費税額の調整**

　「課税事業者となった場合等の棚卸資産に係る消費税額の調整」とは、**第十二章第三節（1）免税事業者が課税事業者となった場合**の調整及び**第十二章第三節（2）相続等により免税事業者の事業を承継した場合**の調整をいいます。

②　**調整対象自己建設高額資産である場合**

　他の者との契約に基づき、又はその事業者の棚卸資産として自ら建設等をした棚卸資産（その事業者が相続、合併又は分割により被相続人、被合併法人又は分割法人の事業を承継した場合において、当該被相続人、被合併法人又は分割法人が自ら建設等をしたものを含み、その棚卸資産の建設等に要した仕入れ等に係る支払対価の額の合計額（税抜き）が累計で1,000万円以上となったもの）を「調整対象自己建設高額資産」といいます（消法12の4②）。

　課税事業者となった場合等の棚卸資産に係る消費税額の調整の適用を受ける日の前日までに建設等が完了していない調整対象自己建設高額資産については、建設等が完了した日の属する課税期間の初日以後3年を経過する日の属する課税期間までの各課税期間が特例の対象となります（消法12の4②）。

　＊　調整対象自己建設高額資産の累計額の計算には、事業者免税点制度及び簡易課税制度の適用を受ける課税期間に行った課税仕入れ等が含まれ、この点が自己建設高額特定資産の計算とは異なっています。

6 届出書の提出

　事業者が、次のいずれかに該当することとなった場合には、それぞれに掲げる届出書を速やかにその事業者の納税地を所轄する税務署長に提出しなければなりません（消法57①一〜二の二、②、消規26①一〜三、⑤⑥）。

① 課税期間の基準期間における課税売上高が1,000万円を超えることとなった場合

　　…消費税課税事業者届出書（基準期間用）

② 特定期間における課税売上高が1,000万円を超えるため消費税を納める義務が免除されなくなった場合

　　…消費税課税事業者届出書（特定期間用）

③ 課税期間の基準期間における課税売上高が1,000万円以下となった場合

　　…消費税の納税義務者でなくなった旨の届出書

④ 新設法人に該当することとなった場合

　　…消費税の新設法人に該当する旨の届出書

⑤ 特定新規設立法人に該当することとなった場合

　　…消費税の特定新規設立法人に該当する旨の届出書

⑥ 高額特定資産を取得した場合の納税義務の免除の特例の規定の適用を受ける課税期間の基準期間における課税売上高が1,000万円以下となった場合

　　…高額特定資産の取得に係る課税事業者である旨の届出書

■第三節　課税事業者の選択

　課税事業者は、課税期間ごとにその課税期間の末日の翌日から2月以内に確定申告書を提出しなければならないとされています（消法45①）。その課税期間の課税標準額がなく、納付税額（中間申告税額控除前）がない場合は、申告書の提出を省略することができますが、その場合であっても、還付を受けるための申告書の提出はできるものとされています（消法45①、46①）。

　しかし、免税事業者は、確定申告書の提出義務がなく、還付を受けるための申告書を提出することができません。

　そこで、納税義務が免除されるべき事業者であっても、還付を受けるため申告書を提出することができるように、その事業者の選択により、課税事業者となる特例が設けられています（消法9④）。

　課税事業者の選択及びその不適用の手続は、次のとおりです。

課税事業者の選択及び不適用の手続	
課税事業者選択の手続 （消法9④）	課税事業者選択届出書を納税地の所轄税務署長に提出する。 　その提出をした日の属する課税期間の翌課税期間以後の課税期間は、納税義務は免除されない。
課税事業者選択不適用の手続 （消法9⑤⑥⑧、消規11②③）	課税事業者選択の適用を受けることをやめようとするとき又は事業を廃止したときは、その旨を記載した届出書を納税地の所轄税務署長に提出しなければならない。 　その届出書の提出があったときは、その提出をした日の属する課税期間の末日の翌日以後は、課税事業者選択届出書は、その効力を失う。
課税事業者選択不適用届出書の届出の制限 （消法9⑥～⑧）	①　原則 　課税事業者選択不適用届出書は、課税事業者選択届出書の効力が生じた日の属する課税期間の初日から2年を経過する日の属する課税期間の初日以後でなければ提出することができない。 ②　調整対象固定資産の仕入れ等を行った場合 　課税事業者選択届出書の効力が生じた日の属する課税期間の初日から2年を経過する日までの間に開始した各課税期間中に調整対象固定資産の仕入れ等をして一般課税で申告した場合には、課税事業者選択不適用届出書は、その調整対象固定資産の仕入れ等をした日の属する課税期間の初日から3年を経過する日の属する課税期間の初日以後でなければ提出することができない。

(1)　**課税事業者選択の手続**

　課税事業者の選択は、課税事業者選択届出書を納税地の所轄税務署長に提出して行います（消法9④）。

①　**適用開始の時期**

　課税事業者選択届出書を提出した場合は、その提出をした日の属する課税期間の翌課税期間以後の課税期間においては、納税義務は免除されません（消法9④）。

　その提出をした日の属する課税期間が「事業を開始した日の属する課税期間等」である場合には、提出をした日の属する課税期間からその届出の効力が生じます。ただし、その届出書において適用開始課税期間の初日の年月日を明確にすることによりその課税期間の翌課税期間から課税事業者を選択することもできます（消法9④、消基通1－4－14）。

　「事業を開始した日の属する課税期間等」とは、次の課税期間をいいます（消令20）。

> イ　事業者が国内において課税資産の譲渡等に係る事業を開始した日の属する課税期間
> ロ　個人事業者が相続により課税事業者を選択していた被相続人の事業を承継した場合における
> 　その相続があった日の属する課税期間
> ハ　法人が吸収合併により課税事業者を選択していた被合併法人の事業を承継した場合における
> 　その合併があった日の属する課税期間
> ニ　法人が吸収分割により課税事業者を選択していた分割法人の事業を承継した場合における吸
> 　収分割があった日の属する課税期間

　法人について、上記イの「国内において課税資産の譲渡等に係る事業を開始した日の属する課税期間」とは、原則として、その法人の設立の日の属する課税期間です。ただし、例えば、次の課税期間も、これに含まれることになります（消令20、消基通１－４－７）。

・非課税資産の譲渡等に該当する社会福祉事業のみを行っていた法人が新たに国内において課税資産の譲渡等に係る事業を開始した課税期間

・国外取引のみを行っていた法人が新たに国内において課税資産の譲渡等に係る事業を開始した課税期間

・設立の日の属する課税期間においては設立登記を行ったのみで事業活動を行っていない法人が、実質的に事業活動を開始した課税期間

　また、その課税期間開始の日の前日まで２年以上にわたって国内において行った課税資産の譲渡等又は課税仕入れ及び保税地域からの課税貨物の引取りがなかった事業者が課税資産の譲渡等に係る事業を再び開始した課税期間も、「国内において課税資産の譲渡等に係る事業を開始した日の属する課税期間」となります（消基通１－４－８）。

　＊　事業を開始した日とは、課税売上げが生じたかどうかではなく、事務所の設置や資材の購入、使用人の雇入れ等の準備行為も含め、課税資産の譲渡等に係る事業を開始した日をいいます。

②　合併等があった場合

　法人が合併・分割等により事業を承継した場合であっても、被合併法人等が提出した課税事業者選択届出書の効力は、事業を承継した合併法人等には及びません。したがって、その合併法人等が課税事業者を選択しようとする場合には、新たに課税事業者選択届出書を提出する必要があります（消基通１－４－13、１－４－13の２）。

　また、相続により事業を承継した場合も同様に、被相続人が提出した課税事業者選択届出書の効力は、事業を承継した相続人には及びません。したがって、その相続人が課税事業者を選択しようとする場合には、新たに課税事業者選択届出書を提出する必要があります（消基通１－４－12）。

(2) 課税事業者選択不適用の手続

① 課税事業者選択の適用を受けることをやめる場合

　課税事業者の選択をやめる場合には、課税事業者選択不適用届出書を納税地の所轄税務署長に提出します（消法9⑤）。

② 事業を廃止した場合

　事業を廃止した場合には、その旨を記載した届出書を納税地の所轄税務署長に提出します（消法9⑤）。

　事業を廃止した場合に、事業を廃止した旨を記載した課税事業者選択不適用届出書、課税期間特例選択不適用届出書、簡易課税制度選択不適用届出書又は任意の中間申告書提出の取りやめ届出書のいずれかの届出書の提出があったときは、他の特例の選択についても、事業を廃止した旨の届出書の提出があったものとして取り扱われます（消基通1－4－15）。

③ 課税事業者選択届出書の効力

　課税事業者選択不適用届出書又は事業廃止の届出書の提出があった日の属する課税期間の末日の翌日以後は、課税事業者選択届出書の効力が失われ、基準期間における課税売上高及び特定期間における課税売上高によって納税義務の有無を判断することとなります（消法9⑧）。

　課税事業者選択届出書は、その基準期間における課税売上高が1,000万円以下である課税期間について課税事業者となることを選択するものですから、その届出書を提出したことにより課税事業者となった後において基準期間における課税売上高が1,000万円を超え再び基準期間における課税売上高が1,000万円以下となった場合であっても、課税事業者選択不適用届出書を提出しない限り課税事業者選択届出書の効力は存続し、課税事業者となります（消基通1－4－11）。

(3) 不適用届出書の提出制限

　課税事業者選択不適用届出書は、次の期間は提出することができません。

① 原則（2年間の継続適用）

　課税事業者選択不適用届出書は、事業を廃止した場合を除き、選択届出書の効力が生じた日の属する課税期間の初日から2年を経過する日の属する課税期間の初日以後でなければ提出することができないものとされています（消法9⑥）。この制限により、課税事業者を選択すると、原則として2年間は継続して課税事業者となることが強制されることになります。

　課税事業者を選択した場合、課税標準額に対する消費税額よりも控除税額の方が大きければ

還付申告を行うことになりますが、逆に控除税額の方が小さければ、消費税を納めなければなりません。ここで、免税・課税の選択を無制限に認めると、両者をうまく行き交って還付申告だけをとることが考えられます。そこで、そのような課税上の弊害を防止するために、少なくとも2年間は、課税事業者の選択を継続しなければならないこととされています。

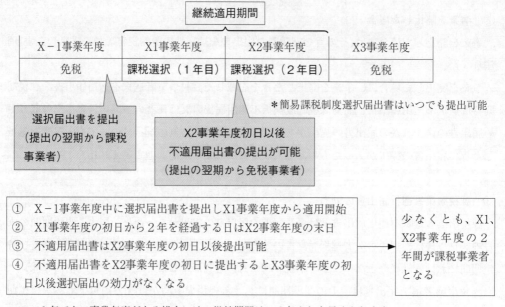

* 1年でない事業年度がある場合には、継続期間は、2年よりも長くなります。

② 調整対象固定資産の仕入れ等を行った場合（3年間の継続適用）

上記のように、原則として、2年間の継続適用が義務付けられる課税事業者選択の仕組みですが、固定資産の仕入れについて還付申告を行った場合にその還付申告が適正であったかどうかの見直しを行うことを目的として、さらに3年間の継続適用の規定が設けられています（消法9⑦、37②一）。

① 課税事業者を選択した事業者が、
② 2年間の継続適用期間内に調整対象固定資産の仕入れ等を行い、
③ 一般課税による申告書を提出した場合
「課税事業者選択不適用届出書」及び「簡易課税制度選択届出書」は、その仕入れ等をした課税期間から3年を経過する課税期間の初日以後でなければ提出することができない。

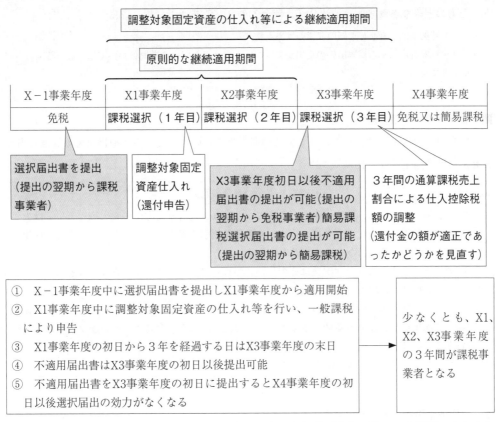

① X−1事業年度中に選択届出書を提出しX1事業年度から適用開始
② X1事業年度中に調整対象固定資産の仕入れ等を行い、一般課税により申告
③ X1事業年度の初日から3年を経過する日はX3事業年度の末日
④ 不適用届出書はX3事業年度の初日以後提出可能
⑤ 不適用届出書をX3事業年度の初日に提出するとX4事業年度の初日以後選択届出の効力がなくなる

少なくとも、X1、X2、X3事業年度の3年間が課税事業者となる

　その継続適用の期間は簡易課税制度を選択することができず（消法37②）、一般課税により申告を行うことになります。その結果として、調整対象固定資産の仕入れ等から3年目に、「調整対象固定資産に係る仕入控除税額の調整」規定により、還付申告が適正であったかどうかの見直しが行われることになります（「調整対象固定資産に係る仕入控除税額の調整」については**第十二章**参照）。

(4)　やむを得ない事情がある場合の届出に関する特例

　やむを得ない事情があるため、

①　課税事業者選択届出書をその適用を受けようとする課税期間の初日の前日までに提出できなかった場合

②　課税事業者選択不適用届出書をやめようとする課税期間の初日の前日までに提出できなかった場合

には、そのやむを得ない事情がやんだ日から2月以内は、前課税期間の末日までにその提出があったものとみなす特例の申請を行うことができます。

　この申請につき、税務署長の承認を受けた場合には、適用を受けようとする又はやめようとする課税期間の初日の前日に課税事業者選択届出書又は課税事業者選択不適用届出書の提出が

あったものとみなされます（消法9⑨、消令20の2、消基通1-4-17）。

* この特例には、みなし承認の取扱いはありません。
* 課税事業者選択不適用届出書の提出ができないものとされている期間については、この特例の申請ができません。

■やむを得ない事情の範囲

やむを得ない事情とは、次のような災害の発生等をいい、制度の不知や提出忘れ等は該当しません（消基通1-4-16）。

やむを得ない事情の範囲
① 震災、風水害、雪害、凍害、落雷、雪崩、がけ崩れ、地滑り、火山の噴火等の天災又は火災その他の人的災害で自己の責任によらないものに基因する災害が発生したことにより、届出書の提出ができない状態になったと認められる場合
② ①の災害に準ずるような状況又はその事業者の責めに帰することができない状態にあることにより、届出書の提出ができない状態になったと認められる場合
③ その課税期間の末日前おおむね1月以内に相続があったことにより、その相続に係る相続人が新たに届出書を提出できる個人事業者となった場合。この場合には、その課税期間の末日にやむを得ない事情がやんだものとして取り扱う。
④ ①から③までに準ずる事情がある場合で、税務署長がやむを得ないと認めた場合

(5) 特定非常災害の被災者の特例

特定非常災害の指定を受けた災害の被災者である事業者が、被災した日の属する課税期間から消費税の課税事業者となることを選択する場合等において、その災害の状況等を勘案して国税庁長官が別に定める指定日までに課税事業者選択届出書又は課税事業者選択不適用届出書を提出したときは、本来の提出時期までに提出したものとみなされます。また、この場合等において、課税事業者を選択した場合の2年間の継続適用要件は適用されません（措法86の5）。

この取扱いは、平成29年4月1日以後に発生する特定非常災害について適用されます。

■第四節　輸入取引に係る消費税の納税義務者

外国貨物を保税地域から引き取る者は、課税貨物につき、消費税を納める義務があります（消法5②）。

演 習 問 題

問1　次の文章の 　　　　 の中に、適切な語を記入しなさい。

1．事業者は、　　　 において行った 　　　　　　　（特定資産の譲渡等を除く。）及び特定課税仕入れにつき、消費税を納める義務がある。

2．事業者とは、　　　　　　 及び 　　　 をいう。

3．基準期間とは、個人事業者についてはその年の 　　　　 をいい、　　　 についてはその事業年度の 　　　　　　 をいう。

4．個人事業者の特定期間とは、その年の 　　 1月1日から 　　　　 までの期間をいう。

5．法人の特定期間とは、原則として、その事業年度の 　　　　　 開始の日以後 　　　　 の期間をいう。

6．事業者のうち、その課税期間に係る基準期間における課税売上高が 　　　　　　 である者については、その課税期間中に国内において行った課税資産の譲渡等につき、　　　　 を納める義務を免除する。

7．個人事業者のその年又は法人のその事業年度の 　　　　　　　　　 が1,000万円以下である場合であっても、その個人事業者又は法人のうち、その個人事業者のその年又は法人のその事業年度に係る 　　　　　　　　 が1,000万円を超えるときは、その個人事業者のその年又は法人のその事業年度における課税資産の譲渡等については、納税義務は免除されない。この規定の適用にあたっては、特定期間中に支払った 　　　 の金額の合計額をもって、　　　　　　　 とすることができる。

8．その事業年度の基準期間がない法人（社会福祉法人を除く。）のうち、　　　 については、その 　　　　 の基準期間がない事業年度における 　　　　　 については、小規模事業者に係る納税義務の免除の規定は適用されない。

9．外国貨物を 　　　 から引き取る者は、課税貨物につき、　　　 を納める義務がある。

10．法律上資産の譲渡等を行ったとみられる者が単なる 　　　 であって、その資産の譲渡等に係る対価を 　　　 せず、その者以外の者がその資産の譲渡等に係る対価を 　　　 する場合には、その資産の譲渡等は、その対価を 　　　 する者が行ったものとして、消費税法の規定を適用する。

問2　次の文章の 　　　　 の中に、適切な語を記入しなさい。

1．事業者のうち、その課税期間に係る 　　　　 における課税売上高が1,000万円以下である者については、その課税期間中に国内において行った課税資産の譲渡等につき、

消費税を納める義務を <input /> する。

2．個人事業者のその年又は法人のその事業年度の基準期間における課税売上高が <input /> である場合であっても、その個人事業者又は法人のうち、その個人事業者のその年又は法人のその事業年度に係る <input /> が1,000万円を超えるときは、その個人事業者のその年又は法人のその事業年度における課税資産の譲渡等については、納税義務は免除されない。この規定の適用にあたっては、<input /> 給与等の金額の合計額をもって、<input /> とすることができる。

3．基準期間における課税売上高とは、<input /> に国内において行った <input /> の合計額から、売上げに係る税抜対価の返還等の金額の合計額を <input /> した残額をいう。

4．その事業年度の基準期間がない法人のうち、その事業年度開始の日における資本金の額又は出資の金額が <input /> 円以上である法人を <input /> という。

5．<input /> を保税地域から引き取る者は、<input /> につき、消費税を納める <input /> がある。

6．課税事業者又は特例輸入者は、帳簿を備え付けてこれにその行った資産の譲渡等又は課税仕入れ若しくは <input /> の保税地域からの引取りに関する事項を記録し、かつ、その帳簿を <input /> しなければならない。

問3 次の文章の <input /> の中に、適切な語を記入しなさい。

1．<input /> が1,000万円を超えることとなった事業者は、消費税課税事業者届出書を速やかにその事業者の <input /> を所轄する <input /> に提出しなければならない。

2．<input /> が1,000万円以下となった事業者は、消費税の納税義務者でなくなった旨の届出書を速やかにその事業者の <input /> を所轄する <input /> に提出しなければならない。

3．<input /> （その事業年度の基準期間がない法人のうち、その事業年度開始の日における資本金の額又は出資の金額が1,000万円以上である法人）に該当することとなった事業者は、消費税の <input /> に該当する旨の届出書を速やかにその事業者の <input /> を所轄する <input /> に提出しなければならない。

4．課税事業者は、帳簿を備え付けてこれにその行った資産の譲渡等又は課税仕入れ若しくは課税貨物の保税地域からの引取りに関する事項を <input /> し、かつ、その帳簿を <input /> しなければならない。

第三章　適格請求書発行事業者登録制度

令和5年10月1日に適格請求書等保存方式が開始しました。その基礎となるのが適格請求書発行事業者登録制度です。**第三章**では、適格請求書発行事業者の登録や適格請求書等の交付の義務について確認します。

課税仕入れに係る仕入税額控除の要件については、**第十一章「仕入れに係る消費税額の控除」第八節「帳簿及び請求書等の保存の要件」**を参照してください。

■第一節　適格請求書発行事業者の登録

適格請求書を交付することができる者は、税務署長の登録を受けた適格請求書発行事業者です（消法2①七、57の2①）。

登録ができるのは課税事業者に限定されています。免税事業者は登録を受けることができません（消法57の2①）。

◯1 登録の申請と通知

国内において課税資産の譲渡等を行い、又は行おうとする事業者であって、適格請求書の交付をしようとする事業者（免税事業者を除きます。）は、税務署長の登録を受けることができます（消法57の2①）。登録を受けようとする事業者は、財務省令で定める事項を記載した「適格請求書発行事業者の登録申請書」をその納税地を所轄する税務署長に提出しなければなりません（消法57の2②）。

申請書の提出を受けた税務署長は、登録拒否事由に該当しない場合には適格請求書発行事業者の登録を行うとともに、その旨を書面で通知します（消法57の2③⑤⑦）。

◯2 登録の拒否

国税務署長は、登録を受けようとする事業者が、次に掲げる事実に該当すると認めるときは、その登録を拒否することができます（消法57の2⑤）。

特定国外事業者 以外の事業者	① 納税管理人を定めなければならないこととされている事業者が、国税通則法第117条第2項の規定による納税管理人の届出をしていないこと。 ② その事業者が、消費税法の規定に違反して罰金以上の刑に処せられ、その執行を終わり、又は執行を受けることがなくなった日から2年を経過しない者であること。
特定国外事業者	① 消費税に関する税務代理の権限を有する国税通則法第74条の9第3項第2号に規定する税務代理人がないこと。 ② その事業者が国税通則法第117条第2項の規定による納税管理人の届出をしていないこと。 ③ 現に国税の滞納があり、かつ、その滞納額の徴収が著しく困難であること。 ④ その事業者が、所定の取消事由により登録を取り消され、その取消しの日から1年を経過しない者であること。 ⑤ その事業者が、消費税法の規定に違反して罰金以上の刑に処せられ、その執行を終わり、又は執行を受けることがなくなった日から2年を経過しない者であること。

＊ 特定国外事業者とは、国内において行う資産の譲渡等に係る事務所、事業所その他これらに準ずるものを国内に有しない国外事業者をいいます（消法57の2⑤一）。

3 申請書の提出期限

(1) 免税事業者が登録を受ける場合

免税事業者が適格請求書発行事業者の登録を受けるためには、課税事業者選択届出書を提出し、課税事業者となる必要があります（消基通1－7－1）。

免税事業者が課税事業者となる課税期間の初日から登録を受けようとする場合には、その課税期間の初日から起算して15日前の日までに登録申請書を提出しなければなりません（消法57の2②、消令70の2①）。この場合において、その課税期間の初日後に登録がされたときは、同日に登録を受けたものとみなされます（消令70の2②）。

(2) 免税事業者の登録に係る経過措置

免税事業者が令和5年10月1日から令和11年9月30日までの日の属する課税期間中に登録を受ける場合には、課税事業者選択届出書を提出することなく、登録申請書の提出によって登録を受けた日から課税事業者となります（平28改所法附44④、消基通21－1－1）。

この経過措置の適用により、適格請求書発行事業者の登録を受ける場合は、登録申請書に、提出する日から15日を経過する日以後の日を登録希望日として記載します。この場合において、その登録希望日後に登録がされたときは、その登録希望日に登録を受けたものとみなされます。

　課税期間の途中で登録を受けた場合には、登録日からその課税期間の末日までの期間における課税資産の譲渡等について、消費税の申告が必要となります（平28改所法附44④）。

　また、登録日の属する課税期間が令和5年10月1日含む課税期間である場合を除いて、登録日の属する課税期間の翌課税期間から登録日以後2年を経過する日の属する課税期間までの各課税期間においては、免税事業者となることはできません（平28改所法附44⑤）。

⑶　新たに事業を開始した場合

　事業者が、事業を開始した日の属する課税期間の初日から登録を受ける旨を記載した登録申請書をその事業を開始した日の属する課税期間の末日までに提出した場合において、税務署長の登録を受けたときは、その課税期間の初日に登録を受けたものとみなされます（消令70の4、消規26の4）。

4　登録事項の公表

　登録は、適格請求書発行事業者登録簿に次の事項を搭載することにより行われます（消法57の2④）。

　登載された事項は、インターネットを利用して、利用者が容易に検索することができるように体系的に構成された情報を提供する方法により公表することとされています（消令70の5）。具体的には、国税庁の「適格請求書発行事業者公表サイト」において公表されています。

適格請求書発行事業者登録簿に搭載される事項
①　氏名又は名称及び登録番号
②　登録年月日
③　法人（人格のない社団等を除く。）については、本店又は主たる事務所の所在地
④　特定国外事業者以外の国外事業者については、国内において行う資産の譲渡等に係る事務所、事業所その他これらに準ずるものの所在地

　登載された事項に変更があった場合や登録の取消しを行った場合等は、登録を変更し又は抹消し、その旨を公表することとされています（消法57の2⑪）。

　個人事業者は、申出により、次の事項を公表することができます。

①　「旧姓」・「通称」

　　個人事業者は、申出により、「住民票に併記されている旧氏（旧姓）」を氏名として公表することや、氏名と旧姓を併記して公表することができます（インボイスQ&A問2、19、22）。

　　また、外国人は、申出により、上記の旧姓使用と同様に、「住民票に併記されている外国人の通称」を使用することができます。

② 「屋号」・「事務所等の所在地」

　個人事業者は、申出により、「氏名」「登録番号」「登録日」に追加して、「屋号」や「事務所等の所在地」を公表することができます。

　　＊　公表の申出をするとき、又は、その公表事項を変更するときは、「適格請求書発行事業者の公表事項の公表（変更）申出書」を提出する必要があります。

5 登録事項の変更

　適格請求書発行事業者は、適格請求書発行事業者登録簿に登載された事項に変更があったときは、その旨を記載した届出書を、速やかに、その納税地を所轄する税務署長に提出しなければなりません（消法57の2⑧）。

6 登録の取消し

　税務署長は、適格請求書発行事業者が次の事実に該当すると認めるときは、その登録を取り消すことができます（消法57の2⑥）。

特定国外事業者以外の事業者	①　その適格請求書発行事業者が1年以上所在不明であること。 ②　その適格請求書発行事業者が事業を廃止したと認められること。 ③　その適格請求書発行事業者が合併により消滅したと認められること。 ④　納税管理人を定めなければならない適格請求書発行事業者が国税通則法第112条第2項の納税管理人の届出をしていないこと。 ⑤　その適格請求書発行事業者が消費税法の規定に違反して罰金以上の刑に処せられたこと。 ⑥　登録拒否事由について、虚偽の記載をして登録申請書を提出し登録を受けた者であること。
特定国外事業者	①　その適格請求書発行事業者が事業を廃止したと認められること。 ②　その適格請求書発行事業者が合併により消滅したと認められること。 ③　その適格請求書発行事業者の確定申告書の提出期限までに、消費税に関する税務代理の権限を有することを証する書面が提出されていないこと。 ④　納税代理人を定めなければならない適格請求書発行事業者が国税通則法第117条第2項の規定による納税管理人の届出をしていないこと。 ⑤　消費税につき期限内申告書の提出がなかった場合において、その提出がなかったことについて正当な理由がないと認められること。 ⑥　現に国税の滞納があり、かつ、その滞納額の徴収が著しく困難であること。

	⑦　その適格請求書発行事業者が消費税法の規定に違反して罰金以上の刑に処せられたこと。 ⑧　登録拒否事由について、虚偽の記載をして登録申請書を提出し登録を受けた者であること。

７　登録の失効

適格請求書発行事業者が、次に掲げる場合に該当することとなったときには、それぞれ次に掲げる日に、登録はその効力を失います（消法57の2⑩）。

登録の取消しを求める旨の届出書を提出した場合	その課税期間の翌課税期間の初日から起算して15日前の日までに提出したとき	翌課税期間の初日
	上記の日の翌日からその課税期間の末日までの間に提出したとき	翌々課税期間の初日
事業廃止届出書を提出した場合	事業を廃止した日の翌日	
合併による法人の消滅届出書を提出した場合	その法人が合併により消滅した日	

８　適格請求書発行事業者が死亡した場合

適格請求書発行事業者が死亡した場合には、その相続人は、「適格請求書発行事業者の死亡届出書」を、速やかに、その適格請求書発行事業者の納税地を所轄する税務署長に提出しなりません（消法57の3①）。

相続により適格請求書発行事業者の事業を承継した相続人（適格請求書発行事業者を除きます。）のその相続のあった日の翌日から、その相続人が登録を受けた日の前日又はその相続に係る適格請求書発行事業者が死亡した日の翌日から4月を経過する日のいずれか早い日までの期間（みなし登録期間）については、その相続人は、適格請求書発行事業者とみなされます。

この場合において、そのみなし登録期間中は、その相続に係る被相続人の登録番号がその相続人の登録番号とみなされます（消法57の3③）。

＊　相続人がみなし登録期間中に登録申請をした場合は、登録通知があるまでは、みなし登録期間が延長されます（消令70の6②）。

９　小規模事業者に係る税額控除に関する経過措置（２割特例）

適格請求書発行事業者の令和5年10月1日から令和8年9月30日までの日の属する課税期間において、免税事業者が適格請求書発行事業者となったこと又は課税事業者選択届出書を提出

したことにより事業者免税点制度の適用を受けられないこととなる場合には、その課税期間における課税標準額に対する消費税額から控除する金額を、その課税標準額に対する消費税額に8割を乗じた額とし、その納付税額を課税標準額に対する消費税額の2割とすることができます（平28改所法附51の2）（以下「2割特例」といいます。）。

> ＊　2割特例は、課税期間の特例の適用を受ける課税期間及び令和5年10月1日前から課税事業者選択届出書の提出により引き続き事業者免税点制度の適用を受けられないこととなる同日の属する課税期間については、適用されません（平28改所法附51の2①一）。
>
> 　　ただし、その令和5年10月1日の属する課税期間中に課税事業者選択不適用届出書を提出したときは、その課税期間からその課税事業者選択届出書は効力を失い、その課税期間において2割特例の適用が可能となります（平28改所法附51の2⑤）。

この経過措置の適用を受けようとする場合には、確定申告書にその旨を付記します（平28改所法附51の2③）。

また、この経過措置の適用を受けた適格請求書発行事業者が、その適用を受けた課税期間の翌課税期間中に、簡易課税制度選択届出書を納税地を所轄する税務署長に提出したときは、その提出した日の属する課税期間から簡易課税制度を適用することができます（平28改所法附51の2⑥）。

■第二節　適格請求書発行事業者の義務

■1　適格請求書

(1)　適格請求書の交付義務

適格請求書発行事業者は、国内において課税資産の譲渡等（消費税が免除されるものを除きます。）を行った場合＊において、その課税資産の譲渡等を受ける課税事業者から適格請求書の交付を求められたときは、その課税資産の譲渡等に係る適格請求書を交付しなければなりません（消法57の4①）。

> ＊　消費税法第4条第5項の規定により資産の譲渡とみなされる場合等、所定の場合を除きます（消法57の4①、消令70の9①）。

(2)　適格請求書の交付義務の免除

適格請求書発行事業者が行う事業の性質上、適格請求書を交付することが困難な課税資産の譲渡等につき、交付義務の免除の取扱いが設けられています（消法57の4①）。

交付義務が免除されるのは、次に掲げる課税資産の譲渡等です（消令70の9②、消規25の5、26の6）。

適格請求書の交付が免除される課税資産の譲渡等
① 次に掲げる役務の提供^{*1}のうち税込価額が３万円未満^{*2}のもの（公共交通機関特例）

① 次に掲げる役務の提供*1のうち税込価額が３万円未満*2のもの（公共交通機関特例）
　イ　海上運送法第２条第５項に規定する一般旅客定期航路事業、同法第19条の６の２に規定する人の運送をする貨物定期航路事業及び同法第20条第２項に規定する人の運送をする不定期航路事業（乗合旅客の運送をするものに限ります。）として行う旅客の運送
　ロ　道路運送法第３条第１号イに規定する一般乗合旅客自動車運送事業として行う旅客の運送
　ハ　鉄道事業法第２条第２項に規定する第一種鉄道事業又は同条第３項に規定する第二種鉄道事業として行う旅客の運送
　ニ　軌道法第３条に規定する運輸事業として行う旅客の運送
② 媒介又は取次ぎに係る業務を行う者を介して行われる課税資産の譲渡等のうち次に掲げるもの
　イ　卸売市場法に規定する卸売市場において、同法第２条第４項に規定する卸売業者が同項に規定する卸売の業務（出荷者から卸売のための販売の委託を受けて行うものに限ります。）として行う生鮮食料品等の譲渡
　ロ　組合*3が、その組合の組合員その他の構成員から販売の委託（販売条件を付さず、かつ、所定の方法*4により販売代金の精算が行われるものに限ります。）を受けて行う農林水産物の譲渡（その農林水産物の譲渡を行う者を特定せずに行われるものに限ります。）
③ 自動販売機又は自動サービス機*5により行われる課税資産の譲渡等のうちその課税資産の譲渡等に係る税込価額が３万円未満*2のもの（自動販売機特例）
④ 郵便切手類のみを対価とする郵便法第１条に規定する郵便の役務及び貨物の運送（同法第38条第１項に規定する郵便差出箱に差し出された郵便物及び貨物に係るものに限ります。）（郵便局特例）

*1 「旅客の運送」には、旅客の運送に直接的に附帯するものとして収受する特別急行料金、急行料金、寝台料金等を対価とする役務の提供は含まれますが、旅客の運送に直接的に附帯するものではない入場料金、手回品料金、貨物留置料金等を対価とする役務の提供は含まれません（消基通１－８－13）。

*2 「税込価額が３万円未満のもの」に該当するかどうかは、一回の取引の課税資産の譲渡等に係る税込価額が３万円未満であるかどうかで判定します。課税資産の譲渡等に係る一の商品（役務）ごとの税込価額によるものではありません（消基通１－８－12）。

*3 次の組合をいいます。
　イ　農業協同組合法第４条に規定する農業協同組合及び農業協同組合連合会
　ロ　水産業協同組合法第２条に規定する漁業協同組合、漁業生産組合及び漁業協同組合連合会、水産加工業協同組合及び水産加工業協同組合連合会並びに共済水産業協同組合連合会
　ハ　森林組合法第４条第１項に規定する森林組合、生産森林組合及び森林組合連合会
　ニ　農業協同組合法第72条の６に規定する農事組合法人
　ホ　上記イからハに掲げる組合に準ずるものであって、中小企業等協同組合法第３条第１号に規定する事業協同組合及びその事業協同組合をもって組織する同条第３号に規定する協同組合連合会

*4 組合による農林水産物の譲渡の対価の額に係るその組合の組合員その他の構成員に対する精算につき、一定の期間におけるその農林水産物の譲渡に係る対価の額をその農林水産物の種類、品質、等級その他の区分ごとに平均した価格をもって算出した金額を基礎として行う方法です。

＊５　「自動販売機又は自動サービス機」とは、商品の販売又は役務の提供（課税資産の譲渡等に該当するものに限ります。以下「商品の販売等」といいます。）及び代金の収受が自動で行われる機械装置であって、その機械装置のみにより商品の販売等が完結するものをいい、例えば、飲食料品の自動販売機のほか、コインロッカーやコインランドリー等がこれに該当します。小売店内に設置されたセルフレジなどのように単に代金の精算のみを行うものは、これに該当しません（消基通１－８－14）。

(3)　適格請求書の記載事項

適格請求書とは、次の事項を記載した請求書、納品書その他これらに類する書類をいいます（消法57の４①）。その書類の名称は問いません（消基通１－８－１）。

適格請求書の記載事項
①　適格請求書発行事業者の氏名又は名称及び登録番号[1]
②　課税資産の譲渡等を行った年月日[2]
③　課税資産の譲渡等に係る資産又は役務の内容[3][4]
④　課税資産の譲渡等に係る税抜価額又は税込価額を税率の異なるごとに区分して合計した金額及び適用税率
⑤　消費税額等[5][6]
⑥　書類の交付を受ける事業者の氏名又は名称[1]

＊１　取引先コード等の記号、番号等により表示することができます。ただし、その記号、番号等により、登録の効力の発生時期等の履歴が明らかとなる措置を講じておく必要があります（消基通１－８－３）。

＊２　年月日は、課税期間の範囲内で一定の期間内に行った課税資産の譲渡等につきまとめてその書類を作成する場合には、その一定の期間を記載します。

＊３　その課税資産の譲渡等が軽減対象課税資産の譲渡等である場合には、資産の内容及び軽減対象課税資産の譲渡等である旨を記載します。その資産の譲渡等が課税資産の譲渡等かどうか、また、その資産の譲渡等が課税資産の譲渡等である場合においては、軽減対象課税資産の譲渡等かどうかの判別が取引の相手方との間で明らかとなるときは、商品コード等の記号、番号等により表示することができます（消基通１－８－３）。

＊４　「軽減対象課税資産の譲渡等である旨」の記載については、軽減対象課税資産の譲渡等であることが客観的に明らかであるといえる程度の表示がされていればよく、個々の取引ごとに適用税率が記載されている場合のほか、例えば、次のような場合もその記載があるものと認められます（消基通１－８－４）。

　①　軽減対象課税資産の譲渡等に係る請求書等とそれ以外のものに係る請求書等とが区分して作成され、その区分された軽減対象課税資産の譲渡等に係る請求書等に、記載された取引内容が軽減対象課税資産の譲渡等であることが表示されている場合

　②　同一の請求書等において、軽減対象課税資産の譲渡等に該当する取引内容を区分し、その区分して記載された軽減対象課税資産の譲渡等に該当する取引内容につき軽減対象課税資産の譲渡等であることが表示されている場合

③　同一の請求書等において、軽減対象課税資産の譲渡等に該当する取引内容ごとに軽減対象課税資産の譲渡等であることを示す記号、番号等を表示し、かつ、その記号、番号等の意義が軽減対象課税資産の譲渡等に係るものであることとして表示されている場合

＊5　次のいずれかの方法により計算した金額となります（消令70の10）。

> ①　課税資産の譲渡等に係る税抜価額を税率の異なるごとに区分して合計した金額に $\frac{10}{100}$（軽減対象課税資産の譲渡等に係るものである場合には、$\frac{8}{100}$）を乗じて算出する方法
>
> ②　課税資産の譲渡等に係る税込価額を税率の異なるごとに区分して合計した金額に $\frac{10}{110}$（軽減対象課税資産の譲渡等に係るものである場合には、$\frac{8}{108}$）を乗じて算出する方法

＊6　1円未満の端数処理は、切捨て、切上げ又は四捨五入のいずれでもかまいません。ただし、消費税額等は、税抜価額又は税込価額を税率の異なるごとに区分して合計した金額を基礎として算出し、算出した消費税額等の1円未満の端数を処理することとなるので、その端数処理は、一の適格請求書につき、税率の異なるごとにそれぞれ1回となります。複数の商品の販売につき、一の適格請求書を交付する場合において、一の商品ごとに端数処理をした上でこれを合計して消費税額等として記載することはできません（消令70の10、消基通1－8－15）。

⑷　複数の書類による交付

　適格請求書の交付に関して、一の書類に全ての事項を記載するのではなく、例えば、納品書と請求書等の二以上の書類であっても、これらの書類について相互の関連が明確であり、その交付を受ける事業者が記載事項を適正に認識できる場合には、これら複数の書類全体で適格請求書の記載事項を満たすものとなります（消基通1－8－1）。

⑸　登録の効力

　適格請求書発行事業者の登録は、適格請求書発行事業者登録簿に登載された日（以下「登録日」といいます。）からその効力を有するので、登録の通知を受けた日にかかわらず、登録日以後に行った課税資産の譲渡等について適格請求書を交付することとなります（消基通1－7－3）。

　登録日から登録の通知を受けた日までの間に行った課税資産の譲渡等について、既に請求書等の書類を交付している場合には、その通知を受けた日以後に登録番号等を相手方に書面等（既に交付した書類との相互の関連が明確であり、その書面等の交付を受ける事業者が記載事項を適正に認識できるものに限ります。）で通知することにより、これらの書類等を合わせて適格請求書の記載事項を満たすことができます（消基通1－7－3）。

⑹　家事共用資産を譲渡した場合

　個人事業者である適格請求書発行事業者が、事業と家事の用途に共通して使用するものとし

て取得した資産を譲渡する場合には、その譲渡に係る金額を事業としての部分と家事使用に係る部分とに合理的に区分するものとし、適格請求書に記載する「課税資産の譲渡等に係る税抜価額又は税込価額を税率の異なるごとに区分して合計した金額」及び「消費税額等」は、その事業としての部分に係る金額に基づき算出することとなります（消基通1-8-6）。

⑺　共有物の譲渡等をした場合

　適格請求書発行事業者が、適格請求書発行事業者以外の者である他の者と共同で所有する資産（以下「共有物」といいます。）の譲渡又は貸付けを行う場合には、その共有物に係る資産の譲渡等の金額を所有者ごとに合理的に区分するものとし、適格請求書に記載する「課税資産の譲渡等に係る税抜価額又は税込価額を税率の異なるごとに区分して合計した金額」及び「消費税額等」は、自己の部分に係る資産の譲渡等の金額に基づき算出することとなります（消基通1-8-7）。

⑻　適格請求書発行事業者でなくなった場合

　適格請求書発行事業者が適格請求書発行事業者でなくなった後、適格請求書発行事業者であった課税期間において行った課税資産の譲渡等を受ける他の事業者から、その課税資産の譲渡等に係る適格請求書の交付を求められたときは、これを交付しなければなりません（消基通1-8-8）。

② 適格簡易請求書

⑴　適格簡易請求書を交付することができる事業

　適格請求書発行事業者が国内において行った課税資産の譲渡等が次に掲げる事業に係るものであるときは、適格請求書に代えて、適格簡易請求書を交付することができます（消法57の4②、消令70の11）。

適格簡易請求書を交付することができる事業
①　小売業、飲食店業、写真業、旅行業及びタクシー業
②　駐車場業（不特定かつ多数の者に自動車その他の車両の駐車のための場所を提供するものに限ります。）
③　上記に掲げる事業に準ずる事業で不特定かつ多数の者に資産の譲渡等を行うもの

⑵　適格簡易請求書の記載事項

　適格簡易請求書とは、次に掲げる事項を記載した請求書、納品書その他これらに類する書類をいいます（消令70の11）。その書類の名称は問いません。

適格簡易請求書の記載事項
① 適格請求書発行事業者の氏名又は名称及び登録番号
② 課税資産の譲渡等を行った年月日
③ 課税資産の譲渡等に係る資産又は役務の内容
④ 課税資産の譲渡等に係る税抜価額又は税込価額を税率の異なるごとに区分して合計した金額
⑤ 消費税額等又は適用税率

記載事項の注意点は、適格請求書と同じです。

適格請求書と適格簡易請求書の違いは、「消費税額等」又は「適用税率」のいずれかの記載でたるものとされていること及び「書類の交付を受ける事業者の氏名又は名称」の記載を省略することができることです。

3 適格返還請求書

(1) 適格返還請求書の交付義務

売上げに係る対価の返還等を行う適格請求書発行事業者は、その売上げに係る対価の返還等を受ける他の事業者に対して、適格返還請求書を交付しなければなりません（消法57の4③）。

(2) 適格返還請求書の交付義務の免除

① 適格請求書を交付することが免除される課税資産の譲渡等（上記 1 (2)に掲げるもの）について行った売上げに係る対価の返還等である場合には、その適格返還請求書の交付義務は免除されます（消法57の4③、消令70の9③一）。

② 売上げに係る対価の返還等に係る税込価額が1万円未満である場合には、その適格返還請求書の交付義務は免除されます（消法57の4③、消令70の9③二）。

(3) 適格返還請求書の記載事項

適格返還請求書とは、次に掲げる事項を記載した請求書、納品書その他これらに類する書類をいいます（消法57の4③）。

適格返還請求書の記載事項
① 適格請求書発行事業者の氏名又は名称及び登録番号
② 売上げに係る対価の返還等を行う年月日及びその売上げに係る対価の返還等に係る課税資産の譲渡等を行った年月日
③ 売上げに係る対価の返還等に係る課税資産の譲渡等に係る資産又は役務の内容
④ 売上げに係る対価の返還等に係る税抜価額又は税込価額を税率の異なるごとに区分して合計した金額
⑤ 売上げに係る対価の返還等の金額に係る消費税額等又は適用税率

記載事項の注意点は、適格請求書と同じです。

(4) 適格返還請求書の交付方法

　一の事業者に対して、適格請求書及び適格返還請求書を交付する場合において、それぞれの記載事項を満たすものであれば、一の書類により交付することができます（消基通1－8－20)。

　この場合、適格請求書に記載すべき「課税資産の譲渡等に係る税抜価額又は税込価額を税率の異なるごとに区分して合計した金額」と適格返還請求書に記載すべき「売上げに係る対価の返還等に係る税抜価額又は税込価額を税率の異なるごとに区分して合計した金額」については、継続適用を条件にこれらの金額の差額を記載することができます。適格請求書に記載すべき消費税額等と適格返還請求書に記載すべき売上げに係る対価の返還等の金額に係る消費税額等についても、その差額に基づき計算した金額を記載することができます（消基通1－8－20)。

(5) 登録前に行った課税資産の譲渡等に係る対価の返還等

　適格請求書発行事業者が、適格請求書発行事業者の登録を受ける前に行った課税資産の譲渡等について、登録を受けた日以後に売上げに係る対価の返還等を行う場合には、その対価の返還等に関する適格返還請求書の交付義務はありません（消基通1－8－18)。

(6) 適格請求書発行事業者でなくなった場合

　適格請求書発行事業者が適格請求書発行事業者でなくなった後において、適格請求書発行事業者であった課税期間において行った課税資産の譲渡等につき、売上げに係る対価の返還等を行った場合には、適格返還請求書を交付しなければなりません（消基通1－8－19)。

４ 記載事項に誤りがあった場合

　適格請求書、適格簡易請求書又は適格返還請求書を交付した適格請求書発行事業者は、これらの書類の記載事項に誤りがあった場合には、これらの書類を交付した他の事業者に対して、修正した適格請求書、適格簡易請求書又は適格返還請求書を交付しなければなりません（消法57の4④)。

　「修正した適格請求書、適格簡易請求書又は適格返還請求書」には、当初に交付した適格請求書、適格簡易請求書又は適格返還請求書との関連性を明らかにした上で、修正した事項を明示した書類等も含まれます（消基通1－8－21)。

５ 電磁的記録の提供

　適格請求書発行事業者は、適格請求書、適格簡易請求書又は適格返還請求書の交付に代えて、これらの書類に記載すべき事項に係る電磁的記録を提供することができます（消法57の4⑤)。

電磁的記録の提供には、光ディスク、磁気テープ等の記録用の媒体による提供のほか、例えば、次に掲げるようなものが該当します（消基通1－8－2）。

① いわゆるEDI取引を通じた提供

② 電子メールによる提供

③ インターネット上のサイトを通じた提供

また、適格請求書に係る記載事項につき、例えば、納品書データと請求書データなど複数の電磁的記録の提供による場合又は納品書と請求書データなど書面の交付と電磁的記録の提供による場合のいずれにおいても、これらの書類と電磁的記録について相互の関連が明確であり、その交付を受ける事業者が適格請求書の記載事項を適正に認識できる場合には、これら複数の書類及び電磁的記録全体で適格請求書の記載事項を満たすものとなります（消基通1－8－2）。

なお、その電磁的記録として提供した事項に誤りがあった場合には、その提供をした他の事業者に対して、修正した電磁的記録を提供しなければなりません（消法57の4⑤）。

6 適格請求書の写しの保存義務

適格請求書、適格簡易請求書若しくは適格返還請求書を交付し、又はこれらの書類に記載すべき事項に係る電磁的記録を提供した適格請求書発行事業者は、これらの書類の写し又はその電磁的記録を整理し、その交付又は提供した日の属する課税期間の末日の翌日から2月（清算中の法人について残余財産が確定した場合には1月）を経過した日から7年間、これを納税地又はその取引に係る事務所等の所在地に保存しなければなりません（消法57の4⑥、消令70の13①）。

なお、上記の2月を経過した日から5年を経過した日以後の期間における保存（電磁的記録の保存を除きます。）は、財務大臣の定めるマイクロフィルムによる帳簿書類の保存の方法によることができます（消令70の13②）。

また電磁的記録の保存は、次のいずれかの方法により行います（消法57の4⑥、消令70の13①、消規26の8）。

---

① 電磁的記録を、電子計算機を使用して作成する国税関係帳簿書類の保存方法等の特例に関する法律施行規則第4条第1項各号に掲げる措置のいずれかを行い、同項に規定する要件に準ずる要件に従って保存する方法。

② 電磁的記録を出力することにより作成した書面（整然とした形式及び明瞭な状態で出力したものに限る。）を保存する方法

　その書面は、納税地又はその取引に係る事務所、事業所その他これらに準ずるものの所在地に、原則として、電磁的記録を提供した日の属する課税期間の末日から2月を経過した日から7年間、整理して保存しなければなりません。

---

7 委託販売等における媒介者交付特例

(1) 媒介者交付特例の要件

　事業者（以下「委託者」といいます）が、媒介又は取次ぎに係る業務を行う者（以下「媒介者等」といいます。）を介して国内において課税資産の譲渡等を行う場合において、次の①及び②の要件を満たすときは、その媒介者等は、媒介者等の氏名又は名称及び登録番号を記載した適格請求書等又はその記載事項に係る電磁的記録をその委託者に代わって交付し、又は提供することができます（消令70の12①④、消基通1－8－10）。

　①　委託者及び媒介者等の双方が適格請求書発行事業者であること

　②　その媒介者等がその課税資産の譲渡等の時までにその事業者から適格請求書発行事業者の登録を受けている旨の通知を受けていること（委託者が適格請求書発行事業者でなくなった場合には、委託者は、媒介者等に対し、速やかにその旨を通知しなければなりません）。

　【通知の方法の例】
　・委託者が個々の取引の都度、事前に登録番号をその媒介者等へ書面等により通知する方法
　・委託者とその媒介者等との間の基本契約書等に委託者の登録番号を記載する方法

(2) 適格請求書の写しの保存

　この場合において、その媒介者等は、その適格請求書等の写し又はその電磁的記録を保存し、その適格請求書等の写し又はその電磁的記録をその委託者に対して交付し、又は提供しなければなりません（消令70の12①③、消基通1－8－11）。

　例えば、その適格請求書等に複数の事業者に係る記載があるなどによりその適格請求書等の写しをそのまま交付することが困難な場合には、その適格請求書等に記載された事項のうちその委託者に係る事項を記載した精算書等を交付することができます。この場合には、その媒介者等においても交付したその精算書等の写しを保存することになります（消基通1－8－11）。

(3) 公売等に係る特例

　適格請求書発行事業者が、国税徴収法第2条第12号に規定する強制換価手続により執行機関を介して国内において課税資産の譲渡等を行う場合には、その執行機関は、その執行機関の名称及びこの特例の適用を受ける旨を記載した適格請求書又はその記載事項に係る電磁的記録をその事業者に代わって交付し、又は提供することができます。

　この場合において、執行機関は、その適格請求書の写し又はその電磁的記録を保存しなければなりません（消令70の12⑤）。

8 適格請求書類似書類等の交付の禁止

次の行為は禁止されています（消法57の5）。

適格請求書発行事業者	・偽りの記載をした適格請求書又は適格簡易請求書の交付 ・上記書類の記載事項に係る電磁的記録の提供
適格請求書発行事業者以外の者	・適格請求書発行事業者が作成した適格請求書又は適格簡易請求書であると誤認されるおそれのある表示をした書類の交付 ・上記書類の記載事項に係る電磁的記録の提供

禁止行為を行った者は、1年以下の懲役又は50万円以下の罰金に処するものとされています（消法65四）。

9 任意組合等の組合員による適格請求書等の交付の禁止

任意組合等の組合員である適格請求書発行事業者は、その任意組合等の事業として国内において行った課税資産の譲渡等につき適格請求書若しくは適格簡易請求書を交付し、又はこれらの書類の記載事項に係る電磁的記録を提供してはなりません（消法57の6①）。

任意組合等とは、次の組合等をいいます（消法57の6①）。

①　民法第667条第1項に規定する組合契約によって成立する組合 ②　投資事業有限責任組合契約に関する法律第2条第2項に規定する投資事業有限責任組合 ③　有限責任事業組合契約に関する法律第2条に規定する有限責任事業組合 ④　外国の法令に基づいて設立された団体であって①又は②の組合に類似するもの

ただし、その任意組合等の組合員の全てが適格請求書発行事業者である場合において、その旨を記載した届出書をその任意組合等の業務執行組合員が、その業務執行組合員の納税地を所轄する税務署長に提出したときは、その提出があった日以後に行う課税資産の譲渡等については、この限りではありません（消法57の6①）。

その届出書を提出した任意組合等が次に掲げる場合に該当することとなったときは、その該当することとなった日以後に行う課税資産の譲渡等については、適格請求書等の交付をすることはできません。この場合において、その任意組合等の業務執行組合員は、その該当することとなった旨を記載した届出書を、速やかに、その納税地を所轄する税務署長に提出しなければなりません（消法57の6②）。

①　適格請求書発行事業者以外の事業者を新たに組合員として加入させた場合 ②　その任意組合等の組合員のいずれかが適格請求書発行事業者でなくなった場合

課税の対象

消費税は、国内における「消費」に担税力を見出して課税します。

本来の課税物件である「消費」は事業者の立場から「資産の譲渡等」と定義され、「国内において事業者が行った資産の譲渡等」が消費税の課税の対象とされています。

また、保税地域から引き取る外国貨物については、その輸入の後に国内で消費されるものであることから、すべての輸入貨物を課税の対象としています。

国内における「消費」に課税するため	① 国内において事業者が行う資産の譲渡等	を課税の対象としている
	② 輸入する外国貨物	

消費税は、日本国内における消費に課税するという、いわゆる消費地課税主義を前提としています。国外において行われる取引に日本の消費税は及びません。

■第一節　資産の譲渡等

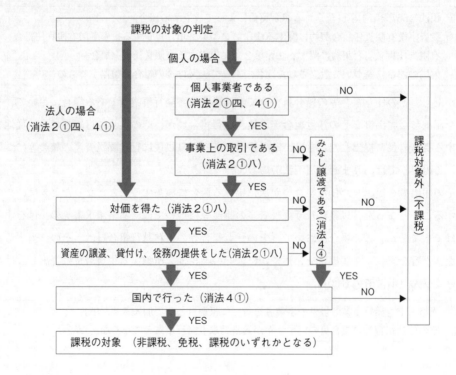

　国内において事業者が行った資産の譲渡等には、消費税が課税されます（消法4①）。

　資産の譲渡等とは、事業として対価を得て行われる資産の譲渡及び貸付け並びに役務の提供をいいます（消法2①八）。

1 事業として

　法人はその種類を問わず事業者となります（消法2①四）。法人が行う取引は営利を目的として行ったかどうかにかかわらず、そのすべてが事業として行った取引となることから（消基通5-1-1（注2））、事業性の判断は、個人が行う取引に限った論点となります。

　個人事業者は、事業者としての側面と消費者としての側面があるため、個々の取引について、事業として行われたものかどうか判断する必要があります。

　「事業として」は、次の2つに区分して考えることができます。

「事業として」に該当する取引	「反復・継続・独立」して行われる取引
	事業に付随する取引 （それ自体は単発であっても、「反復・継続・独立」して行われる取引に付随して行われるもの）

⑴ 「反復・継続・独立」して行われる取引

　消費税法にいう「事業」は、所得税において所得区分の基準となる「事業」、あるいは不動産所得の規模を判断する場合の「事業」より範囲の広い概念であり、それが「反復・継続・独立」して行われる場合には、事業性が認められます（消基通5-1-1）。

　したがって、主婦やサラリーマンが行う講演、執筆等は、それが雑所得となるものであっても、「反復・継続・独立」して行っていれば、「事業として」に該当することになります。

　また、不動産の貸付けについては、所得税において事業的規模に至らないとされるものであっても、継続して貸付けを行う場合は、「事業として」に該当します。

⑵ 事業に付随する取引

　事業活動の一環として又はこれに関連して行う取引は、「反復・継続・独立」していなくても、「事業として」行ったものに該当します（消令2③）。事業付随行為には、例えば、次のようなものがあります（消基通5-1-7）。

事業付随行為の例
・事業の用に供している建物、機械等の売却
・利子を対価とする事業資金の預入れ
・事業の遂行のための取引先又は使用人に対する利子を対価とする金銭等の貸付け
・新聞販売店における折込広告
・浴場業、飲食業等における広告の掲示
・職業運動家、作家、映画・演劇等の出演者等で事業者に該当するものが対価を得て行う他の事業者の広告宣伝のための役務の提供
・職業運動家、作家等で事業者に該当するものが対価を得て行う催物への参加又はラジオ放送若しくはテレビ放送等に係る出演その他これらに類するもののための役務の提供
・医師が行う健康セミナー、弁護士が行う法律セミナー等

(3) 事業に該当しない取引

個人事業者が消費者の立場で行う生活用品や自宅の売却等は、消費税の課税の対象になりません（消基通5－1－8）。

事業として行うものに該当しない取引の例
・自宅の売却
・事業資金の調達のためにする生活用資産の譲渡
・仕入代金の支払に代えて家事用資産を引き渡す代物弁済
・会員権取引業者以外が行うゴルフ会員権等の譲渡
・事業資金以外の預貯金の利子の受取り

② 対価を得て行う資産の譲渡及び貸付け並びに役務の提供

(1) 資産とは

資産とは、取引の対象となる一切の資産をいい、棚卸資産又は固定資産等の有形資産のほか、権利その他の無形資産が含まれます（消基通5－1－3）。

すなわち、資産とは、売買や貸付けが可能な商取引の対象となるすべての財貨をいいます。

資　　産	
棚卸資産	商品、製品など
有形固定資産	土地、建物、機械装置、器具備品など
無形固定資産	特許権、著作権、借地権など
その他の権利等	有価証券、ゴルフ会員権、貸付債権など

⑵　譲渡とは

　譲渡とは、有償、無償を問わず、資産の同一性を保持しつつ、その所有権が他に移転することをいいます（消基通5-2-1）。

　したがって、資産の販売や売却のほか、資産の交換や贈与、現物出資等も譲渡の一形態と位置づけられています。

　また、資産の譲渡はその原因を問わず、例えば、他の者の債務の保証を履行するために行う資産の譲渡や強制換価手続により換価された場合であっても、自己の保有する資産を他に移転した場合は、資産の譲渡に該当することになります（消基通5-2-2）。

⑶　貸付けとは

　資産の貸付けとは、資産を他者に貸し付けたり使用させたりすることであり、資産に係る権利の設定その他他の者に資産を使用させる一切の行為が含まれます（消法2②、消令1③）。

　「資産に係る権利の設定」とは、例えば、土地に係る地上権若しくは地役権、特許権等の工業所有権に係る実施権若しくは使用権又は著作物に係る出版権の設定をいいます（消基通5-4-1）。

　また、「資産を使用させる一切の行為」とは、例えば、次のものをいいます（消基通5-4-2）。

①　特許権等の工業所有権並びにこれらの権利に係る出願権及び実施権（工業所有権等）の使用、提供又は伝授

②　著作物の複製、上演、放送、展示、上映、翻訳、編曲、脚色、映画化その他著作物を利用させる行為

③　工業所有権等の目的になっていないが、生産その他業務に関し繰り返し使用し得るまでに形成された創作（特別の原料、処方、機械、器具、工程によるなど独自の考案又は方法についての方式、これに準ずる秘けつ、秘伝その他特別に技術的価値を有する知識及び意匠等をいう。）の使用、提供又は伝授

⑷　役務の提供とは

　役務の提供とは、例えば、土木工事、修繕、運送、保管、印刷、広告、仲介、興行、宿泊、飲食、技術援助、情報の提供、便益、出演、著述その他のサービスを提供することをいい、弁護士、公認会計士、税理士、作家、スポーツ選手、映画監督、棋士等によるその専門的知識、技能等に基づく役務の提供もこれに含まれます（消基通5-5-1）。

(5) 対価を得てとは

「対価を得て」とは、資産の譲渡、貸付け、役務の提供に対して反対給付を受けることをいいます。

消費税は、事業者の売上げを通して消費の担税力を測定するものですから、消費する側の拠出のあるもの、すなわち対価の支払を受けるものであることが課税の要件となります。

金銭以外の物その他の経済的利益を受け入れた場合も、対価を得て行う取引となります。

消費税は、資産の譲渡、貸付け、役務の提供とその反対給付である対価とが交換される取引を課税の対象としています。

対価を得て行う取引でないものには、次のようなものがあります。

「対価を得て行う取引」でないものの例
・保険金等の受取り（消基通5－2－4）
・損害賠償金の受取り（消基通5－2－5）
・預り金や差入保証金等の預かり、差入れ、回収（消基通5－4－3）
・立退料の受取り（消基通5－2－7）
・利益又は剰余金の配当（消基通5－2－8）
・自己株式の取得と処分（消基通5－2－9）
・対価補償金以外の収用の補償金の受取り（消基通5－2－10）
・自家消費（消基通5－2－12）
・資産の廃棄、盗難、滅失、減耗（消基通5－2－13）
・寄附金、祝金、見舞金等の無償取引（消基通5－2－14）
・補助金、奨励金、助成金等の受取り（消基通5－2－15）
・下請先への材料の無償支給（消基通5－2－16）
・資産の使用貸借（消基通5－4－5）
・贈与、無償の役務の提供
・金銭による出資
・租税、罰金、過料、科料等の納付

3 資産の譲渡等に該当するかどうかの具体例

① 損害賠償金

損害賠償金は、心身又は資産につき加えられた損害の発生に伴い受けるものであり、原則として、資産の譲渡等の対価に該当しません。ただし、その実質が資産の譲渡等の対価に該当すると認められるものは課税の対象となります（消基通5－2－5）。

その実質が資産の譲渡等の対価に該当すると認められるものの例
①　損害を受けた棚卸資産等が加害者（加害者に代わって損害賠償金を支払う者を含む。）に引き渡される場合で、その棚卸資産等がそのまま又は軽微な修理を加えることにより使用できるときに加害者からその棚卸資産等を所有する者が収受する損害賠償金 ②　無体財産権の侵害を受けた場合に加害者からその無体財産権の権利者が収受する損害賠償金 ③　不動産等の明渡しの遅滞により加害者から賃貸人が収受する損害賠償金

②　立退料

　資産の譲渡は、所有権を他に移すことですから、権利自体の消滅や価値の減少は資産の譲渡ではありません。

　建物等の賃借人が賃貸借の目的とされている建物等の契約の解除に伴い賃貸人から収受する立退料は、賃貸借の権利が消滅することに対する補償、営業上の損失又は移転等に要する実費補償などに伴い授受されるものであり、資産の譲渡等の対価に該当しません（消基通５－２－７）。所得税においては、借家権の消滅の対価は譲渡所得の収入金額とされています（所令95、所基通33－６）が、消費税においては、譲渡の本来の意味である所有権の移転の事実があったかどうかにより譲渡であるかどうかの判断をします。

　ただし、建物等の賃借人たる地位を賃貸人以外の第三者に譲渡し、その対価として収受する立退料は、建物等の賃借権の譲渡に係る対価として受領されるものであり、資産の譲渡等の対価に該当します（消基通５－２－７）。

③　剰余金の配当等

　剰余金の配当、利益の配当、剰余金の分配は、株主又は出資者たる地位に基づき、出資に対する配当又は分配として受けるものであるから、資産の譲渡等の対価に該当しません。

　ただし、その事業者が協同組合等から行った課税仕入れについて、法人税法第60条の２第１項第１号に掲げる事業分量配当を受けた場合には、その課税仕入れに係る対価の返還等となります（消基通５－２－８）。

④　自家消費

　広告宣伝又は試験研究等のために商品、原材料等の資産を消費する場合や製造した製品を自己の固定資産として利用する場合等、自己の所有する資産を自己の事業の用に消費する自家消費は、資産の譲渡ではありません（消基通５－２－12）。

　自家消費は、みなし譲渡となる法人の自社役員への資産の贈与、個人事業者の事業用資産の家事消費とは異なる行為です。

⑤　下請けに対する材料等の支給

　下請先・外注先に対して外注加工に係る原材料等を支給する場合において、その支給に係る対価を収受することとしているときは、その原材料等の支給は、対価を得て行う資産の譲渡に該当します。

　ただし、有償支給であっても、その対価の授受が、在庫管理のために行われる形式上のものであって、有償支給をした事業者がその支給に係る原材料等を自己の資産として管理している場合には、その原材料等の支給は、資産の譲渡に該当しないものとして取り扱うことになります（消基通5－2－16）。

　この場合の判断は、その対価の授受によって、現実にその材料等の所有権の移転があったものであるかどうかが基準となります。

⑥　借家保証金、権利金等

　建物又は土地等の賃貸借契約等の締結又は更改に当たって受ける保証金、権利金、敷金又は更改料のうち賃貸借期間の経過その他その賃貸借契約等の終了前における一定の事由の発生により返還しないこととなるものは、権利の設定の対価であり資産の譲渡等の対価に該当します。

　その賃貸借契約の終了等に伴って返還することとされているものは、預り金であり、資産の譲渡等の対価に該当しません（消基通5－4－3）。

⑦　解約手数料、払戻手数料等

　予約の取消し、変更等に伴って予約を受けていた事業者が収受するキャンセル料、解約損害金等は、逸失利益等に対する損害賠償金であり、資産の譲渡等の対価に該当しません。

　ただし、資産の譲渡等に係る契約等の解約又は取消し等の請求に応じ、解約手数料等の対価を得て行われる役務の提供は、資産の譲渡等に該当します。

　例えば、約款、契約等において解約等の時期にかかわらず、一定額を手数料等として授受することとしている場合の手数料等は、解約等の請求に応じて行う役務の提供の対価に該当します。

　なお、解約等に際し授受することとされている金銭のうちに役務の提供の対価である解約手数料等に相当する部分と逸失利益等に対する損害賠償金に相当する部分とが含まれている場合には、その解約手数料等に相当する部分が役務の提供の対価に該当しますが、これらの対価の額を区分することなく、一括して授受することとしているときは、その全体を資産の譲渡等の対価に該当しないものとして取り扱います（消基通5－5－2）。

⑧　同業者団体等の入会金・会費・組合費等

　同業者団体等の入会金、会費、組合費等は、その会費等と団体等から受ける役務の提供との間に明白な対価関係があるかどうかにより、資産の譲渡等の対価であるかどうかを判断します（消基通5－5－3、5－5－4）。

　この場合、団体として通常の業務運営のために経常的に要する費用をその構成員に分担させ、団体の存続を図るため、組合員等の地位に基づき拠出することとなるいわゆる通常会費は、資産の譲渡等の対価に該当しないものとされています（消基通5－5－3）。

　明白な対価関係によって資産の譲渡等の対価であるかどうかの判定が困難なものについては、継続して、組合等が資産の譲渡等の対価に該当しないものとし、かつ、その会費等を支払う事業者側がその支払を課税仕入れに該当しないこととしているときは、課税の対象外とすることができます。その場合には、同業者団体、組合等は、その旨をその構成員に通知することとされています（消基通5－5－3、5－5－4）。

⑨　ゴルフクラブ等の入会金

　ゴルフクラブ、宿泊施設その他レジャー施設の利用又は一定の割引率で商品等を販売するなど会員に対する役務の提供を目的とする事業者が会員等の資格を付与することと引換えに収受する入会金（返還しないもの）は、資産の譲渡等の対価に該当します（消基通5－5－5）。

　その会費も、一定の役務提供を受ける対価として資産の譲渡等の対価に該当します。

⑩　公共施設の負担金等

　特定の事業を実施する者がその事業への参加者又はその事業に係る受益者から受ける負担金、賦課金等については、事業の実施に伴う役務の提供との間に明白な対価関係があるかどうかによって資産の譲渡等の対価であるかどうかを判定します。

　その対価関係の判定が困難な負担金等については、事業を実施する国、地方公共団体又は同業者団体等が資産の譲渡等の対価に該当しないものとし、かつ、その負担金を支払う事業者がその支払を課税仕入れに該当しないこととしている場合には、その負担金等を課税対象外とすることができます。この場合には、国、地方公共団体又は同業者団体等は、その旨をその構成員に通知することとされています（消基通5－5－6）。

⑪　商品先物取引

　商品先物取引法の規定により商品の先物取引を行った場合で、一定の期日までに反対売買することにより差金の授受によって決済したときは、現物商品の引渡しがないため資産の譲渡等に該当しません。

現物の引渡しを行う場合には、その引渡しを行う日に資産の譲渡等が行われたことになります（消基通9－1－24）。

⑫　共同行事に係る負担金等

同業者団体等の構成員が共同して行う宣伝、販売促進、会議等の共同行事に要した費用を賄うために共同行事の主宰者がその参加者から収受する負担金、賦課金等は、原則として、資産の譲渡等の対価に該当します。

ただし、共同行事のために要した費用の全額について、その共同行事への参加者ごとの負担割合が予め定められている場合において、その共同行事の主宰者が収受した負担金、賦課金等について資産の譲渡等の対価とせず、その負担割合に応じて各参加者ごとにその共同行事を実施したものとして、仮勘定として経理した負担金、賦課金等は、資産の譲渡等の対価に該当しないものとすることができます。

この場合には、各参加者がその負担割合に応じて共同行事の費用を支払ったものとみなして、仕入税額控除を行うこととなります（消基通5－5－7）。

⑬　賞金等

他の者から賞金等の給付を受けた場合において、その賞金等が資産の譲渡等の対価に該当するかどうかは、賞金等の給付と賞金等の対象となる役務の提供との間の関連性の程度により個々に判定することになりますが、例えば、次のいずれの要件をも満たす場合の賞金等は、資産の譲渡等の対価に該当します（消基通5－5－8）。

①　受賞者が、その受賞に係る役務の提供を業とする者であること。
②　賞金等の給付が予定されている催物等に参加し、その結果として賞金等の給付を受けるものであること。

⑭　給与負担金と労働者派遣料

使用人等の出向について授受する給与負担金は、その名目が経営指導料等であっても、出向先が出向元を通じて出向者に支払う給与であるため、課税の対象にはなりません（消基通5－5－10）。

出向とは、ある事業者（出向元事業者）に雇用される使用人（出向者）が、出向元事業者と雇用関係を存続させたままで他の事業者（出向先事業者）との間においても雇用関係に基づき業務に従事する勤務形態をいい、出向者については、出向元事業者と出向先事業者との両方で二重の雇用関係が成立することになります。

これに対し、労働者派遣は、自己の雇用する労働者をその雇用関係の下に他の者の労働に従

事させるものであり、派遣先と労働者との間に雇用関係は成立しません。したがって、派遣料は、労働者を派遣したことによる役務の提供の対価であることから、資産の譲渡等の対価に該当します（消基通5－5－11）。

4 特殊な取引

資産の譲渡等には、代物弁済による資産の譲渡その他対価を得て行われる資産の譲渡若しくは貸付け又は役務の提供に類する行為として定める一定のものが含まれます（消法2①八）。

したがって、次のような取引は、資産の譲渡等に該当します（消法2①八、消令2）。

資産の譲渡等に該当する取引
・代物弁済による資産の譲渡
・負担付き贈与による資産の譲渡
・金銭以外の資産の出資（現物出資）
・法人課税信託の委託者が金銭以外の資産の信託をした場合におけるその資産の移転
・貸付金その他の金銭債権の譲受けその他の承継（包括承継を除く。）
・土地収用法等の規定に基づいて資産の所有権等を収用され、その権利を取得する者からその権利の消滅に係る補償金を取得する行為

① 代物弁済

代物弁済とは、債務者が債権者の承諾を得て、約定されていた弁済の手段に代えて他の給付をもって弁済することをいいます。

したがって、例えば、いわゆる現物給与とされる現物による給付であっても、その現物の給付が給与の支払に代えて行われるものではなく、単に現物を給付することとしている場合のその現物の給付は、代物弁済に該当しません（消基通5－1－4）。

② 負担付き贈与

負担付き贈与とは、受贈者に一定の給付をする義務を負担させる資産の贈与をいいます（消基通5－1－5）。例えば、残ローンの支払を要件に車両を贈与する行為等がこれに該当します。

③ 金銭以外の資産の出資

金銭出資により設立した法人に事後設立契約に基づく金銭以外の資産を譲渡する事後設立は、金銭以外の資産の出資（現物出資）に該当しません。したがって、事後設立による資産の譲渡に係る対価の額は、当該譲渡について現実に対価として収受し、又は収受すべき金額となります（消基通5－1－6）。

④　収用に係る補償金

　土地収用法等により、資産の所有権等を収用され、その権利を取得する者からその権利の消滅について支払を受ける対価補償金は、資産の譲渡等の対価に該当します（消令2②）。

　減少する収益、損失や費用の補てんに充てるものとして交付を受ける補償金は、資産の譲渡等の対価に該当しません（消基通5－2－10）。

収用の補償金の取扱い	
課税の対象となる補償金	課税の対象とならない補償金
対価補償金	収益補償金 経費補償金 移転補償金 その他対価補償金たる実質を有しない補償金

5　みなし譲渡

　資産の譲渡等とは、次の要件を満たすものです。

　・事業として行うものであること

　・対価を得ていること

　・資産の譲渡、貸付け、役務の提供であること

　このうちいずれかを欠く取引は、資産の譲渡等に該当しないことから、消費税の課税関係が生じることはありません。

　ただし、次の行為は、事業として対価を得て行われた資産の譲渡とみなされ、消費税の課税の対象となります（消法4⑤）。

　①　法人が資産をその役員に対して贈与した場合におけるその贈与

　②　個人事業者が棚卸資産又は棚卸資産以外の資産で事業の用に供していたものを家事のために消費し、又は使用した場合におけるその消費又は使用

　これらの場合は、その資産の仕入れが仕入税額控除の対象となること、自社役員への資産の贈与や個人事業者が事業用資産を家事のために使用又は消費する行為は、その事業者の意思によって自由に行えるものであること等の理由から、課税の対象とされています。

　＊　役員とは、法人税法上、その法人の役員とされる者をいいます（消基通5－3－3）。

① 　永年勤続記念品等の取扱い

　永年勤続の表彰や創業記念に当たって役員に支給する記念品については、それが社会通念上相当と認められ、所得税において給与として課税しなくて差し支えないものとされている範囲のものである場合には、みなし譲渡の規定は適用されません（消基通5－3－5（注）、所基

通36-21、36-22）。

② 資産の貸付け又は役務の提供である場合

みなし譲渡は、法人が自社の役員に対して資産の贈与を行った場合には、対価を得て行う資産の譲渡とみなして課税するものであり、あくまで贈与であることが前提です。

無償による資産の貸付けや役務の提供を行った場合には、これを対価を得て行った資産の貸付け又は役務の提供とみなして課税する取扱いの規定はありません（消基通5-3-5、5-4-5）。

■第二節　国内取引の判定

消費税法の法施行地は日本国内であり、消費税は国内で行われる消費に税の負担を求めるものですから、資産の譲渡等について、それが国内において行われたものであるかどうかを判断しなければなりません。

国内取引であるかどうかの判定の基準は、資産の種類ごと、役務の提供ごとに定められています。

その取引が資産の譲渡等に該当しない場合には、そもそも課税の対象とならず、内外判定を行う必要はありません。

1 資産の譲渡又は貸付けの内外判定

資産の譲渡又は貸付けが国内において行われたかどうかの判定は、その譲渡又は貸付けが行われる時においてその資産が所在していた場所が国内にあるかどうかにより行います（消法4③一）。

その資産が船舶、航空機、鉱業権、特許権、著作権、国債証券、株券等である場合には、別に判定する場所が定められています。

譲渡又は貸付けの時に資産が所在していた場所 ┫ 国内……国内取引 / 国外……国外取引

(1) 譲渡の場合

資産の譲渡は、原則として、その資産を引き渡した時が譲渡の時となることから、譲渡する資産を引き渡した場所で判断します。

譲渡をする者、譲渡を受ける者がともに国内の事業者であっても、国外に所在する資産の譲

渡をした場合には、国外取引となります（消基通5－7－10）。

(2) 貸付けの場合

資産の貸付けは、原則として、貸し付ける資産を引き渡した場所で判断します。

貸し付けた資産の所在場所が引渡しの後に移動した場合においても、その判定は変わりません。ただし、契約において貸付資産の使用場所が特定されている場合はその契約内容によって判定し、貸付資産の使用場所を合意変更した場合には、その変更の前後に分けて、契約内容により判断します（消基通5－7－12）。

(3) 特殊な資産である場合

次の資産については、その譲渡又は貸付けの時における資産の所在地を明確に判断することが困難である等の理由から、それぞれ、個別にその判定場所が定められています（消令6①、消基通5－7－2～5－7－9、5－7－11）。

資産の種類		判定場所
船舶	登録する船舶	登録機関の所在地 （譲渡者が非居住者である日本船舶の譲渡等一定の場合には国外取引）
	登録のない船舶	譲渡又は貸付けに係る事務所等の所在地
航空機	登録する航空機	登録機関の所在地
	登録のない航空機	譲渡又は貸付けに係る事務所等の所在地
鉱業権		鉱業権に係る鉱区の所在地
租鉱権		租鉱権に係る租鉱区の所在地
採石権その他土石を採掘、採取する権利		採石権等に係る採石場の所在地
特許権、実用新案権、意匠権、商標権、回路配置利用権、育成者権（これらの権利を利用する権利を含む。）		これらの権利の登録をした機関の所在地（同一の権利について複数の国において登録をしている場合には、譲渡又は貸付けを行う者の住所地）
公共施設等運営権		公共施設等の所在地
著作権（出版権及び著作隣接権その他これに準ずる権利を含む。）、特別の技術による生産方式（いわゆるノウハウ）及びこれに準ずるもの		譲渡又は貸付けを行う者の住所地
法令や行政指導による登録等に基づく営業権、漁業権、入漁権		権利に係る事業を行う者の住所地

金融商品取引法第2条第1項に規定する有価証券（ゴルフ場利用株式を除く。）	有価証券が所在していた場所
振替機関等が取り扱う有価証券等	振替機関等の所在地
券面のない有価証券等	振替機関等の所在地（振替機関等が取り扱うものでない場合は、その有価証券等に係る法人の本店等の所在地）
登録国債等	登録国債等の登録をした機関の所在地
合名会社、合資会社、合同会社の社員の持分、協同組合等の組合員又は会員の持分その他法人の出資者の持分	その持分に係る法人の本店又は主たる事務所の所在地
貸付金、預金、売掛金その他の金銭債権（ゴルフ場利用の預託金銭債権を除く。）	金銭債権に係る債権者の譲渡に係る事務所等の所在地
ゴルフ場利用株式等、ゴルフ場利用の預託金銭債権	ゴルフ場その他の施設の所在地
船荷証券	その証券に表示されている荷揚地
上記以外の資産でその所在していた場所が明らかでないもの	譲渡又は貸付けを行う者の譲渡又は貸付けに係る事務所等の所在地

＊　住所地とは、住所又は本店若しくは主たる事務所の所在地をいいます（消令6①一）。

(4) 輸出の内外判定

　消費税は、関税法の定義に従って、「輸出」を「内国貨物を外国に向けて送り出すこと」（関税法2①二）としています（消法7①一、②、消規5①一、消基通7－2－1）。税関で許可を受けて国外へ向かう船舶や航空機に貨物を積み込むことが「輸出」の具体的な行為であり、「輸出」とは、国内から国外への貨物の運び出しを意味する用語です。

　したがって、「輸出」は、国外の支店等に貨物を移動させるだけの単なる輸出と、国外の者に対する資産の譲渡に当たってその目的となる資産を引き渡すためにする輸出とに分かれることになります。

　資産の譲渡として行われるものでない単なる輸出は、資産の譲渡等ではないので、内外判定を必要としません。

　国内から国外へ資産を譲渡する場合には、その資産は相手方に引き渡すために国外に搬出されますが、輸出の許可を受けるその時には、許可を受けようとする貨物は国内に所在し、国内において国外へ向かう船舶等に積み込んで送り出すわけですから、輸出として行われる資産の譲渡等は国内取引であるということになります。

　あらかじめ商品を国外に搬出し国外でその商品を販売した場合には、国外に所在する資産を譲渡するものであり、国外取引となります。

2 役務の提供の内外判定

役務の提供が国内において行われたかどうかの判定は、その役務の提供が行われた場所が国内にあるかどうかにより行います（消法4③二）。

その役務の提供が運輸、通信その他国内及び国内以外の地域にわたって行われるものである場合等には、別に判定する場所が定められています。

役務の提供を行った場所 { 国内……国内取引
                        国外……国外取引

(1) 役務の提供が内外の地域にわたる場合

役務の提供が、国内及び国外の地域にわたって行われる場合等には、それぞれ次によります（消令6②、消基通5－7－15）。

役務の提供の種類	判定場所
国際輸送	旅客又は貨物の出発地若しくは発送地又は到着地
国際通信	発信地又は受信地
国際郵便	差出地又は配達地
保険	保険事業を営む者（代理店を除く。）の保険の契約の締結に係る事務所等の所在地
設計	設計を行う者の設計に係る事務所等の所在地
専門的な科学技術に関する知識を必要とする調査、企画、立案、助言、監督又は検査に係る役務の提供で生産設備等の建設又は製造に関するもの	建設等に必要な資材の大部分が調達される場所
上記以外で国内及び国外の地域にわたって行われる役務の提供その他の役務の提供が行われた場所が明らかでないもの	役務の提供を行う者の役務の提供に係る事務所等の所在地

(2) 「電気通信利用役務の提供」である場合

「電気通信利用役務の提供」（電子書籍・音楽・広告の配信等の電気通信回線を介して行われる役務の提供）については、役務の提供を受ける者の住所地等により内外判定を行うことになります。詳細は、**第十七章**を参照してください。

3 利子を対価とする金銭の貸付けの内外判定

金銭の貸付けや預金又は貯金の預入れ等は、その貸付け等を行う者のその貸付け等に係る事務所等の所在地が国内にあるかどうかにより判定を行います（消令6③）。

■第三節　保税地域からの外国貨物の引取り

保税地域から引き取られる外国貨物には、消費税が課税されます（消法4②）。

外国から本邦に到着した外国貨物は、保税地域に陸揚げされ、輸入の許可を受けて内国貨物となり、保税地域から引き取られて国内で消費されることになります。そこで、国内において行われた資産の譲渡等とのバランスから、輸入される貨物が課税の対象とされています。

輸入の際に課せられた消費税は、国内取引の消費税の計算において仕入税額控除の対象となります。

1 保税地域からの引取り

外国貨物の保税地域からの引取りは、資産の譲渡等ではありませんが、輸入した貨物はその後国内において消費されるものであり、国内における資産の譲渡等に対する課税とのバランスから、課税の対象とされています（消法4②、消基通5-6-2）。

輸入取引については、国内取引と違って、事業者が事業として行ったものであるかどうか、対価性があるかどうかにかかわらず、保税地域から引き取られるすべての外国貨物が課税の対象となります。

保税地域からの引取りに係る消費税は、関税と併せて税関で申告納付の手続を行います。輸入は関税及び消費税の申告を条件に許可され、輸入の許可を受ける場合には関税及び消費税が課税されます。輸入の許可と関税及び消費税の課税とは、表裏一体の関係にあるといえます。

(1)　保税地域

保税地域とは、外国から輸入した貨物を関税の課税を保留した状態で保管する地域をいい、輸出する貨物についても保税地域に搬入され、輸出の許可の手続が行われます（関税法29、37、42、56、62の2、62の8）。

(2)　外国貨物と内国貨物

「外国貨物」とは、関税法に規定する外国貨物をいい、具体的には、輸出の許可を受けた貨物及び外国から本邦に到着した貨物で輸入が許可される前のものをいいます（消法2①十、関

税法2①三)。

　外国貨物と内国貨物とは、輸入又は輸出の許可を受けているかどうかにより、次のように区分されます（消法2①十、関税法2①三、四）。

外国貨物	①	輸出の許可を受けた貨物
	②	外国から到着した貨物で輸入が許可される前のもの
	③	外国の船舶により公海で採捕された水産物で輸入が許可される前のもの
内国貨物	①	輸出の許可を受けていない貨物
	②	外国から到着した貨物で輸入が許可されたもの
	③	本邦の船舶により公海で採捕された水産物

(3)　製造品の引取り

　保税地域における保税作業（外国貨物についての加工、外国貨物を原料とする製造等をいいます。）により、内国貨物が課税貨物の材料等として使用又は消費された場合には、その製造された貨物は、外国貨物とみなされ、その製造品を保税地域から引き取る時には、消費税が課税されます。

　ただし、税関長の承認を受けている場合には、原料となった外国貨物の数量に対応するものが外国貨物とみなされます（消基通5－6－5）。

2　みなし引取り

　保税地域において外国貨物が消費され、又は使用された場合には、その消費又は使用をした者がその消費又は使用の時にその外国貨物をその保税地域から引き取るものとみなして課税されます。ただし、その外国貨物が課税貨物の原料又は材料として消費又は使用された場合や税関職員が検査のために消費した場合等については課税されません（消法4⑥、消令7、輸徴法5、8、消基通5－6－4、5－6－5）。

演　習　問　題

問4　次の文章の　[　　　　　]　の中に、適切な語を記入しなさい。

1．国内において　[　　　　]　が行った　[　　　　　　]　には、消費税が課税される。

2．資産の譲渡等とは、[　　　]　として　[　　　]　を得て行われる資産の　[　　　]　及び　[　　　　]　並びに　[　　　　　]　をいう。

3．資産の譲渡等には、代物弁済による資産の　[　　　]　その他　[　　　]　を得て行われる資産の　[　　　]　若しくは貸付け又は役務の提供に類する行為として定める一定のものが含まれる。

4．個人事業者が　[　　　　　]　又は　[　　　　　　]　以外の資産で事業の用に供していたものを　[　　　]　のために消費し、又は使用した場合における当該消費又は使用は、事業として対価を得て行われた資産の譲渡とみなす。

5．法人が資産をその　[　　　]　に対して　[　　　]　した場合における当該　[　　　]　は、事業として対価を得て行われた資産の譲渡とみなす。

6．資産の譲渡又は貸付けが　[　　　]　において行われたかどうかの判定は、その　[　　　]　又は　[　　　　]　が行われる　[　　]　においてその資産が所在していた　[　　　]　が　[　　]　にあるかどうかにより行うものとする。

7．役務の提供（電気通信利用役務の提供を除く。）が　[　　　]　において行われたかどうかの判定は、その役務の提供が行われた　[　　　]　が　[　　　]　にあるかどうかにより行うものとする。

8．「外国貨物」とは、関税法に規定する外国貨物をいい、具体的には、[　　　]　の許可を受けた貨物及び外国から本邦に到着した貨物で　[　　　]　が許可される　[　　]　のものをいう。

9．保税地域から引き取られる　[　　　　　]　には、[　　　　]　を課する。

10．課税貨物とは、保税地域から引き取られる　[　　　　　]　のうち、[　　　　]　とされるもの以外のものをいう。

11．保税地域において　[　　　　]　が消費され、又は使用された場合には、その消費又は使用をした者がその消費又は使用の時に当該　[　　　　]　をその保税地域から　[　　　　]　ものとみなす。ただし、当該外国貨物が課税貨物の原料又は材料として消費され、又は使用された場合その他政令で定める場合は、この限りでない。

12．保税地域とは、関税法に規定する保税地域をいい、具体的には、指定保税地域、保税　[　　　　]　、保税工場、保税　[　　　　]　及び総合保税地域をいう。

非　課　税

■第一節　国内取引の非課税

　国内において行われた資産の譲渡等には、消費という概念になじまないため、あるいは政策的配慮から、非課税とされるものがあります。

　資産の譲渡等のうち、非課税とされるもの以外のものを「課税資産の譲渡等」といいます（消法2①九）。

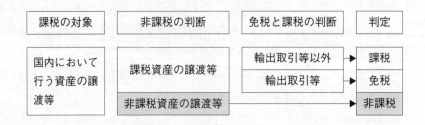

課税の対象	非課税の判断	免税と課税の判断	判定
国内において行う資産の譲渡等	課税資産の譲渡等	輸出取引等以外 →	課税
		輸出取引等 →	免税
	非課税資産の譲渡等 →		非課税

　消費税は「消費」に負担を求めるものですが、消費税法において「消費」は、納税義務者である事業者の立場から「資産の譲渡等」と定義され、国内取引の課税の対象が定められています。

　ただし、「資産の譲渡等」には、土地の譲渡や有価証券の譲渡等の資本の移転や資産の運用といった「消費」という概念になじまないものも含まれることになります。そこで、これら「消費」という概念になじまないものが「資産の譲渡等」に該当して課税の対象となる場合には、消費税を課税しないために、非課税として取り扱うものとされています。

　また、「資産の譲渡等」であり、財貨を「消費」する行為であっても、社会福祉事業や医療、教育等、税負担を求めることが難しい取引については、社会政策上の配慮から非課税とされています。消費に広く薄く負担を求める消費税は、国内におけるすべての財貨やサービスに課税することを原則としており、政策的配慮に基づく非課税の範囲は極めて限定されています。

　非課税の売上げは課税標準から除外され、基準期間における課税売上高の計算の基礎からも除かれています。

　国内取引に係る非課税は、次の13項目が消費税法別表第二に掲げられています。

区分	非課税取引
「消費」という概念になじまないもの	土地の譲渡及び貸付け （1月未満の貸付け及び建物等の施設の利用に伴って使用される場合を除く。）
	有価証券等及び支払手段の譲渡 （ゴルフ会員権、船荷証券等の譲渡を除く。）
	利子を対価とする金銭の貸付け等 （利子、保証料、保険料、集団信託の信託報酬等を対価とする金融取引が該当する。）
	郵便切手類・印紙・証紙、物品切手等の譲渡 （郵便集配の役務の提供は非課税とならない。）
	行政サービス、外国為替業務
社会政策的配慮に基づくもの	社会保険医療等
	介護サービス・社会福祉事業
	助産
	埋葬・火葬
	身体障害者用物品の譲渡等
	学校教育
	教科用図書の譲渡
	住宅の貸付け （1月未満の貸付け及び旅館業として行う貸付けを除く。）

1 土地の譲渡及び貸付け

土地（土地の上に存する権利を含む。）の譲渡及び貸付けは、非課税です（消法別表第二第1号）。

(1) 非課税となる土地の範囲

その譲渡又は貸付けが非課税となる土地及び土地の上に存する権利の範囲は次のとおりです（消基通6-1-1、6-1-2）。

区分	非課税となるもの	非課税とならないもの
土地	・土地 ・宅地と一体として譲渡する庭木、石垣、庭園、庭園の附属設備等	・宅地とともに譲渡する建物及びその附属施設 ・立木その他独立して取引の対象となる土地の定着物
土地の上に存する権利	・地上権、土地の賃借権、地役権、永小作権等の土地の使用収益に関する権利	・鉱業権、土石採取権、温泉利用権及び土地を目的物とした抵当権 ・採石法、砂利採取法等の規定により認可を受けて行われるべき土石等の採取に係る権利

(2) 1月未満の土地の貸付け

その土地の貸付けに係る期間が1月に満たない場合には、非課税となりません（消令8）。「土地の貸付けに係る期間が1月に満たない場合」に該当するかどうかは、その土地の貸付けに係る契約において定められた貸付期間によって判定します（消基通6-1-4）。

合意した契約において1月以上の貸付けであった場合には、契約の後に生じた何らかの事情により、結果的に1月未満の貸付けとなったときであっても、非課税として取り扱います。

(3) 建物等の施設の貸付けを行う場合の敷地の使用

施設の利用に伴って土地が使用される場合におけるその土地を使用させる行為は、土地の貸付けから除かれます。例えば、建物、野球場、プール又はテニスコート等の施設の利用が土地の使用を伴うことになるとしても、その土地の使用は、非課税となる土地の貸付けに該当しません（消令8、消基通6-1-5）。建物等の貸付けに係る対価と土地の貸付けに係る対価とに区分しているときであっても、その対価の額の合計額が建物等の貸付けに係る対価の額となります（消基通6-1-5）。

これに対して、土地建物を一括で譲渡した場合には、建物部分と土地部分とを合理的に区分し、建物部分については課税、土地部分については非課税とします（消基通10-1-5）。

(4) 駐車場の貸付け

駐車場又は駐輪場として土地を利用させた場合において、駐車場等の管理又は車両等の入出庫の管理をしている場合には、その保管や管理の業務に係る役務の提供となり、土地の貸付けには該当しません。

駐車場等の管理等がなく、その土地につき駐車場又は駐輪場としての用途に応じる地面の整備又はフェンス、区画、建物の設置等をしているときは、その施設の貸付けとなり、非課税となる土地の貸付けに該当しません。

駐車場等の管理等がなく、駐車場としての施設もない土地の貸付けは、非課税となります（消基通6-1-5（注1））。

(5) 借地権に係る更新料、名義書換料

建物の所有を目的とする地上権又は土地の賃借権を一括して借地権といいます（借地借家法2一）。借地権に係る更新料、更改料、名義書換料は、土地の上に存する権利の設定、譲渡又は土地の貸付けの対価に該当します（消基通6-1-3）。

(6) 土地の譲渡又は貸付けに係る仲介手数料

　土地の譲渡又は貸付けは非課税ですが、土地の譲渡又は貸付けに係る仲介料を対価とする役務の提供は、課税資産の譲渡等に該当します（消基通6－1－6）。

② 有価証券等及び支払手段の譲渡

　有価証券等の譲渡は非課税とされています（消法別表第二第2号）。

　株券等の有価証券の発行は、出資金等の払込みによる株主等の持分を証するために行われるものであり、資産の譲渡等にはあたらないことから、消費税の課税の対象とはなりません。

　他方、すでに発行されている有価証券の譲渡は、資産である有価証券を他の者に引き渡して対価を収受する行為ですから資産の譲渡等にあたり、非課税の規定が適用されます。

　また、紙幣や硬貨等は、資産の譲渡等の対価を支払う手段であり、これを相手方に引き渡したことをもって消費税の課税関係が発生するというのは、一般の理解になじみません。そこで、これら支払手段の譲渡は非課税とされています。ただし、収集や販売の対象となる古銭や記念硬貨等は、それ自体が商品となることから、その譲渡は課税資産の譲渡等となります。

(1) 非課税の対象となる有価証券等及び支払手段の範囲

　非課税となる有価証券等は、金融商品取引法に規定する有価証券及び有価証券に類するもの、支払手段及び支払手段に類するものです（消法別表第二第2号、消令9、消基通6－2－1～6－2－3）。

有価証券等	
金融商品取引法に規定する有価証券〈金融商品取引法2①〉	・国債証券、地方債証券、社債券等の債券 ・出資証券、優先出資証券等の証券 ・株券又は新株予約権証券 ・投資信託又は外国投資信託の受益証券、投資証券 ・貸付信託等の受益証券 ・コマーシャルペーパー（CP） ・抵当証券 ・オプションを表示する証券又は証書 ・預託証券 ・譲渡性預金の預金証書のうち外国法人が発行するもの 　＊　ゴルフ場利用株式等を除く。

有価証券に類するもの	・上記の有価証券に表示されるべき権利で有価証券が発行されていないもの ・合名会社、合資会社又は合同会社の社員の持分、協同組合等の組合員又は会員の持分その他法人の出資者の持分 ・人格のない社団等、匿名組合、民法上の組合の出資者の持分 ・株主又は出資者となる権利 ・貸付金、預金、売掛金その他の金銭債権（居住者が発行する譲渡性預金証書は預金に該当する。） 　＊　ゴルフ場等の利用に関する権利に係る金銭債権を除く。
支払手段及び支払手段に類するもの	・銀行券、政府紙幣、小額紙幣及び硬貨（収集品及び販売用を除く。） ・小切手（旅行小切手を含む。）、為替手形、郵便為替及び信用状 ・約束手形 ・上記に類するもので、支払のために使用することができるもの ・電子マネー ・資金決済に関する法律に規定する暗号資産（仮想通貨）

(2)　ゴルフ会員権等

　ゴルフ場その他の施設の利用を目的としてその施設を所有又は経営する法人に出資をする場合（株主会員権方式）のゴルフ場利用株式等又はその法人に対し金銭を預託する場合（預託金会員権方式）の金銭債権は、非課税となる有価証券等から除かれています（消令9②）。

　したがって、ゴルフ場、スポーツクラブその他のレジャー施設の会員権の譲渡は、株式会員権方式、預託金会員権方式の別を問わず課税されます。

(3)　船荷証券等

　非課税となる有価証券等には、船荷証券、倉荷証券、複合運送証券等は含まれません（消基通6－2－2）。これらは、金融商品取引法に規定する有価証券ではなく、また、有価証券に類するものにも掲げられていません。

　これらの譲渡は、その証券に表彰されている貨物の譲渡であることから、その貨物の種類によって課否判定を行います。

(4)　転換社債の株式への転換

　転換社債の株式への転換は、社債の償還と新たな出資の払込みとなります。

(5)　外国株式の譲渡

　日本の市場で外国株式の売買を行う場合、外国株式は原則として日本国内に持ち込まれず現地の保管機関に預託されています。したがって、外国株式の市場取引は、国内委託取引、外国

取引、国内店頭取引のいずれによっても国外取引となります。

3 利子を対価とする金銭の貸付け等

利子を対価とする金銭等の貸付け、信用の保証としての役務の提供、信託報酬を対価とする役務の提供、保険料を対価とする役務の提供は、非課税となります（消法別表第二第3号）。

⑴ 非課税となる金融取引の範囲

次のものを対価とする資産の貸付け又は役務の提供は、非課税となります（消令10、消基通6-3-1）。

非課税となる金融取引に係る対価
・国債、地方債、社債、貸付金、預貯金等の利子
・信用の保証料
・合同運用信託、公社債投資信託又は公社債等運用投資信託の信託報酬
・保険料（厚生年金基金契約等に係る事務費用部分を除く。）
・集団投資信託等の収益の分配金
・定期積金等の給付補填金及び無尽契約の掛金差益
・抵当証券の利息
・割引債、利付債の償還差益
・手形の割引料
・金銭債権の買取り又は立替払いに係る差益
・割賦販売、ローン提携販売、割賦購入あっせんの手数料（契約においてその額が明示されているものに限る。）
・割賦販売等に準ずる方法により資産の譲渡等を行う場合の利子又は保証料相当額（その額が契約において明示されているものに限る。）
・有価証券（ゴルフ場利用株式等を除く。）の賃貸料
・物上保証料
・共済掛金
・動産又は不動産の貸付けを行う信託の利子又は保険料相当額（契約において明示されているものに限る。）
・ファイナンス・リースに係るリース料のうち、利子又は保険料相当額（契約においてその額として明示されているものに限る。）

⑵ 前渡金等の利子

前渡金等に係る利子のように、その経済的実質が貸付金に係る利子であるものは、利子を対価とする資産の貸付けに該当します（消基通6-3-5）。

(3) 売上割引、仕入割引

売上割引は、売上げに係る対価の返還等に該当するものとされます（消基通6−3−4）。

売上割引は、売掛金等の支払期日前に支払があった場合のその支払の日から定められた支払期日までの利息に相当するものと考えられます。これは、金銭の貸付けをした者が債務者から受け取る利息ではなく、債権者から債務者に支払われるものです。したがって、売上割引は、利子を対価とする金銭の貸付けの対価に該当せず、その売掛金が生じた資産の譲渡等に係る対価の返還等として取り扱われます。

また、買掛金等の支払期日前に支払を行った場合の仕入割引は、仕入れに係る対価の返還等に該当します。

(4) 償還有価証券に係る償還差益

償還差益を対価とする国債等の取得は非課税となります。

法人税においては、法人が取得した有価証券は、売買目的有価証券、満期保有目的等有価証券、その他有価証券に区分され（法令119の2②）、売買目的有価証券以外の有価証券で償還期限及び償還金額の定めのある有価証券については、償還有価証券として償還までの期間に応じた調整差益の額又は調整差損の額を益金の額又は損金の額に算入することとされています（法令139の2①）。

消費税法上、非課税となる償還差益には、各事業年度における法人の所得の金額の計算において益金の額に算入した調整差益のすべてが含まれます（消令10③六、消基通6−3−2の2）。

償還差益の計上の時期は、原則としてその償還が行われた日ですが、その調整差益の額をその計上した課税期間の非課税資産の譲渡等の対価とすることもできます（消令10③六、消基通9−1−19の2）。

(5) 保険代理店報酬等

保険料を対価とする役務の提供は非課税です（消法別表第二第3号）。

ただし、保険代理店が収受する役務の提供に係る代理店手数料又は保険会社等の委託を受けて行う損害調査又は鑑定等の役務の提供に係る手数料は、課税資産の譲渡等の対価に該当します（消基通6−3−2）。

(6) ファイナンス・リースに係る利子

リース契約書において、利息相当額を明示した場合には、その利息相当額部分は非課税資産の譲渡等の対価となります。

リース契約締結後において、賃貸人が、賃借人に対して、会計処理の参考資料として、「リ

ース会計基準に関する計算書」を交付することがありますが、その計算書の交付は、利子等を契約で明示するものではありません。

4 郵便切手類・印紙・証紙、物品切手等の譲渡

(1) 郵便切手類・印紙・証紙の譲渡に係る非課税

郵便切手類、印紙、証紙の譲渡で日本郵便株式会社等が行うものの譲渡は、非課税です（消法別表第二第4号イロ、消基通6－4－1）。譲渡を行う者を限定して非課税としているのは、収集品としての郵便切手類の譲渡を非課税の範囲から除外するためです。

また、印紙・証紙は、税金の納付や行政手数料の支払に用いるものであり、その譲渡は非課税、税金の納付は不課税、法令に規定する行政サービスは非課税とされています。

① 郵便切手類

消費税法上、非課税の対象となる「郵便切手類」とは、郵便切手、郵便葉書、郵便書簡をいいます（消基通6－4－2）。

② 郵便切手類の譲渡と郵便集配の役務の提供

郵便切手類は、郵便集配に係る役務の提供の対価を支払うための手段であり、対価を現金で支払う代わりに郵便物に貼付するものです。郵便集配の役務の提供を受けるためにあらかじめ現金と交換しておくものですから、この交換を非課税にしなければ、郵便集配に係る役務の提供という消費行為に、二度、消費税が課税されることになります。

したがって、日本郵便株式会社等が行う郵便切手類の譲渡は非課税とし、郵便集配に係る役務の提供に課税することとされています。

ただし、購入者においては、郵便切手類の譲渡の非課税と郵便集配の役務の提供の課税の取扱いを厳格に行うこととすると、郵便切手類の購入時には消費税の課税関係を認識せず、使用する度に課税仕入れに振り替える処理を行わなければなりません。購入者の事務は、それだけ煩雑になります。そこで、購入者が自ら使用する場合には、継続適用を要件に、その購入と使用を同時期の行為ととらえ、購入時に課税仕入れとして処理することができるものとされています（消基通11－3－7）。

(2) 物品切手等の譲渡に係る非課税

物品切手等は、商品代金等の支払に用いるものであり、その譲渡は、譲渡する者が誰であるかにかかわらず非課税です（消法別表第二第4号ハ）。

物品切手等と交換に商品の譲渡やサービスの提供が行われたときに課税されます。

商品券に代表される物品切手等は、贈答品として購入することが一般的ですが、自己が使用するものについては、郵便切手類と同様に購入時に課税取引として処理する取扱いがあります（消基通11－3－7）。

① 物品切手等

物品切手等とは、商品券その他名称のいかんを問わず、物品の給付請求権、役務の提供又は物品の貸付けに係る請求権を表象する証書をいいます。ただし、郵便切手類に該当するものを除きます（消法別表第二第4号ハ、消令11、消基通6－4－4）。

次のいずれにも該当する証書等は、物品切手等となります。

イ　その証書等と引換えに給付等（一定の物品の給付若しくは貸付け又は特定の役務の提供）を約するものであること。

ロ　給付等を受けようとする者がその証書等と引換えに給付等を受けたことによって、その対価の全部又は一部の支払債務を負担しないものであること。

＊　いわゆるプリペイドカードは、物品切手等に該当します。

② 物品切手等の発行、譲渡、取扱いに係る役務の提供

物品切手等の発行は、物品切手等に表象された権利を創設する行為であり、一種の金銭の預かりとも解され、資産の譲渡等に該当せず、課税の対象となりません（消基通6－4－5）。

物品切手等の発行から譲渡、物品等の給付、取扱手数料の支払に至る消費税の課税関係は次のとおりです（消基通6－4－5、6－4－6）。

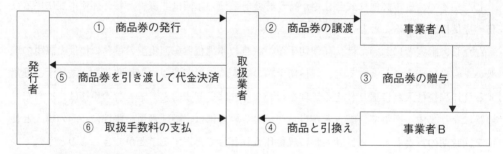

① 商品券の発行は不課税
② 商品券の譲渡は非課税
③ 無償取引は課税の対象とならず不課税
④ 商品券を対価とする商品売買は、商品が課税資産であれば課税
⑤ 代金の決済は不課税
⑥ 取扱いに係る役務の提供は課税

5 行政サービス、外国為替業務

(1) 行政サービス

　国、地方公共団体等が行う登録、文書の交付等の役務の提供で、その行政手数料等の徴収が法令に基づくものは、非課税です（消法別表第二第5号イ）。

(2) 外国為替業務

　一般に、異なる通貨を交換すること、通貨が異なる国際間において現金を送付せずに手形や小切手などを使って振替決済することを外国為替と呼びます。外国為替に係る役務の提供は、非課税とされています（消法別表第二第5号ニ、消基通6－5－3）。

6 社会保険医療等

　健康保険法等公的な医療保険制度に基づく医療・療養等として行われる物品の譲渡、貸付け、役務の提供は、非課税です（消法別表第二第6号）。

医療等の区分	判定
健康保険、国民健康保険その他の公費負担医療、高度先進医療	非課税
保険診療に係る医師の処方による薬店での薬品の販売	非課税
入院時食事療養費や差額ベッド代、歯科材料費等のうち、患者の希望又は同意により選定し費用の差額徴収をされる部分	課税
自由診療（予防接種、健康診断、美容整形、審美歯科診療、はり、きゅう等）	課税
健康相談、健康指導、機能訓練	課税
自動車事故の被害者に対する医療	非課税

■医療品、医療用具の販売

　医療品又は医療用具の給付は、健康保険法等の規定に基づく療養、医療等としての資産の譲渡等であれば非課税資産の譲渡等となりますが、病院等への医薬品の販売又は医療用具の販売等のようにこれらの療養等に該当しないものは、課税資産の譲渡等となります。

　ただし、身体障害者用物品に該当するものの譲渡等は、身体障害者用物品の譲渡等に係る非課税の適用があります（消基通6－6－2）。

7 介護サービス・社会福祉事業

(1) 介護サービス

　介護保険法の規定に基づく居宅介護サービス費の支給に係る居宅サービス、施設介護サービス費の支給に係る施設サービスその他これらに類するものは非課税です（消法別表第二第7号イ）。

■福祉用具の譲渡及び貸付け

　居宅要介護者等が福祉用具の購入等をした場合に、その費用の一部が介護保険により支給される場合であっても、その福祉用具の譲渡等は非課税ではありません。ただし、その福祉用具が身体障害者用物品に該当するときは、身体障害者用物品の譲渡等に係る非課税の適用があります（消基通6-7-3）。

(2) 社会福祉事業

　社会福祉事業及び更生保護事業として行われる資産の譲渡等、これらに類する資産の譲渡等は非課税です（消法別表第二第7号ロ）。

① 生産活動を行う事業

　社会福祉事業であっても、生産活動が行われる事業において行われる就労又は技能の習得のために必要な訓練等の過程において製作等される物品の販売その他の資産の譲渡等は、課税されます。

　生産活動が行われる事業においては、生産活動のほか、要援護者に対する養護又は援護及び要援護者に対する給食又は入浴等の便宜供与等も行われていますが、そのような便宜供与等は生産活動には該当せず、非課税となります（消基通6-7-6）。

② 認可外保育園

　児童福祉法に規定する保育施設以外の保育施設、いわゆる認可外保育園であっても、都道府県知事等からその施設等が一定水準以上の要件を満たす証明書の交付を受けている場合には、その施設で乳児又は幼児を保育する業務として行われる資産の譲渡等は、非課税となります（消基通6-7-7の2）。

8 助　　産

　医師、助産師等による助産に係る資産の譲渡等は非課税です（消法別表第二第8号）。
　助産について、異常分娩の場合は医療に係る給付の非課税が適用されますが、正常分娩の介

助及び妊娠から産前産後の通常の入院・検診等は非課税となる医療行為に該当しません。しかし、いずれの場合であっても助産は、母子の生命、健康を守るうえで欠かせないものですから、医療等に準じて非課税とされています。

ただし、人工妊娠中絶、母親教室等の費用は、非課税の範囲に含まれません。

非課税となる助産に係る資産の譲渡等の範囲は次のとおりです（消基通６－８－１）。

非課税となる助産に係る資産の譲渡等の範囲	
医師、助産師等が行う次のもの	①　妊娠しているか否かの検査 ②　妊娠していることが判明した時以降の検診、入院 ③　分娩の介助 ④　出産の日以後２月以内に行われる母体の回復検診 ⑤　新生児に係る検診及び入院

妊娠中及び出産後の入院については、次のとおりとなります（消基通６－８－２）。

①　妊娠中の入院については、産婦人科医が必要と認めた入院（妊娠中毒症、切迫流産等）及び他の疾病（骨折等）による入院のうち産婦人科医が共同して管理する間の入院は、助産に係る資産の譲渡等に該当します。

②　出産後の入院のうち、産婦人科医が必要と認めた入院及び他の疾病による入院のうち産婦人科医が共同して管理する間については、出産の日から１月を限度として助産に係る資産の譲渡等に該当します。

③　新生児については、②の取扱いに準じます。

＊　上記入院における差額ベッド料及び特別給食費並びに大学病院等の初診料についても全額が非課税です（消基通６－８－３）。

9 埋葬・火葬

埋葬料又は火葬料を対価とする役務の提供は、非課税です（消法別表第二第９号）。

「埋葬」とは、死体を土中に葬ることをいい、「火葬」とは、死体を葬るためにこれを焼くことをいいます（消基通６－９－１、墓地埋葬法２①②）。

10 身体障害者用物品の譲渡等

義肢、盲人安全つえ、義眼、点字器、人工喉頭、車いすその他の物品で、身体障害者の使用に供するための特殊な性状、構造又は機能を有する物品として厚生労働大臣が指定するものを身体障害者用物品といいます（消令14の４①）。

身体障害者用物品の譲渡、貸付け及び製作の請負並びに身体障害者用物品の修理のうち厚生労働大臣が指定するものは非課税です（消法別表第二第10号、消令14の４②）。

身体障害者用物品以外の物品については、身体障害者が購入する場合であっても非課税となりません（消基通6-10-1）。

また、身体障害者用物品を製作するための材料や部品の譲渡は非課税になりません（消基通6-10-2）。

11 学 校 教 育

学校教育法に規定する教育又はこれに準ずる教育に関する役務の提供は、非課税です（消法別表第二第11号）。

法人税法においては、学校法人を含む公益法人等の非収益事業から生じた所得については法人税を課さないものとされ（法法7）、課税される収益事業は、販売業、製造業その他34種の事業で継続して事業場を設けて営まれるものです（法法2十三）。消費税法には、収益事業と非収益事業とを区分する考え方はありませんが、学校法人については、法人税法の非収益事業の範囲と消費税法の非課税の範囲とは、おおむね似かよったものとなっています。

(1) 非課税の範囲

非課税となるのは、①学校教育法その他の法律に定める学校等が提供する、②教育に関する役務の提供です。

① 学校教育法その他の法律に定める学校等

教育に係る役務の提供の非課税は、次に掲げる学校施設で行われるものに限られ、予備校、学習塾、英会話教室、カルチャースクールなどで提供されるものは非課税になりません（消令15、16、消規4、消基通6-11-1）。

学校等の範囲	
区分	要件等
学校教育法に規定する学校	幼稚園、小学校、中学校、高等学校、中等教育学校、特別支援学校、大学、高等専門学校
学校教育法に規定する専修学校	高等課程、専門課程、一般課程
学校教育法に規定する各種学校	修業年限が1年以上であること、その1年間の授業時間数が680時間以上であること等の要件を満たすもの
国立研究開発法人水産研究・教育機構の施設、独立行政法人海技教育機構の施設、独立行政法人航空大学校、独立行政法人国立国際医療研究センターの施設	
職業能力開発総合大学校、職業能力開発大学校、職業能力開発短期大学校及び職業能力開発校	

＊　幼稚園には、国立・公立・私立学校のほか、個人立、宗教法人立のものも含まれます（消基通6－11－5）。

＊　保育園については社会福祉事業の非課税の範囲で非課税となります。

② 教育に関する役務の提供

教育に関する役務の提供は、次の授業料等を対価として行われるものです（消令14の5、消基通6－11－2、6－11－3）。

非課税となる授業料等の範囲	
授業料、保育料、入学金、入園料	補習、追試等の費用を含む
施設設備費	学校等の施設設備の整備・維持を目的として学生等から徴収する施設設備費、施設拡充費等
検定料	入学、入園、聴講又は研究生の選抜のための試験に係る検定料
在学証明、成績証明その他学生等の記録の証明に係る手数料等	指導要録、健康診断票等に記録されている学生等の記録に係る証明書の発行手数料等
	在学証明書、卒業証明書、成績証明書、転学部・転学科に係る検定手数料、推薦手数料等

(2) 学校等が行う役務の提供で課税されるもの

学校等が行う役務の提供で非課税とされるのは、上記授業料等を対価とするものに限られます。学校等が行う役務の提供につき課税されるものは、例えば次のようなものがあります（消基通6－11－4、6－11－6）。

学校等が行う役務の提供で課税されるものの例
企業等からの委託による調査・研究等の役務の提供
公開模擬試験
公開講座

① 給食費、スクールバス利用料

給食及びスクールバスによる送迎は、原則として課税されます（消基通6－11－4、6－11－6）。

ただし、給食については、食事の提供の対価ではなく「食育」の観点から教育の実施に必要な経費を授業料として徴収する場合、スクールバスについては、その利用料ではなく、スクールバスの維持・運用に必要な費用を施設設備費として徴収する場合には、非課税の対象となり

ます。

　具体的には、その費用が授業料や設備費として徴収されることが募集要項等において明らかにされ、授業を休んでも授業料を返金しないのと同様に、利用の有無や頻度によって徴収する金額に差異が設けられていないなど、授業料、施設設備費等に該当すると認められる場合です。

②　物品の譲渡や貸付けである場合

　教育関係の非課税は役務の提供に限られており、物品の譲渡や貸付けは、それが教育に必要なものであっても、あるいは学校が指定したものであっても、非課税になりません。

　したがって、制服、教材、文房具、参考書、問題集等の販売は、すべて課税されます（消基通6−12−3）。

　ただし、教科用図書の譲渡については、教育に係る役務の提供とは別にその非課税が定められています。

　また、教材等が、非課税となる教育に係る役務の提供に際して提供され、その費用が授業料に一体不可分に含まれている場合には、授業料のすべてが非課税になります。

⓬　教科用図書の譲渡

　学校教育法に規定する教科用図書の譲渡は非課税です（消法別表第二第12号）。

非課税の対象となる教科用図書
検定済教科書
文部科学省が著作の名義を有する教科書

　教育についての非課税は、学校等において行う役務の提供に限られていますが、教科用図書の譲渡は、譲渡者又は譲受者のいかんを問わず非課税となります。したがって、予備校や学習塾等、学校以外の事業者が譲渡を行った場合であっても非課税です。

■教科用図書の配送手数料の取扱い

　教科用図書の供給業者等が教科用図書の配送等の対価として収受する手数料は、非課税となりません（消基通6−12−2）。

⓭　住宅の貸付け

　人の居住の用に供する家屋又は家屋のうち居住の用に供する部分の貸付けは、非課税です（消法別表第二第13号）。

(1) １月未満の貸付け

　人の居住の用に供される家屋の貸付けであっても、その貸付期間が１月未満である場合には、非課税となる住宅の貸付けから除かれます（消法別表第二第13号、消令16の２）。

(2) 旅館業に該当するもの

　旅館業法第２条第１項に規定する旅館業に係る施設の貸付けに該当する場合は、非課税となる住宅の貸付けから除かれます（消法別表第二第13号、消令16の２）。

　したがって、ホテル、旅館、リゾートマンション、貸別荘等は、たとえこれらの施設の利用期間が１月以上となる場合であっても非課税となる住宅の貸付けから除かれることになります。

　なお、貸家業、貸間業は、学生等に部屋等を提供して生活させるいわゆる「下宿」と称するものであっても、旅館業には該当しません（消基通６－13－４）。

(3) 住宅の貸付けであるかどうかの判定

　次の場合には、非課税となる住宅の貸付けに該当します（消法別表第二第13号）。
　・その貸付けに係る契約において人の居住の用に供することが明らかにされている場合
　・その契約において貸付けに係る用途が明らかにされていない場合にその貸付け等の状況からみて人の居住の用に供されていることが明らかである場合

① 貸付けに係る用途が明らかにされていない場合

　その契約において貸付けに係る用途が明らかにされていない場合には、例えば、契約において、住宅を居住用又は事業用どちらでも使用することができることとされている場合が含まれます（消基通６－13－10）。

② 貸付け等の状況からみて人の居住の用に供されていることが明らかな場合

　貸付け等の状況からみて人の居住の用に供されていることが明らかな場合とは、その貸付けに係る賃借人や住宅の状況その他の状況からみて人の居住の用に供されていることが明らかな場合をいい、例えば、住宅を賃貸する場合において、次に掲げるような場合が該当します（消基通６－13－11）。
　・住宅の賃借人が個人であって、その住宅が人の居住の用に供されていないことを賃貸人が把握していない場合
　・住宅の賃借人が第三者に転貸している場合であって、賃借人と入居者である転借人との間の契約において人の居住の用に供することが明らかにされている場合
　・住宅の賃借人が第三者に転貸している場合であって、賃借人と入居者である転借人との間

の契約において貸付けに係る用途が明らかにされていないが、転借人が個人であって、その住宅が人の居住の用に供されていないことを賃貸人が把握していない場合

(4) 家賃の範囲

家賃には、月決め等の家賃のほか、敷金、保証金、一時金等のうち返還しない部分が含まれ、共同住宅におけるいわゆる共益費も含まれます（消基通6-13-9）。

(5) 転貸する場合

住宅用の建物を賃貸する場合において、賃借人が自ら使用しない場合であっても、その賃貸借に係る契約において、賃借人が住宅として転貸することが契約書その他において明らかな場合には、その住宅用の建物の貸付け及び賃借人が行う住宅の転貸は、住宅の貸付けに含まれます（消基通6-13-7）。

契約上、居住用として転貸することを明らかにしている場合のアパートの一棟貸し、社宅や寮の貸付けがこれに該当します。

(6) 店舗等併設住宅

住宅と店舗等の事業用施設が併設されている建物を一括して貸し付ける場合には、住宅として貸し付けた部分のみが非課税になります。

賃貸料は、住宅の貸付けに係る対価の額と事業用の施設の貸付けに係る対価の額とに合理的に区分し、それぞれ非課税売上げ又は課税売上げとします（消基通6-13-5）。

■第二節　輸入の非課税

保税地域から引き取られる外国貨物のうち、次に掲げるものは非課税とされています（消法6②、消法別表第二の二）。

①有価証券等　②郵便切手類　③印紙　④証紙　⑤物品切手等　⑥身体障害者用物品　⑦教科用図書

保税地域から引き取られる外国貨物のうち、非課税とされるもの以外のものを課税貨物といいます（消法2①十一）。

演習問題

問5　次の文章の 　　　　　　 の中に、適切な語を記入しなさい。

1. 課税資産の譲渡等とは、　　　　　　　　 のうち、　　　　　　 とされるもの以外のものをいう。

2. 課税貨物とは、　　　　　　 から引き取られる外国貨物のうち、　　　　　　 とされるもの以外のものをいう。

第六章　免　　税

　消費税は、国内で行われる消費に負担を求める税であることから、消費税の課税の対象は、国内において行われた資産の譲渡等及び国内に引き取られる外国貨物とされています。

　国内取引については、資産の譲渡等から非課税資産の譲渡等を除いたものが課税資産の譲渡等となり、課税資産の譲渡等のうち輸出取引等に該当するものは、輸出証明書等の保存を要件に「免税」の取扱いを受けます（消法7）。

　国内取引に係る免税には、「輸出取引等に係る免税」と「輸出物品販売場における輸出物品の譲渡に係る免税」とがあります。

(1)　免税の趣旨

　輸出取引等は、国外で消費される財貨の取引ですから、国内の消費に税の負担を求める消費税は免除することとされています。

　免税の取扱いは、輸出や輸出類似取引については、課税資産の譲渡等でありながらその売上げについての消費税を免除するものです。税額計算の過程においては、輸出取引等から生じる売上げは課税標準額に算入せず、他方、そのために行った課税仕入れ等については、課税売上げに係る課税仕入れ等と同様に仕入税額控除の対象とします。一般にこのような仕組みを0％課税と呼びます。

　消費税は、前段階税額控除の仕組みにより、事業者間の取引において課税された税が最終消費にまで順次転嫁され、最終消費者が税負担を負うことを予定しています。

　事業者が行う資産の譲渡等の最終段階の課税を免除すれば、前段階で課されたすべての消費税は仕入税額控除を通して事業者に戻されます。結果として、理論上、輸出取引等に対する消費税の負担は、その前段階のどの事業者においても一切生じないこととなります。

(2)　免税と非課税との違い・免税と課税との違い

　免税と非課税とは、その売上げのために行った課税仕入れについて仕入税額の控除を行うことができるかどうかという点が異なります。

　前述のように、免税売上げは課税資産の譲渡等のうち課税の免除を受けた売上げですから、それに要した課税仕入れ等は仕入税額控除の対象となります。しかし、非課税売上げのために行った課税仕入れ等については、その仕入れに係る消費税額は控除することができません。

　また、基準期間における課税売上高は、基準期間において行った課税資産の譲渡等の対価の額を基礎としていることから、非課税売上げは含まれませんが、免税売上げは含まれることとなります。

　このように、免税売上げは、その売上高が課税標準額に算入されないこと以外は、すべて課税売上げと同様の取扱いとなります。

■第一節　輸出取引等に係る免税

　事業者が国内において行う課税資産の譲渡等のうち、次に掲げるもの（輸出取引等）は免税となります（消法7①、消令17①②、措法85～86の2、消基通7－2－1ほか）。

免税となる輸出取引等の範囲		
消費税法による免税	本邦からの輸出として行われる資産の譲渡又は貸付け	
	外国貨物の譲渡又は貸付け	
	国際輸送	
	国際通信、国際郵便、国際信書便	
	船舶運航事業者等に対するもの	外航船舶等の譲渡又は貸付け
		外航船舶等の修理
		国際輸送に使用するコンテナーの譲渡、貸付け、修理
		外航船舶等の水先、誘導等の役務の提供等
	貨物の荷役、運送、保管、検数通関手続等の役務の提供	外国貨物について行う役務の提供
		保税地域において行う内国貨物に係る役務の提供
		特定輸出貨物の積込み場所又は船舶等内において行う役務の提供
	非居住者に対する無形固定資産等の譲渡又は貸付け	
	非居住者に対する役務の提供で次に掲げるもの以外のもの ・国内に所在する資産に係る運送又は保管 ・国内における飲食又は宿泊 ・上記に準ずるもので国内において直接便益を享受するもの	

措置法による	外航船等積込物品の譲渡等
免税	外国公館等に対する課税資産の譲渡等
	海軍販売所等に対する物品の譲渡
条約等による	合衆国軍隊等に対する資産の譲渡等に係る免税
免税	ピー・エックス等に係る免税
	日米防衛援助協定等による免税
	外交官免税

1 本邦からの輸出として行われる資産の譲渡又は貸付け

本邦からの輸出として行う資産の譲渡又は貸付けは、免税です（消法7①一）。

「輸出」とは、「内国貨物を外国に向けて送り出すこと」をいいます（消基通7－2－1(1)、関税法2①二）。「内国貨物を外国に向けて送り出すこと」とは、内国貨物を外国に向かう船舶や航空機に積み込むことです。

したがって、「本邦からの輸出として行われる資産の譲渡又は貸付け」とは、資産を譲渡し又は貸し付ける取引のうち、その資産を外国に仕向けられた船舶等に積み込むことによって引渡しが行われるもの、ということになります。内国貨物を外国に仕向けられた船舶等に積み込むためには、輸出の許可を受ける必要があります。

このことから、消費税法にいう「輸出」の具体的な行為は、税関において輸出申告をして輸出の許可を受けることであるということができます。

したがって、「輸出として行われる資産の譲渡又は貸付け」について輸出免税の適用を受けるのは、原則として、輸出申告の名義人であり、輸出申告の際に発行された輸出証明書を保存する事業者となります。

(1) 輸出物品の下請加工等

次のような取引は、その事業者が直接輸出を行うものでないため、免税となる輸出取引等に該当しません（消基通7－2－2）。

① 輸出する物品の製造のための下請加工

② 輸出取引を行う事業者に対して行う国内での資産の譲渡等

(2) 外国貨物を国内の保税地域を経由して国外へ譲渡した場合

国外で購入した貨物を国内の保税地域に陸揚げし、輸入手続を経ないで再び国外へ譲渡する場合には、関税法第75条《外国貨物の積戻し》の規定により内国貨物を輸出する場合の手続規

定が準用されます。

　この場合には、本邦からの輸出として行う資産の譲渡に該当し、積戻しの許可書を保存することにより輸出免税が適用されます（消基通7－2－3）。

2 外国貨物の譲渡又は貸付け

　国外で購入した貨物を国内に陸揚げし輸入手続を行う前に外国貨物のまま譲渡した場合は、それが国内の事業者への譲渡でありその後国内で消費されるものであっても、輸出取引等の免税の対象となります（消法7①二）。

　譲渡を受けた事業者には、通関の際、輸入の消費税が課税されます（消法5②）。

■船荷証券の譲渡

　船荷証券とは、貨物の運送をする者が、荷主からの運送品の受取りと荷揚地においてこれと引換えに運送品を引き渡す義務とを証明するために発行する有価証券をいいます。ただし、金融商品取引法は、船荷証券を有価証券の範囲から除いています。

　船荷証券の譲渡は、その船荷証券に表彰されている輸送中の貨物の譲渡であり、非課税となる有価証券等の譲渡ではありません（消基通6－2－2）。

　船荷証券の譲渡は、原則としてその船荷証券の譲渡が行われる時において貨物が現実に所在している場所により国内取引に該当するかどうかを判定するものですが、その船荷証券に表示されている「荷揚地」（PORT OF DISCHARGE）が国内である場合には、その船荷証券の写しの保存を要件として国内取引に該当するものとして取り扱います（消基通5－7－11）。したがって、荷揚地を日本国内とする船荷証券の譲渡は、国内における外国貨物の譲渡に該当することになり、輸出取引等の免税の対象となります。

　なお、本邦からの輸出貨物に係る船荷証券の譲渡は、当該貨物の荷揚地が国外であることから、国外取引となります。

3 国際輸送、国際通信

　旅客又は貨物の輸送につき、出発地又は到着地のいずれか、あるいはいずれもが国内である場合には、その輸送は国内取引となります（消令6②一）。そしてこのうち、いずれか一方が国外であれば、国際輸送として輸出取引等の免税の対象となります（消法7①三）。

(1) 旅行業者が主催する海外パック旅行

　旅行業者が主催する海外パック旅行に係る役務の提供は、その旅行業者と旅行者との間の包括的な役務の提供契約に基づくものであるため、国内における役務の提供及び国外において行

う役務の提供に区分され、次のように取り扱われます（消基通7－2－6）。

海外パック旅行の区分と取扱い
国内における役務の提供 　…国内輸送又はパスポート交付申請等の事務代行に係る役務の提供については、国内において 　　行う課税資産の譲渡等に該当する。 　　輸出免税等の規定の適用を受けることはできない。
国外における役務の提供 　…国内から国外、国外から国外及び国外から国内への移動に伴う輸送、国外におけるホテルで 　　の宿泊並びに国外での旅行案内等の役務の提供については、国内において行う資産の譲渡等 　　に該当しない。

(2)　国際輸送に係る事務代行手数料

　旅行業者が居住者である航空会社等から事務代行手数料等を収受した場合には、国際輸送に係る手数料であっても免税の適用はなく、課税取引となります。

4　外航船舶等の譲渡、貸付け、修理、水先等

　船舶運航事業者等に対して行われる外航船舶等の譲渡又は貸付け、水先等の役務の提供は、免税の取扱いを受けます（消法7①四、消令17①②）。

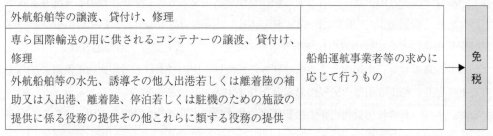

* 　船舶運航事業者等とは、海上運送法に規定する船舶運航事業又は船舶貸渡業を営む者、航空法に規定する航空運送事業を営む者をいい、我が国において支店等を設けてこれらの事業を営む外国の事業者及び我が国に支店等を有していない外国の事業者で我が国との間で国際間輸送を行う者も含まれます（消基通7－2－8）。

* 　外航船舶等とは、専ら国内及び国内以外の地域にわたって又は専ら国内以外の地域間で行われる旅客又は貨物の輸送の用に供される船舶又は航空機をいいます。

(1)　外航船舶等の修理の下請け

　船舶運航事業者等の求めに応じて行われる修理は、船舶運航事業者等からの直接の求めに応じて行う修理に限られ、船舶運航事業者等から修理の委託を受けた事業者の求めに応じて行う

修理は、これに含まれません。

　船舶運航事業者等から修理の委託を受けた事業者の求めに応じて修理として行う役務の提供は、輸出免税に該当せず、その修理の委託をした事業者にとっては課税仕入れとなります（消基通7－2－10）。

(2)　水先等の役務の提供に類するもの

　水先等の役務の提供に類するものには、例えば、外航船舶等の清掃、廃油の回収、汚水処理等が含まれます（消基通7－2－11）。

　国際輸送に必要な外航船舶等そのものを移動させるサービスやそれに必然的に伴うサービスが対象です。

5　外国貨物等の荷役等

(1)　外国貨物に係る役務の提供

　外国貨物に係る荷役、運送、保管、検数、鑑定、検量、港湾運送関連事業に係る業務、通関手続、青果物に係るくんじょう等の役務の提供は、免税です（消令17②四）。

　これは、輸出入を行う場合に必然的に発生する外国貨物に係る役務の提供を免税にしようとするものです。

　ここでは、外航船舶等の譲渡、貸付け、修理のように、相手方を船舶運航事業者等に限るというような要件は付されていません。外国貨物に係る荷役等の役務の提供であれば、誰に対して行うものであっても輸出免税の適用があり、下請けをする事業者においても免税になります。

(2)　内国貨物に係る役務の提供

　保税地域内には、外国貨物のほかに、通関して内国貨物となったものや輸出の許可を受けるために搬入された内国貨物が当然に存在します。保税地域内で行う役務の提供について、外国貨物に係るものか内国貨物に係るものかを区別して管理することは困難であることから、内国貨物に係る役務の提供であっても、指定保税地域等にある輸出しようとする貨物又は輸入の許可を受けた貨物に係る荷役、運送、保管、検数、鑑定、検量又は通関手続等の役務の提供は、免税の対象とされています（消基通7－2－13）。

(3)　特例輸出貨物に係る役務の提供

　輸出申告は、通常、申告する貨物を保税地域に搬入して行います（関税法67の2①）。

　ただし、税関長の承認を受けた場合には、保税地域に搬入することなく輸出申告をすることができます。この場合の輸出申告を特定輸出申告といい、輸出する貨物を特例輸出貨物といい

ます（関税法67の3①④、30①五）。

　特例輸出貨物に係る役務の提供の免税は、特例輸出貨物を輸出するための船舶又は航空機へ積み込む場所及びその特例輸出貨物を積み込んだ船舶又は航空機におけるその特例輸出貨物の荷役、検数、鑑定又は検量等の役務の提供が対象です（消基通7－2－13の2）。

6 非居住者に対する無形固定資産等の譲渡、貸付け

　非居住者に対する無形固定資産等の譲渡又は貸付けは免税です（消令17②六）。

(1) 非居住者の範囲

　居住者、非居住者の区分は、外国為替及び外国貿易法の規定によります（消令1②一、二）。
　原則として、国内に住所又は居所を有しない個人、国内に本店を有しない法人は非居住者となります。

居住者、非居住者の判断基準			
個人の居住性は、本邦内に住所又は居所を有するか否かにより判定する。 その判定が困難である場合は、次による。 （居住者又は非居住者と同居し専ら生活費を負担されている家族の居住性は、その居住者又は非居住者に従う。）			
個人	本邦人	非居住者	①　外国にある事務所に勤務する目的で出国し外国に滞在する者
			②　2年以上外国に滞在する目的で出国し外国に滞在する者
			③　本邦出国後外国に2年以上滞在するに至った者
		居住者	本邦の在外公館に勤務する目的で出国し外国に滞在する者
			①②③に該当しない本邦人
	外国人	居住者	④　本邦内にある事務所に勤務する者
			⑤　本邦に入国後6月以上経過するに至った者
		非居住者	外国政府又は国際機関の公務を帯びる者
			外国において任命又は雇用された外交官又は領事官及びこれらの随員又は使用人
			④⑤に該当しない外国人
法人	法人等の居住性は、本邦内にその主たる事務所を有するか否かにより判定する。 ただし、支店、営業所等がある場合はその支店等ごとに判定する。		
	非居住者	外国にある本店、支店、出張所その他の事務所	
	居住者	本邦にある本店、支店、出張所その他の事務所	

(2)　本邦内の事務所等

　本店が外国にある外国法人であっても、本邦内にある支店、出張所その他の事務所は、法律上の代理権があるかどうかにかかわらず居住者とみなされます（消基通7−2−15）。

(3)　無形固定資産等の範囲

　非居住者に対して譲渡又は貸付けを行った場合に免税となる無形固定資産等の範囲は、次のとおりです（消令6①四〜八、消基通5−7−4〜5−7−9）。

免税の対象となる無形固定資産等の範囲
鉱業権、租鉱権、採石権等
特許権、実用新案権、意匠権、商標権、回路配置利用権、育成者権
著作権、出版権、著作隣接権
特別の技術による生産方式
営業権
漁業権、入漁権

7　非居住者に対する役務の提供

　非居住者に対する役務の提供で、国内において直接便益を享受しないものは、輸出免税の対象となります（消令17②七）。

(1)　非居住者に対する役務の提供で免税とならないもの

　国内でその便益を直接享受するものとしてこの免税から除かれるものには、例えば、次のものがあります（消基通7−2−16）。

非居住者に対する役務の提供で免税とならないものの例
・国内に所在する資産に係る運送や保管
・国内に所在する不動産の管理や修理
・建物の建築請負
・電車、バス、タクシー等による旅客の輸送
・国内における飲食又は宿泊
・理容又は美容
・医療又は療養
・劇場、映画館等の興行場における観劇等の役務の提供
・国内間の電話、郵便又は信書便
・日本語学校等における語学教育等に係る役務の提供

(2) 国内に支店等を有する非居住者に対する役務の提供

　非居住者であっても、国内にある支店や出張所等はそれ自体が居住者となり、支店等を国内に有する非居住者に対して役務の提供を行った場合には、国内の支店等を経由して役務の提供を行ったことになります。

　したがって、支店等を国内に有する非居住者に対して行う役務の提供は、居住者に対する役務の提供となり、免税の対象にはなりません。

　ただし、国内に支店等を有する非居住者に対する役務の提供であっても、次の要件のすべてを満たす場合には、非居住者に対するものとして取り扱います（消基通7-2-17）。

国内に支店等を有する非居住者に対する役務の提供が免税となる要件
・役務の提供が非居住者の国外の本店等との直接取引であり、その非居住者の国内の支店又は出張所等はこの役務の提供に直接的にも間接的にもかかわっていないこと ・役務の提供を受ける非居住者の国内の支店又は出張所等の業務は、その役務の提供に係る業務と同種、あるいは関連する業務でないこと

8 外航船等への積込物品に係る輸出免税

　外航船等に船用品又は機用品として積み込むため、所轄税関長の承認を受けた指定物品を譲渡する場合には、租税特別措置法の規定により、その外航船等への積込みが輸出とみなされ、免税となります（措法85）。

　消費税が免除される指定物品は、次のとおりです（措法85①、措令45①、関税法2①九、十、消基通7-3-1）。

日本国籍の外航船舶等への積込みにつき免税となる指定物品
・酒類 ・製造たばこ ・船用品又は機用品（燃料、飲食物その他の消耗品及び帆布、綱、じう器その他これらに類する貨物で、船舶又は航空機において使用する貨物）

9 外国公館等への資産の譲渡等

　国税庁長官の「消費税免除指定店舗」の指定を受けた事業者は、外国の大使館、大使等に対して免税で課税資産の譲渡等を行うことができます（措法86、措令45の4①）。

10 海軍販売所等に対する物品の譲渡

　指定事業者が日米地位協定に規定する海軍販売所又はピー・エックスに対し、所定の方法で行う物品の譲渡は、租税特別措置法の規定により免税になります（措法86の2）。

11 条約による免税

前記のほか、条約や協定により、外交官免税等の免税の取扱いがあります。

12 輸出証明等の保存の要件

輸出取引等に係る免税は、その課税資産の譲渡等が輸出取引等に該当するものであることにつき、証明がされたものでない場合には、適用されません（消法7②）。

その証明の方法は、輸出証明書等の書類又は帳簿をその課税資産の譲渡等を行った日の属する課税期間の末日の翌日から2月を経過した日から7年間、納税地又はその取引に係る事務所等の所在地に保存することによります（消規5①、消基通7-2-23、7-3-3）。

なお、輸出取引等に係る免税については、外国公館等に対する課税資産の譲渡等に係る免税、海軍販売所等に対する物品の譲渡に係る免税を除き、災害その他やむを得ない事情があった場合に書類の保存を宥恕する規定は設けられていません（措法86②、86の2②）。

輸出取引等であることを証明するために保存する書類	
輸出として行われる資産の譲渡又は貸付け	輸出許可書等
輸出として行われる船舶又は航空機の貸付け	契約書等
郵便による輸出	郵便物輸出証明書等
外航船等への積込み	船（機）用品積込承認書等
国際輸送、国際通信、国際郵便、国際信書便	帳簿又は書類
その他	契約書等

■第二節　輸出物品販売場における免税

輸出物品販売場を経営する事業者が、免税購入対象者に対し、所定の手続により、物品を譲渡した場合は、免税となります（消法8①）。

「免税購入対象者」とは、外国為替及び外国貿易法第6条第1項第6号に規定する非居住者であって、一定の要件を満たす者をいいます（消法8①）。

日本国内の店舗で行う譲渡であっても、非居住者が輸出する目的で購入し国内で消費しない場合の譲渡は、事業者が輸出販売したのと同じ結果になることから、これを輸出免税の対象とするものです。

■海外旅行者への譲渡

輸出物品販売場に係る免税は非居住者に対する譲渡が対象ですが、海外旅行等のため出国す

る者が出国に際して携帯する物品の譲渡で、帰国に際して携帯しないことが明らかなものは、輸出免税の対象となります。

ただし、出国した者が、その物品を携帯して２年以内に帰国した場合には、その帰国の際に消費税が課税されます（消基通７－２－20）。

1 免税対象物品

免税の対象となるのは、次に掲げる物品で、所定の方法により譲渡するものです（消令18①②⑫⑬、消基通８－１－１）。

消耗品	一般物品
通常生活の用に供する食品類、飲料類、薬品類、化粧品類その他の消耗品 ・同一の輸出物品販売場において１日に販売する対価の額の合計額が５千円以上50万円までのものに限る。	通常生活の用に供する物品で消耗品以外の物品 ・金又は白金の地金は除外する。 ・同一の輸出物品販売場において１日に販売する対価の額の合計額が５千円以上であるものに限る。 ・非居住者が、国内において生活の用に供した後に、輸出するため購入する場合であっても、消費税が免除される。

＊　消耗品については、国土交通大臣及び経済産業大臣が財務大臣と協議して定める方法により包装（以下「特殊包装」といいます。）して引き渡す必要があります。

「対価の額の合計額」は、同一の輸出物品販売場において、同一の日に、同一の非居住者に対して複数の一般物品又は消耗品等を譲渡した場合は、一般物品又は消耗品等の区分に応じたそれぞれの「対価の額の合計額」をいいます。同一の輸出物品販売場において、同一の日に、同一の非居住者に対して時間又は売場を異にして、複数の一般物品又は消耗品等を譲渡した場合も同様です（消基通８－１－２）。

ただし、一般物品について、特殊包装を行う場合には、その一般物品と消耗品の販売金額を合計して、５千円以上であるかどうかを判定することができることとされています。

2 輸出物品販売場

輸出物品販売場には、次の３種類があります（消法８⑦、消令18の２③）。

①　一般型輸出物品販売場

事業者が、その販売場においてのみ免税販売手続を行う輸出物品販売場をいいます。

②　手続委託型輸出物品販売場

販売場が所在する特定商業施設（商店街やショッピングセンター等）内に免税手続カウンターを設置する承認免税手続事業者が、免税販売手続を代理して行う輸出物品販売場をいいます。

③　自動販売機型輸出物品販売場

　一定の基準を満たす自動販売機によってのみ免税販売手続が行われる輸出物品販売場をいいます。

③　輸出しない場合

　輸出物品販売場において免税により物品を購入した非居住者が、出国に際しその物品を携行していない場合には、出港地の所轄税関長は、直ちにその者から購入時に免除された消費税を徴収します（消法8③⑤、27①）。

　輸出物品販売場で購入した免税物品を国内において譲渡した場合にも、消費税が徴収されます（消法8⑤、27②）。

　また、免税購入された物品だと知りながら行われた課税仕入れについては、仕入税額控除の適用はありません（消法30⑫、令6改所法附13）。

④　免税販売の手続

　免税販売手続は、輸出物品販売場を経営する事業者が、外国人旅行者から旅券等の提示を受け、その購入の事実及び氏名その他の旅券等に記載された情報に係る電磁的記録を、電子情報処理組織を使用して、遅滞なく国税庁長官に提供する方法によります（消令18③一、二）。

　また、輸出物品販売場を経営する事業者は、外国人旅行者に対して、免税購入した物品を輸出しなければならないこと等を説明する義務があり、外国人旅行者は、その出国の際、税関長に旅券等を提示しなければなりません（消令18⑥⑪）。

■第三節　保税地域から引き取る外国貨物に係る免税

　保税地域から引き取る外国貨物については、消費税法には免税の定めはありませんが、「輸入品に対する内国消費税の徴収等に関する法律」には関税が免除されるものについて、消費税も免除するものとする規定があります（輸徴法13①、関税定率法14、15①、16①、17①）。

輸入に係る主な免税	
無条件免税	皇族用物品、外国元首等物品、記録文書、引越荷物、入国時の携帯品等
特定用途免税	標本、参考品、学術研究用品、学術研究用寄贈物品等
外交官用貨物等の免税	外国大使館公用品等（相互条件）
再輸出免税	輸入の許可の日から1年以内に輸出する加工材料、国際運動競技会等の使用物品、展覧会等の出展品等

第七章 資産の譲渡等の時期

　税額計算においては、その売上げが、いずれの課税期間に帰属するかが問題となります。

　この章では、取引の期間的な帰属、すなわち、資産の譲渡等の時期について解説しています。

■第一節　資産の譲渡等の時期の原則

　資産の譲渡等の時期は、原則として所得税又は法人税の所得金額の計算上、総収入金額又は益金の額に算入すべき時期と同じです。

　資産の譲渡等の時期についての一般的な取扱いは、次のとおりです。

資産の譲渡等の時期の原則
資 産 の 譲 渡……譲渡する資産の引渡しの日 資産の貸付け……契約又は慣習による使用料の支払を受けるべき日 役 務 の 提 供……役務の提供を完了した日

　＊　資産の引渡しの前に、前受金、仮受金等を受領していても、資産の譲渡等の時期は、現実に譲渡する資産を引き渡した時となります（消基通9－1－27）。

(1)　棚卸資産の引渡しの日

　棚卸資産の引渡しの日は、例えば、出荷した日、相手方が検収した日、相手方において使用収益ができることとなった日、検針等により販売数量を確認した日等、その棚卸資産の種類及び性質、その販売に係る契約の内容等に応じてその引渡しの日として合理的であると認められる日のうち、事業者が継続して棚卸資産の譲渡を行ったこととしている日によります（消基通9－1－2）。

(2)　委託販売

　委託販売に係る委託者における資産の譲渡等の時期は次によります（消基通9－1－3）。

委託販売に係る委託者における資産の譲渡等の時期
原則……その委託品を受託者が譲渡した日
特例……売上計算書が売上げの都度作成されている場合（週、旬、月を単位として一括して売上計算書を作成している場合を含む。）は、継続適用を要件に、その売上計算書の到着した日とすることができる。ただし、委託者が適格請求書発行事業者の登録を取りやめる場合、受託者が行った委託品の譲渡に係る売上計算書の到着した日が登録の取消しの日以後となるときは、その到着した日の資産の譲渡とすることはできない。

⑶ **請負**

　請負による資産の譲渡等の時期は、原則として、次によります（消基通9－1－5）。

　・引渡しを要する請負契約……その目的物の全部を完成して相手方に引き渡した日

　・物の引渡しを要しない請負契約……その約した役務の全部を完了した日

⑷ **固定資産の譲渡**

　固定資産の譲渡の時期は、原則として、その引渡しがあった日です。

　ただし、土地、建物等については、その固定資産の譲渡に関する契約の効力発生の日を資産の譲渡の時期とすることができます（消基通9－1－13）。

⑸ **工業所有権等**

　工業所有権等（特許権、実用新案権、意匠権、商標権又は回路配置利用権並びにこれらの権利に係る出願権及び実施権をいいます。）の譲渡等については、その譲渡等に関する契約の効力発生日に行われたものとします。ただし、その譲渡等に関する契約の効力が登録により生ずることとなっている場合には、その登録日によることができます。

　なお、実施権の設定による資産の譲渡等に関して受ける対価の額は、それが使用料等に充当されることとされている場合であっても、前受金等として繰り延べることはできません（消基通9－1－15）。

⑹ **貸付金利子等**

　貸付金等（貸付金、預金、貯金又は有価証券）から生ずる利子の額は、その利子の計算期間の経過に応じてその課税期間の資産の譲渡等の対価の額とします。

　ただし、主として金融業等（金融及び保険業）を営む事業者以外の事業者が有する貸付金等（金融業等を兼業する場合には、その金融業等に係るものを除きます。）から生ずる利子でその支払期日が1年以内の一定の期間ごとに到来するものについては、継続適用を要件として、その支払期日の属する課税期間の資産の譲渡等の対価の額とすることができます（消基通9－1－19）。

⑺ **償還差益**

　償還差益を対価とする国債等の取得に係る資産の譲渡等の時期は、その国債等の償還が行われた日とされます。

　法人税においては、法人が取得した有価証券は、売買目的有価証券、満期保有目的等有価証券、その他有価証券に区分され（法令119の2②）、売買目的有価証券以外の有価証券で償還期

限及び償還金額の定めのある有価証券については、償還有価証券として償還までの期間に応じた調整差益の額又は調整差損の額を益金の額又は損金の額に算入することとされています（法令139の2①）。

消費税の計算においても、その調整差益の額をその計上した課税期間の非課税資産の譲渡等の対価とすることができます（消令10③六、消基通9-1-19の2）。

(8) 賃貸借契約に基づく使用料等

資産の賃貸借契約に基づいて支払を受ける使用料等の額（前受けに係る額を除きます。）を対価とする資産の譲渡等の時期は、その契約又は慣習により支払を受けるべき日とされます。

ただし、その契約について係争（使用料等の額の増減に関するものを除きます。）があるためその支払を受けるべき使用料等の額が確定せず、その支払を受けていないときは、相手方が供託したかどうかにかかわらず、その係争が解決して使用料等の額が確定しその支払を受けることとなる日とすることができます。

使用料等の額の増減に関して係争がある場合には、その契約又は慣習により支払を受けるべき日において、契約の内容、相手方が供託をした金額等を勘案して合理的に見積った金額を資産の譲渡等の対価として認識します（消基通9-1-20）。

(9) 保証金等のうち返還しないもの

資産の賃貸借契約等に基づいて保証金、敷金等として受け入れた金額については、その金額のうち期間の経過その他その賃貸借契約等の終了前における一定の事由の発生により返還しないこととなる部分の金額は、その返還しないこととなった日の属する課税期間において行った資産の譲渡等に係る対価となります（消基通9-1-23）。

(10) リース取引

リース取引は、ファイナンス・リース取引、オペレーティング・リース取引に分けられます。

ファイナンス・リース取引のうち、所有権移転ファイナンス・リース取引及び所有権移転外ファイナンス・リース取引は、賃貸借取引ではなくリース資産の売買取引として取り扱い、そのリース料の総額をリース資産の引渡しの課税期間において行った資産の譲渡等の対価とします（法法64の2①、所法67の2①、消基通5-1-9）。

ファイナンス・リース取引のうち、保有する資産を譲渡して譲渡代金を受領すると同時にその資産を借り受けてリース料の支払をするいわゆるセール・アンド・リースバックは、リース資産の賃貸借取引ではなく金銭の貸借取引として取り扱い、利子となる部分を除いてその資産の譲渡及びリース料の支払について消費税の課税関係は生じません（法法64の2②、所法67の

2②、消基通5-1-9)。

　また、オペレーティング・リース取引は、リース資産の賃貸借取引となり、収受すべきリース料の金額が収受すべき課税期間の資産の譲渡等の対価となります。

■第二節　リース取引に係る資産の譲渡等の時期の特例

　リース取引については、資産の譲渡等の時期の特例として、延払基準によることができるものとされています。

　「リース取引」とは、所有権が移転しない土地の賃貸借等を除き、資産の賃貸借で次に掲げる要件に該当するものをいいます。

① 　賃貸借期間の中途においてその契約の解除をすることができないものであること、又は、これに準ずるものであること（ノンキャンセラブル）

② 　賃借人がその賃貸借に係る資産からもたらされる経済的な利益を実質的に享受することができ、かつ、その目的となる資産（以下「リース資産」といいます。）の使用に伴って生ずる費用を実質的に負担すべきこととされているものであること（フルペイアウト）

1 資産の譲渡等の時期の原則

　リース取引については、リース資産の賃貸人から賃借人への引渡し（以下「リース譲渡」といいます。）をした時に、そのリース資産の売買があったものとされ、リース譲渡をした日が資産の譲渡等の時期となります。

2 資産の譲渡等の時期の特例

　リース譲渡について、所得税又は法人税において延払基準の方法により経理したときは、消費税においても資産の譲渡等の時期の特例が認められます。

　特例によれば、所得税法第65条第1項又は法人税法第63条第1項の規定により、リース譲渡した日の属する課税期間の翌課税期間の初日以後にその年の12月31日又はその事業年度終了の日が到来する各年又は各事業年度の総収入金額又は益金の額に算入される収益の額（リース譲渡延払収益額）に係る部分については、そのリース譲渡を行った課税期間において資産の譲渡等がなかったものとみなされ、課税が繰り延べられます（消法16①、消令32の2①②）。

　リース譲渡延払収益額は、上記の各年又は各事業年度のそれぞれの年の12月31日の属する課税期間又はそれぞれの事業年度終了の日の属する課税期間において資産の譲渡等を行ったものとみなされます（消令32の2②）。

3 延払基準の取りやめ

⑴ 法人税又は所得税において延払基準を適用しなかった場合

　所得税又は法人税において延払基準の方法により経理しなかった場合には、その経理しなかった年の12月31日の属する課税期間以後の課税期間又はその経理しなかった決算に係る事業年度終了の日の属する課税期間以後の課税期間においては適用することができません（消法16②、消令32、32の2③）。

⑵ 納税義務の変更がある場合

　課税事業者が翌課税期間から免税事業者となる場合において延払基準の適用を継続したときは、引渡基準によれば課税事業者であった課税期間の売上げとなるものの一部が免税事業者となった後の売上げとなり、課税漏れが生じることとなります。延払基準は課税時期の繰延べであり、その適用により税負担を軽減させるものではありません。したがって、このような課税漏れを防止するため、課税事業者が免税事業者となる場合には、その免税事業者となる課税期間の初日以後に支払の期日が到来するものに係る部分は、その免税事業者となる課税期間の初日の前日において資産の譲渡等を行ったものとみなされ、残額のすべてを売上げに計上することとなります。

　また、免税事業者が翌課税期間から課税事業者になる場合には、免税事業者であった課税期間の売上げが課税事業者となった後の課税期間に影響しないよう、同様の処理を行うこととされています（消令32の2③、33）。

⑶ 任意に取りやめる場合

　所得税又は法人税において延払基準の方法により経理することを継続している場合でも、消費税の計算についてはその適用をやめることができます。

⑷ 適用をやめた場合の処理

　延払基準の適用をやめた場合には、取りやめの課税期間の初日以後リース譲渡延払収益額（その課税期間の初日の前日以前に既に支払を受けたものを除きます。）に係る部分は、その課税期間において資産の譲渡等を行ったものとみなされます（消令32、32の2③、33、消基通9－3－4）。したがって、その取りやめの課税期間において残りの売上げをまとめて計上します。

適用中止となる課税期間	右の課税期間の売上げ	
リース取引に該当しないこととなった課税期間	売上計上額	
所得税又は法人税で適用をやめた課税期間		
翌課税期間から免税事業者となる課税期間	= 売上代金総額 −	前課税期間までに売上げを計上した金額
翌課税期間から課税事業者となる課税期間		
やめようとする課税期間		

■第三節　工事の請負に係る資産の譲渡等の時期の特例

　資産の譲渡等はその資産を引き渡した時に認識します。したがって、工事の請負については、原則として、目的物の全部を完成して相手方に引き渡した日が資産の譲渡等の時期となります（消基通9－1－5）。

　ただし、所得税、法人税においては、工事の請負について、長期大規模工事の場合には、工事進行基準が強制され（所法66①、法法64①）、長期大規模工事以外の工事の場合には、事業者の任意により、工事進行基準を適用することができることとされています（所法66②、法法64②）。

　所得税又は法人税において工事進行基準の方法により経理することとしているときは、消費税においても、その工事進行基準の方法により計算した収入金額又は収益の額に係る部分については、それが計上されたそれぞれの年の12月31日の属する課税期間又はそれぞれの事業年度終了の日の属する課税期間において、資産の譲渡等を行ったものとすることができます（消法17①②）。

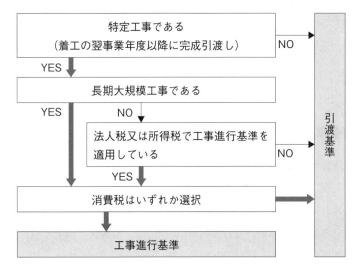

1 長期大規模工事と工事

工事進行基準を適用することができる工事を特定工事といいます。

特定工事は、次に掲げる要件に適合する条件を定めた契約に基づく工事の請負をいいます（所法66①、所令192、法法64①、法令129）。

工事の区分		
特定工事	長期大規模工事	次の要件のすべてに該当するもの ① 着手の日から目的物の引渡しの期日までの期間が1年以上 ② その請負の対価の額が10億円以上 ③ 請負対価の額の1/2以上が目的物の引渡期日から1年を経過する日後に支払われるものでない
	工事	長期大規模工事以外の工事で着工した年度中に完成しない工事
その他の工事		着工年度内に完成する工事

2 工事進行基準による売上金額の計算

工事進行基準を適用した場合の売上高は、次のように計算します（消法17①③）。

工事進行基準による売上計上額の計算			
着工期	売上計上額 ＝	請負対価の額（期末現在） ×	$\dfrac{実際工事原価}{期末見積工事原価}$
工事中	売上計上額 ＝	請負対価の額（期末現在） ×	$\dfrac{実際工事原価（累計）}{期末見積工事原価}$ － 前課税期間までの売上計上額
完成期	売上計上額 ＝	確定請負対価の額 －	前課税期間までの売上計上額

3 工事進行基準の取りやめ

(1) 法人税又は所得税において工事進行基準を適用しなかった場合

所得税又は法人税において工事進行基準の方法により経理しなかった場合には、その経理しなかった年の12月31日の属する課税期間以後の課税期間又は経理しなかった決算に係る事業年度終了の日の属する課税期間以後の課税期間については、消費税においても、工事進行基準の適用をやめなければなりません（消法17②）。

(2)　納税義務の変更がある場合

　課税事業者から免税事業者になる場合、免税事業者から課税事業者になる場合であっても、法人税又は所得税において工事進行基準の方法により経理している場合には、消費税においても引き続き工事進行基準を適用することができます。

(3)　任意の取りやめ

　所得税又は法人税において工事進行基準の方法により経理することを継続している場合でも、消費税の計算についてはその適用をやめることができます。

(4)　適用をやめた場合の処理

　工事進行基準の適用をやめた場合に、取りやめた課税期間において行うべき処理はありません。

　取りやめた事業年度から売上げを計上せず、完成引渡しの課税期間にすでに計上した部分を除いて売上げを計上します。

演 習 問 題

問6　次のうち、当課税期間において資産の譲渡等を認識すべきものを選びなさい。

①　商品販売について前受金を受け取った。

②　商品を掛けで販売した。

③　前課税期間に販売した商品の売掛金を回収した。

④　10年間の契約で店舗を貸付け、返還しない保証金を受け取った。

⑤　固定資産の譲渡を行ったが、代金は翌課税期間に受領する予定である。

（解答欄）

	番　　号
当課税期間において資産の譲渡等を認識すべきもの	

課税標準と税率

■第一節　国内取引に係る消費税の課税標準

　課税標準とは、課税の対象となる課税物件を金額又は数量で表したものであり、これに税率を適用して税額を算出します。

　課税資産の譲渡等に係る消費税の課税標準は、課税資産の譲渡等の対価の額です（消法28①）。

1　課税資産の譲渡等の対価の額

　課税資産の譲渡等の対価の額は、「対価として収受し、又は収受すべき一切の金銭又は金銭以外の物若しくは権利その他経済的な利益の額とし、課税資産の譲渡等につき課されるべき消費税額及び当該消費税額を課税標準として課されるべき地方消費税額に相当する額を含まないもの」とされています（消法28①）。

　したがって、課税資産の譲渡等の対価の額は、その譲渡した資産等の価額ではなく、当事者間で授受することとした対価の額となります（消令45①、消基通10－1－1）。

　＊　ただし、みなし譲渡又は低額譲渡の規定の適用がある場合には、譲渡をした資産の時価によることとなります。

■金銭以外の物若しくは権利その他経済的な利益

　「金銭以外の物若しくは権利その他経済的な利益」とは、例えば、課税資産の譲渡等の対価として金銭以外の物若しくは権利の給付を受け、又は金銭を無償若しくは通常の利率よりも低い利率で借受けをした場合のように、実質的に資産の譲渡等の対価と同様の経済的効果をもたらすものをいいます（消基通10－1－3）。

　これは、単なる無利息貸付けにつき、通常の利率による利息の支払があったものと評価するものではありません。たとえば資金の借入れについて、課税資産の譲渡等の対価を受けることに代えて課税資産の譲渡等がなかったならば行われない明らかな利率の優遇を受ける等の場合が、これに当たります。

2　課税標準額の計算

　課税標準額は、適用される税率ごとに計算します。その課税期間の税込課税売上高を適用される税率ごとに合計し、これに次の割合を乗じ、千円未満を切り捨てて算出します。

① 軽減税率適用対象の課税資産の譲渡等 $\cdots\dfrac{100}{108}$

② 標準税率適用対象の課税資産の譲渡等 $\cdots\dfrac{100}{110}$

税抜経理方式を選択している場合であっても、税込価額を基礎に計算します。

〈計算例〉

(1) 課税資産の譲渡等の対価の額
　　① 軽減税率適用対象の課税売上高　　　　　73,440,000円
　　② 標準税率適用対象の課税売上高（標準税率）　5,500,000円
(2) 課税標準額
　　①に係る課税標準額　73,440,000円 $\times \dfrac{100}{108}$ = 68,000,000円

　　②に係る課税標準額　5,500,000円 $\times \dfrac{100}{110}$ = 5,000,000円

(1) 各種税金の取扱い

取引に当たって収受する各種税金の額を課税資産の譲渡等の対価の額に含めるかどうかは、次によります。

各種税金		対価の額に
課税資産の譲渡等につき課されるべき消費税額及びその消費税額を課税標準として課されるべき地方消費税額に相当する額（消法28①）		含めない
個別消費税 （消基通10-1-11）	軽油引取税、ゴルフ場利用税、入湯税	含めない
	その他の個別消費税（酒税、たばこ税、揮発油税、石油石炭税、石油ガス税等）	含める
印紙税、登録免許税、自動車重量税、自動車取得税、行政手数料等 （消基通10-1-4）	課税資産の譲渡等を行った者（売り手）が本来納付すべきもの	含める
	課税資産の譲渡等を受ける者（買い手）が本来納付すべきもので預り金等として明確に区分したもの	含めない
固定資産税、自動車税等 （消基通10-1-6）	譲渡の際に精算される未経過固定資産税、未経過自動車税等	含める
	名義変更をしなかったこと等により本来の納税義務者に代わって納付したことにより受け取る固定資産税等	含めない
源泉所得税 （消基通10-1-13、平成元年1月30日直法6-1）	源泉徴収前の金額が対価の額となる	

(2)　外貨建取引

外貨建取引を行った場合は、所得税又は法人税の課税所得金額の計算において外貨建ての取引に係る売上金額その他の収入金額につき円換算して計上すべきこととされている金額によります。為替換算差損益、為替差損益は、課税対象外となります（消基通10－1－7）。

(3)　委託販売、業務委託等

委託販売その他業務代行等により資産の譲渡等を行った場合の取扱いは、次のとおりです（消基通10－1－12）。

委託販売等の対価の額		
区分	原則	特例
委託者	受託者が委託商品の譲渡等をしたことに伴い収受した又は収受すべき金額が委託者における資産の譲渡等の金額となる。	受託者に支払う委託販売手数料を控除した残額を委託者における資産の譲渡等の金額とすることができる。 （その課税期間中に行ったすべての委託販売等に適用することが要件）
受託者	委託者から受ける委託販売手数料が役務の提供の対価となる。	委託された商品の譲渡等に伴い収受した又は収受すべき金額を課税資産の譲渡等の金額とし、委託者に支払う金額を課税仕入れに係る金額とすることができる。 （課税資産の譲渡等のみを行うことを委託されている場合の委託販売等に限る。）

＊　委託者が委託販売による資産の譲渡をした日は、その委託品について受託者が譲渡した日とするのが原則ですが、委託品についての売上計算書が売上げの都度（週、旬、月単位を含みます。）作成されている場合には、継続適用を要件に、売上計算書の到着した日を譲渡の日とすることができます（消基通9－1－3）。

＊　受託者において、委託販売等に係る資産の譲渡等が非課税となるものであっても、委託販売手数料は非課税とならず課税されます。この場合に、特例の総額処理を行えば、課税売上げが非課税売上げに吸収されることになります。したがって、この特例は、非課税資産の譲渡等に係る委託販売等には適用することができません。

　同様の理由で、軽減税率対象の課税資産の譲渡に係る委託販売等についても適用することができません。

(4)　下取り

課税資産の譲渡等に際して資産の下取りを行った場合であっても、その課税資産の譲渡等の金額からその下取りの価額を控除することはできません。

課税資産の下取りは課税仕入れに該当し、仕入税額控除の計算の基礎となります（消基通10－1－17）。

⑸　譲渡等に係る対価が確定していない場合の見積り

　事業者が資産の譲渡等を行った場合において、その資産の譲渡等をした日の属する課税期間の末日までにその対価の額が確定していないときは、その課税期間末日の現況によりその金額を適正に見積もってその売上げを計上します。

　その後確定した対価の額が見積額と異なるときは、その差額は、その確定した日の属する課税期間における資産の譲渡等の対価の額に加算し、又は減算します（消基通10－1－20）。

⑹　返品、値引き等の処理

　課税資産の譲渡等につき返品を受け、又は値引き若しくは割戻しにより売上げに係る対価の返還等をした場合には、売上げに係る対価の返還等をした場合の消費税額の控除を行うのが原則です（消法38①）。

　ただし、継続適用を要件に、その課税資産の譲渡等の金額からその返還等をした金額を控除する経理処理が認められます（消基通10－1－15、14－1－8）（**第十章**参照）。

⑺　課税資産と非課税資産の一括譲渡

　事業者が課税資産と非課税資産とを同一の者に対して同時に譲渡した場合において、これらの資産の譲渡の対価の額が課税資産の譲渡の対価の額と非課税資産の譲渡の対価の額とに合理的に区分されていないときは、これらの資産の譲渡の対価の額は、その課税資産の時価と非課税資産の時価の比によって区分します（消令45③）。

3　代物弁済等

　代物弁済や負担付贈与等の特殊な取引に係る対価の額は次によります（消令45②）。

区　分	対価の額
代物弁済	代物弁済により消滅する債務の額に相当する金額を対価の額とする。 ・受け取る差額があるときは対価の額に加算する。 ・支払う差額があるときは対価の額から控除する。
負担付き贈与	負担付き贈与に係る負担の価額に相当する金額を対価の額とする。
現物出資	出資により取得する株式（出資を含む。）の取得の時における価額に相当する金額を対価の額とする。
資産の交換	交換により取得する資産の取得の時における価額に相当する金額を対価の額とする。 ・受け取る交換差金があるときは対価の額に加算する。 ・支払う交換差金があるときは対価の額から控除する。
法人課税信託のための資産の移転	移転時の資産の価額に相当する金額を対価の額とする。

① 代物弁済

　代物弁済とは、債務者が債権者の承諾を得て、約定されていた弁済の手段に代えて他の給付をもって弁済することをいいます。

　例えば、いわゆる現物給与とされる現物による給付であっても、その現物の給付が給与の支払に代えて行われるものではなく、単に現物を給付することとする場合のその現物の給付は、代物弁済に該当しません（消基通5－1－4）。

② 現物出資と事後設立

　現物出資とは、会社の設立、新株発行又は資本増加に際して、動産、不動産、債権等金銭以外の財産をもって出資することをいいます。取得する株式等を対価に、出資した資産を譲渡したことになります。

　他方、事後設立とは、会社が、その成立前から存在する財産で事業のため継続して使用するものを会社成立後2年以内に取得する契約をいい、その額が会社の純資産額の$\frac{1}{5}$を超える場合には、現物出資の脱法行為とならないよう、会社法の規制を受けることになります（会社法467）。

　しかし、事後設立は、金銭出資により設立された会社に対して、その契約に基づき金銭を対価として受領する資産の譲渡ですから、現物出資とは区別され、その譲渡について現実に対価として収受し、又は収受すべき金額が資産の譲渡等の対価の額となります（消基通5－1－6）。

③ 資産の交換

　資産の交換は、所有する資産を譲渡するのと同時に相手方が有する資産を取得する取引です。したがって、売上げと同時に仕入れが発生し、取得する資産が課税資産である場合には課税仕入れとなります。

　交換の当事者が交換に係る資産の価額を定め、相互に等価であるとして交換した場合においては、その定めた価額が通常の取引価額と異なるときであっても、その交換がその交換をするに至った事情に照らし正常な取引条件に従って行われたものであると認められるときは、これらの資産の価額はその合意した金額となります（消基通10－1－8）。

　交換差金の授受がある場合には、交換取得資産の額に交換差金の額を加減算した額を対価の額として計算します。

4 みなし譲渡と低額譲渡

　みなし譲渡又は低額譲渡をした場合には、その譲渡をした資産の時価を対価の額とみなすこととされています。

(1) みなし譲渡の課税標準

① 個人事業者の家事消費

　個人事業者が棚卸資産又は棚卸資産以外の資産で事業の用に供していたものを家事のために消費し、又は使用した場合には、その消費又は使用の時におけるその消費し、又は使用した資産の価額に相当する金額がその対価の額とみなされます（消法28②）。

② 法人の役員への資産の贈与

　法人が資産をその役員に対して贈与した場合には、その贈与の時におけるその贈与をした資産の価額に相当する金額がその対価の額とみなされます（消法28②）。

③ 棚卸資産である場合

　個人事業者が家事のために消費した資産又は法人が役員へ贈与した資産が棚卸資産である場合には、次のイ及びロに掲げる金額のいずれか大きい金額を対価の額とすることができます（消基通10－1－18）。

　　イ　その棚卸資産の課税仕入れの金額

　　ロ　通常他に販売する価額のおおむね50%に相当する金額

(2) 低額譲渡の課税標準

　法人が資産をその役員に譲渡した場合において、その対価の額がその資産の時価に比して著しく低いときは、その資産の時価に相当する金額がその対価の額とみなされます（消法28①）。

　この場合、著しく低い価額とは、その資産の時価のおおむね50%に相当する金額に満たない金額をいいます。

　ただし、その譲渡に係る資産が棚卸資産である場合において、その資産の譲渡金額が、次の要件のいずれをも満たすときは、「資産の価額に比し著しく低いとき」に該当しないものとされます（消基通10－1－2）。

　　イ　その資産の課税仕入れの金額以上であること。

　　ロ　通常他に販売する価額のおおむね50%に相当する金額以上であること。

低額譲渡	
法人が自社の役員に対して 著しく低い価額で資産を譲渡した場合　→	その資産の時価に相当する金額を対価の額とみなす。

著しく低い価額で資産を譲渡した場合とは	
棚卸資産	棚卸資産以外
次のいずれかの金額で譲渡した場合 イ　その棚卸資産の課税仕入れの金額に満たない金額 ロ　通常他に販売する価額のおおむね50％に相当する金額に満たない金額	その資産の時価のおおむね50％に相当する金額に満たない金額で譲渡した場合

＊　法人が資産を役員に対し著しく低い価額により譲渡した場合であっても、その資産の譲渡が、役員及び使用人の全部につき一律に又は勤続年数等に応ずる合理的な基準により普遍的に定められた値引率に基づいて行われた場合は、この低額譲渡の取扱いはありません（消基通10－1－2）。

＊　低額譲渡の取扱いは、資産の譲渡が対象であり、資産の貸付けや役務の提供については、自社の役員に対して著しく低い価額で提供した場合であっても、通常の取引価額を課税標準とみなす取扱いはありません。

■第二節　保税地域からの引取りに係る消費税の課税標準

　保税地域から引き取られる課税貨物に係る消費税の課税標準は、その課税貨物につき関税の課税価格にその課税貨物の保税地域からの引取りに係る消費税以外の消費税等の額及び関税の額に相当する金額を加算した金額です（消法28③）。

輸入取引に係る課税標準	＝	関税課税価格　＋　個別消費税の額　＋　関税の額

(1)　関税課税価格

　関税の課税価格とは、原則として、売手に対する支払価格と輸入港に到着するまでの運賃、保険料その他運送に関する費用の合計額となり、これをCIF価格（Cost insurance and freight）といいます（関税定率法4～4の8）。

関税課税価格（CIF価格）	＝	支払価格　＋　輸入港までの運賃　＋　保険料等

(2)　関税額・個別消費税額

　消費税以外の個別消費税とは、酒税・たばこ税・揮発油税・地方揮発油税・石油ガス税・石

油石炭税をいいます（通則法２三）。これらは、国内取引に準じて、課税標準額に含めることとされています。

関税の額及び個別消費税の額に、附帯税の額は含まれません。

■第三節　税　　　率

1 税率の推移

消費税創設以来の税率は次のとおりです。

課税資産の譲渡等の時期		消費税	地方消費税	合計税率
創設時～平成９年３月31日		3 %	なし	3 %
平成９年４月１日～平成26年３月31日		4 %	1 %（消費税額 $\times \frac{25}{100}$）	5 %
平成26年４月１日～令和元年９月30日		6.3%	1.7%（消費税額 $\times \frac{17}{63}$）	8 %
令和元年10月１日以後	軽減税率	6.24%	1.76%（消費税額 $\times \frac{176}{624}$）	8 %
	標準税率	7.8%	2.2%（消費税額 $\times \frac{22}{78}$）	10 %

2 税率の経過措置

新税率の適用にあたっては、取引の形態に応じた経過措置が設けられています。

⑴　指定日と施行日

経過措置は、次の「指定日」と「施行日」を基準に整理されています。

施行日はその税率の適用が開始される日であり、指定日は新税率の施行日以後においても旧税率を適用する経過措置の基準となる日です。

区　分	指定日	施行日
税率８％への引上げ	平成25年10月１日	平成26年４月１日
税率10％への引上げ	平成31年４月１日	令和元年10月１日

(2) 旧税率８％を適用する経過措置

　次に掲げるものは、令和元年10月１日以後においても旧税率８％を適用する主な経過措置です。

①　**旅客運賃等**……令和元年10月１日以後に行う旅客運送の対価や映画・演劇を催す場所、競馬場、競輪場、美術館、遊園地等への入場料金等のうち、令和元年10月１日前に領収しているもの

②　**電気料金等**……継続供給契約に基づき、令和元年10月１日前から継続して供給している電気、ガス、水道、電話に係る料金等で、令和元年10月１日から令和元年10月31日までの間に料金の支払を受ける権利が確定するもの

③　**請負工事等**……平成25年10月１日から平成31年３月31日（31年指定日の前日）までの間に締結した工事（製造を含みます。）に係る請負契約（一定の要件に該当する測量、設計及びソフトウエアの開発等に係る請負契約を含みます。）に基づき、令和元年10月１日以後に課税資産の譲渡等を行う場合における、その課税資産の譲渡等

④　**資産の貸付け**……平成25年10月１日から平成31年３月31日（31年指定日の前日）までの間に締結した資産の貸付けに係る契約に基づき、令和元年10月１日前から同日以後引き続き貸付けを行っている場合（一定の要件に該当するものに限ります。）における、令和元年10月１日以後に行うその資産の貸付け

⑤　**指定役務の提供**……平成25年10月１日から平成31年３月31日（31年指定日の前日）までの間に締結した役務の提供に係る契約でその契約の性質上役務の提供の時期をあらかじめ定めることができないもので、その役務の提供に先立って対価の全部又は一部が分割で支払われる契約（割賦販売法に規定する前払式特定取引に係る契約のうち、指定役務の提供＊に係るものをいいます。）に基づき、令和元年10月１日以後にその役務の提供を行う場合において、その契約の内容が一定の要件に該当する役務の提供

　　＊　「指定役務の提供」とは、冠婚葬祭のための施設の提供その他の便益の提供に係る役務の提供をいいます。

⑥　**予約販売に係る書籍等**……平成25年10月１日から平成31年３月31日（31年指定日の前日）までの間に締結した不特定多数の者に対する定期継続供給契約に基づき譲渡される書籍その他の物品に係る対価を令和元年10月１日前に領収している場合で、その譲渡が令和元年10月１日以後に行われるもの（飲食料品の譲渡及び新聞の定期購読契約に基づく譲渡には、経過措置の適用はなく、軽減税率が適用されます。）

⑦　**通信販売**……通信販売の方法により商品を販売する事業者が、平成25年10月１日から平成31年３月31日（31年指定日の前日）までの間にその販売価格等の条件を提示し、又は提示する準備を完了した場合において、令和元年10月１日前に申込みを受け、提示した条件に従って令和元年10月１日以後に行われる商品の販売（飲食料品の譲渡及び新聞の定期購読契約に基づく譲渡には、経過措置の適用はなく、軽減税率が適用されます。）

⑧　**有料老人ホーム**……平成25年10月１日から平成31年３月31日（31年指定日の前日）までの間に締結した有料老人ホームに係る終身入居契約（入居期間中の介護料金が入居一時金として支払われるなど一定の要件を満たすものに限ります。）に基づき、令和元年10月１日前

から同日以後引き続き介護に係る役務の提供を行っている場合における、令和元年10月１日以後に行われるその入居一時金に対応する役務の提供

⑨ 特定家庭用機器再商品化法（家電リサイクル法）に規定する再商品化等……家電リサイクル法に規定する製造業者等が、同法に規定する特定家庭用機器廃棄物の再商品化等に係る対価を令和元年10月１日前に領収している場合（同法の規定に基づき小売業者が領収している場合も含みます。）で、当該対価の領収に係る再商品化等が令和元年10月１日以後に行われるもの

その他、リース取引について延払基準を適用した場合や、工事進行基準を適用した場合等、所要の経過措置が設けられています。

⑶ 税率５％を適用する経過措置

税率５％から８％への移行時においても、上記と同様の経過措置（⑨を除きます。）が設けられていました。

■第四節　課税標準額に対する消費税額

1 原　　則

課税標準額に対する消費税額は、原則として、課税標準額に消費税の税率（標準税率は7.8％、軽減税率は6.24％）を乗じて計算します（消法45①一、二）。

以下、この計算方法を「割戻し計算」といいます。

課税標準額	課税標準額に対する消費税額
標準税率が適用される課税資産の譲渡等の対価額の合計額×$\frac{100}{110}$	課税標準額×7.8％
軽減税率が適用される課税資産の譲渡等の対価額の合計額×$\frac{100}{108}$	課税標準額×6.24％

リバースチャージの適用がある場合には、特定課税仕入れに係る支払対価の額を標準税率が適用される課税資産の譲渡等に係る課税標準額に加算します（消法45①一）。

2 課税標準額に対する消費税額の計算の特例

課税標準額に対する消費税額は、原則として、税率の異なるごとに、課税標準額に各税率を乗じて算出した金額を合計する方法（割戻し計算）により算出した金額となりますが、適格請求書発行事業者が、その課税期間中に国内において行った課税資産の譲渡等につき交付した適

格請求書又は適格簡易請求書の写しを保存している場合（電磁的記録を保存している場合を含みます。）には、その適格請求書等に記載した消費税額等の合計額に$\frac{78}{100}$を乗じて算出した金額とする「請求書等積上げ計算」によることができます（消法45⑤、消令62①）。

消費税額等	課税標準額に対する消費税額
その適格請求書に記載した消費税額等	
その適格簡易請求書に記載した消費税額等	左記の消費税額等の合計額×$\frac{78}{100}$
その電磁的記録に記録した消費税額等	

・取引先ごと又は事業ごとにそれぞれ別の方法によるなど、割戻し計算と請求書等積上げ計算を併用することができます。

・消費税額等を記載しない適格簡易請求書を交付した場合は、その課税資産の譲渡等については、請求書等積上げ計算によることができません。

・課税標準額に対する消費税額の計算につき、請求書等積上げ計算による場合（割戻し計算と請求書等積上げ計算を併用する場合を含みます。）には、課税仕入れに係る消費税額の計算につき、割戻し計算（課税仕入れに係る支払対価の合計額に税率を適用して割戻す方法）よることはできません。

演 習 問 題

問7　次の文章の　　　　　　　の中に、適切な語を記入しなさい。

1．課税資産の譲渡等に係る消費税の　　　　　　は、課税資産の譲渡等の　　　　　　とする。ただし、課税資産の譲渡等につき課税されるべき消費税額及び地方消費税相当額は　　　　　　ものとする。

2．法人が資産をその　　　　に贈与した場合には、その贈与の時におけるその資産の価格に相当する金額をその　　　　の額とみなす。

3．法人が資産をその　　　　に譲渡した場合において、その対価の額がその譲渡の時におけるその資産の価額に比し著しく　　　　ときは、その価額に相当する金額をその対価の額とみなす。

4．個人事業者が棚卸資産又は棚卸資産以外の資産で事業の用に供していたものを家事のために　　　　し、又は　　　　した場合には、その　　　　又は　　　　の時における　　　　し、又は　　　　した　　　　　　に相当する金額をその対価の額とみなす。

5．保税地域から引き取られる課税貨物に係る消費税の 　　　　　　　 は、その課税貨物の関税課税価格に消費税以外の消費税等の額及び関税の額に相当する金額を 　　　 した金額とする。

問8　次の資料に基づき、割戻し方式により課税標準額及び課税標準額に対する消費税額を求めなさい。

　なお、金額はすべて税込みの金額であり、適用される税率は10％であった。

(1)　当期商品売上高の内訳

　①　国内における課税売上高　　50,600,000円

　②　国内における非課税売上高　2,400,000円

　③　輸出免税となる売上高　　　16,000,000円

(2)　固定資産の売却の内訳

　①　土地（売却価額30,000,000円、帳簿価額18,000,000円、売却益12,000,000円）

　②　建物（売却価額20,000,000円、帳簿価額10,000,000円、売却益10,000,000円）

　③　車両（売却価額200,000円、帳簿価額250,000円、売却損50,000円）

　④　ゴルフ会員権（売却価額3,000,000円、帳簿価額5,000,000円、売却損2,000,000円）

（解答欄）

課税標準額　[　　　　円] ＋ [　　　　円] ＋ [　　　　円] ＋ [　　　　円]

　　　　　　＝ [　　　　円]

　　　　　　[　　　　円] × [　—　] ＝ [　　　　円] → [　　　　円]

　　　　　　　　　　　　　　　　　　　　（[　　　円] 未満切捨て）

課税標準額に対する消費税額　[　　　　円] × [　　％] ＝ [　　　　円]

軽減税率

軽減税率は、令和元年10月1日に導入されました。

① 軽減税率の対象

軽減税率の対象は、飲食料品の譲渡及び輸入、新聞の定期購読契約に基づく譲渡です。

② 飲食料品の譲渡

軽減税率の対象となる飲食料品の範囲や外食サービスの線引き、食品と食品以外とが一体となって販売される場合の取扱い等、軽減税率の適用範囲は、次のとおりです。

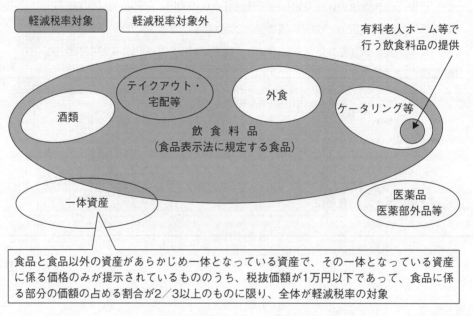

出典：国税庁「消費税の軽減税率制度に関するQ&A（制度概要編）」

(1) 飲食料品の範囲

飲食料品とは、食品表示法第2条第1項に規定する食品（酒税法第2条第1項に規定する酒類を除きます。）をいい、一体資産のうち所定の要件を満たすものを含みます（消法別表第一第1号一）。

① 食品とは

食品表示法において、「食品」とは、「全ての飲食物（医薬品等を除き、食品添加物を含む。）」ものとされています（食品表示法2①）。

② 一体資産とは

食品と食品以外の資産があらかじめ一の資産を形成し、又は構成しているものであって、その一の資産に係る価格のみが提示されているものを「一体資産」といいます（平28改消令附2一）。

「一体資産」の譲渡は、原則として軽減税率の適用対象ではありませんが、次のいずれの要件も満たす場合は、その一体資産は飲食料品に該当することとなり、その譲渡全体に軽減税率が適用されます（消法別表第一第1号、消令2の3一）。

・一体資産の譲渡の対価の額（税抜価額）が1万円以下であること
・一体資産の価額のうちに当該一体資産に含まれる食品に係る部分の価額の占める割合として合理的な方法により計算した割合が3分の2以上であること

(2) 飲食料品の譲渡に該当しないもの

次に掲げる課税資産の譲渡等は、飲食料品の譲渡ではありません（消法別表第一第1号イロ）。

① 飲食店業等を営む者が行う食事の提供（外食）

「飲食店業等を営む者が行う食事の提供」とは、テーブル、椅子、カウンターその他の飲食に用いられる設備のある場所において飲食料品を飲食させる役務の提供をいい、飲食料品を持帰りのための容器に入れ、又は包装を施して行う譲渡は、含みません。

② 課税資産の譲渡等の相手方が指定した場所において行う加熱、調理又は給仕等の役務を伴う飲食料品の提供（ケータリング）

有料老人ホームの給食及び学校給食を除きます（消法別表第一第1号ロ、消令2の4②）。

3 飲食料品の輸入

保税地域から引き取られる課税貨物のうち、「飲食料品」に該当するものについては、軽減税率が適用されます（消法別表第一の二）。

食品と食品以外の資産が一の資産を形成し、又は構成している外国貨物であって、関税定率法別表の適用上の所属の一の区分に属する物品に該当するものを「一体貨物」といい、その適用税率は、一体資産と同様に判断します（消令2の3二）。

4 新聞の定期購読契約に基づく譲渡

「定期購読契約が締結された新聞（一定の題号を用い、政治、経済、社会、文化等に関する一般社会的事実を掲載する１週に２回以上発行する新聞に限ります。）の譲渡」は軽減税率の対象となります（消法別表第一第２号）。

(1) １週に２回以上発行する新聞

「１週に２回以上発行する新聞」とは、通常の発行予定日が週２回以上とされている新聞をいいます。国民の祝日や通常の頻度で設けられている新聞休刊日によって発行が１週に１回以下となる週があっても「１週に２回以上発行する新聞」に該当します（消法別表第一第２号、消基通５−９−13）。

(2) 電子版

新聞の電子版の配信は、新聞に記載された情報をインターネットを通じて提供するものです。電子書籍と同様に「電気通信利用役務の提供」であり、「新聞の譲渡」ではありませんから、軽減税率の対象になりません。

演 習 問 題

問9　次のうち、軽減税率の適用対象となるものを選びなさい。

1. 肉用牛としての生きている牛の販売
2. 食用の生きた魚の販売
3. 家畜の飼料の販売
4. ペットフードの販売
5. コーヒーの生豆の販売
6. 食用のもみの販売
7. 人の食用ではない種もみの販売
8. 果物の苗木及びその種子の販売
9. 飲用のミネラルウォーターの販売
10. 水道水の供給
11. ウォーターサーバーのレンタル
12. 飲用又は食用の氷の販売

13. 食品の鮮度を保つためのドライアイスの販売

14. 賞味期限切れの食品を廃棄するための譲渡

15. 酒税法に規定する酒類の販売

16. 食品の原材料となるワインなどの酒類の販売

17. アルコール分1度以上のみりんの販売

18. アルコール分1度未満のみりん風調味料の販売

19. 料理酒（塩などを加え飲用できないようにした発酵調味料）の販売

20. ノンアルコールビールの販売

21. 甘酒（アルコール分1度未満）の販売

22. 酒類を原料とした菓子（飲料ではない）の販売

23. 日本酒を製造するための米の販売

24. 食品の製造において使用する「添加物」の販売

25. 食品添加物である金箔の販売

26. 食用及び清掃用に使用することができる重曹を食品添加物として食品表示法に規定する表示をして販売

27. 食品衛生法に規定する「添加物」の販売（購入する化粧品メーカーは化粧品の原材料に使用）

28. 食品添加物の炭酸ガスを金属のボンベに充てんして販売（ボンベの別料金は徴収しない）

29. 栄養ドリンク（医薬部外品）の販売

30. 特定保健用食品、栄養機能食品、健康食品、美容食品の販売

31. 使い捨ての容器に入れた飲食料品の販売

32. キャラクター印刷をした缶箱（飲食料品の販売に通常必要なもの）入りのお菓子の販売

33. 商品の名称を直接印刷した桐の箱に入れた果物の販売

34. 割り箸を付帯した弁当の販売

35. ストローを付帯した飲料の販売

36. お菓子の販売に必要な包装紙の仕入れ

37. ガラスびん入りの清涼飲料を販売する際に預かる「容器保証金」

38. 保冷剤を付けた洋菓子の販売

39. いちご狩りや梨狩りなどのいわゆる味覚狩りの入園料

40. 自動販売機のジュースやパン、お菓子等の販売

41. インターネットを利用した飲食料品の通信販売

42. 贈答を受けた者（受贈者）がカタログに掲載された中から任意に選択した飲食料品を受け取ることができる、いわゆるカタログギフトの販売

43. 飲食料品のお土産をつけたパック旅行の販売

44. 従業員の出張に係る旅費規程に基づく日当の支給

45. レストランへの食材の販売

46. 飲食料品の譲渡に際して別途徴収する送料

47. コーヒーの生豆の支給を受けて行う焙煎等の加工

48. 飲食料品の販売に係る販売奨励金（対価の返還等）

49. 清涼飲料の自動販売機を設置したことにより飲料メーカーから受ける販売手数料

50. 飲食料品の物流センターの使用料（いわゆるセンターフィー）

51. 飲食料品の委託販売手数料

52. 飲食料品の輸入

53. レストランに販売する食材の輸入

54. 食用に輸入したまぐろの在庫を飼料用として国内で販売

55. 社員食堂が行う食事の提供

56. セルフサービスの飲食店での飲食

57. テーブル、椅子などを設置しないで縁日の屋台が行うお好み焼き等の販売

58. コンビニエンスストアにおける飲食料品の販売（イートインスペースがない場合）

59. コンビニエンスストアにおける飲食料品の販売（顧客がイートインスペースを利用する
    と申し出た場合）

60. スーパーマーケットの従業員が従業員専用のバックヤードで飲食する目的で購入する弁当

61. イートインスペース（ドリンク専用）を設けているスーパーマーケットが行う弁当の販売

62. 顧客からセットのうちドリンクだけを店内飲食すると意思表示された場合のハンバーガ
    ーとドリンクのセット商品の販売

63. 飲食店のレジ前にある菓子の販売

64. 店内飲食する顧客にペットボトル飲料をコップに入れずペットボトルのまま提供

65. カウンターのみ設置した立食形式の飲食店が行う飲食料品の提供

66. ショッピングセンターのフードコートで飲食するための飲食料品の提供

67. 旅客列車の食堂車での飲食料品の提供

68. 旅客列車の移動ワゴン販売による弁当の販売

69. カラオケボックスが客室内に飲食メニューを設置し顧客の注文に応じて行う飲食料品の提供

70. 映画館の売店での飲食料品の販売（イスやテーブルを用意していない）

71. ホテルが宴会場や会議室・研修室等で行う飲食料品の提供

72. ホテルのレストランで提供している飲食料品を客室まで届けるルームサービス

73. ホテル等の客室に備え付けた冷蔵庫内の飲料の販売

74. バーベキュー場で食材を提供する、いわゆる手ぶらバーベキューサービス

75. 顧客の自宅に持ち込んだ食材を調理して提供する出張料理

76. そばの出前

77. 宅配ピザ

78. 社内会議室へ配達するコーヒーの出前

79. 有料老人ホームが税抜価格で、朝食500円、昼食550円、夕食640円、15時の間食500円で行う食事の提供

80. 学校給食

81. 学生が自由に利用できる学生食堂における食事の提供

82. 入院患者への病院食の提供

83. 有料老人ホームとの給食調理委託契約に基づき行う有料老人ホームにおける食事の調理

84. ケーキ等の洋菓子をその洋菓子よりも高価な食器に入れて販売

85. 食品と食品以外の商品で構成された福袋の販売(税抜1万円以下で原価の割合は食品が2/3)

86. ペットボトル飲料に非売品のおもちゃを付けて、おもちゃが付かない場合と同じ価格で販売

87. 小売業者が軽減税率を適用して仕入れた食玩を税抜1万円以下で販売

88. スポーツ新聞や業界紙（1週に2回以上発行されるもの）の定期購読

89. コンビニエンスストアで販売する新聞

90. インターネットを通じて配信する電子版の新聞

（解答欄）

軽減税率の適用対象となるもの

課税標準額に対する消費税額の調整

課税資産の譲渡等を行った後に、売上げに係る対価の返還等をした場合や課税資産の譲渡等に係る売掛金等の貸倒れが生じた場合には、課税標準額に対する消費税額の調整を行います。

■第一節　売上げに係る対価の返還等をした場合の消費税額の控除

資産の譲渡等の時期は、原則として目的物の引渡しを行った時であり、引渡しの時に計上された対価の額が課税標準額の計算の基礎となります。したがって、目的物の引渡しの時に課税売上げに計上した金額につき、その後値引き等により、売上げに係る対価の返還等をした場合には、実際に受け取る金額と課税標準額に算入された売上高とに差額が生じ、その分だけ納付税額が過大に計算されることになります。

そこで、課税事業者が国内において行った課税資産の譲渡等につき、売上げに係る対価の返還等をした場合には、その売上げに係る対価の返還等をした日の属する課税期間の課税標準額に対する消費税額からその課税期間において行った売上げに係る対価の返還等の金額に係る消費税額の合計額を控除します。

この消費税額の控除を「売上げに係る対価の返還等をした場合の消費税額の控除」（以下、「返還等対価に係る税額控除」）といい、この規定により控除すべき消費税額を「売上げに係る対価の返還等をした場合の消費税額」（以下、「返還等対価に係る税額」）といいます。

(1)　売上げに係る対価の返還等の意義

売上げに係る対価の返還等とは、国内において行った課税資産の譲渡等につき、返品を受け、又は値引き若しくは割戻しをしたことによる、その課税資産の譲渡等の税込価額の全部若しくは一部の返還又はその課税資産の譲渡等の税込価額に係る売掛金その他の債権の額の全部若しくは一部の減額をいいます。（消法38①、消基通14－1－1～14－1－4）。

売上げに係る対価の返還等	
次により、国内において行った課税資産の譲渡等（輸出免税の適用があるものを除く。）に係る税込対価の額の返還又は売掛金等の減額をすること	
返　品	売上商品の返品
値引き	売上金額の値引き

割戻し （リベート）	一定期間に一定額又は一定量を販売したことによる売上先への代金の一部返戻
売上割引	課税資産の譲渡等に係る対価をその支払期日よりも前に支払を受けたこと等を基因として支払うもの
販売奨励金等	販売促進の目的で販売奨励金等の対象とされる課税資産の販売数量、販売高等に応じて取引先に対して金銭を支払うもの
事業分量配当金	協同組合等が組合員等に支払う事業分量配当金のうち課税資産の譲渡等の分量等に応じた部分の金額
船舶の早出料	海上運送事業を営む事業者が貨物の積卸期間が短縮され運送期間が短縮したために支払うもの

(2) 返還等対価に係る税額控除の時期

　返還等対価に係る税額控除は、その返還等の元になる課税売上げが、その課税期間に行われたものであるか、その課税期間前に行われたものであるかにかかわらず、その売上げに係る対価の返還等をした日の属する課税期間において行います。

(3) 返還等対価に係る税額の計算

　課税標準額に対する消費税額から控除する返還等対価に係る税額は、返還等をした税込価額又は減額をした債権の額に$\frac{7.8}{110}$を乗じて算出します（消法38①）。

返還等対価に係る税額	＝	返還等をした税込価額又は減額をした債権の額	×	$\frac{7.8}{110}$

　なお、控除税額は、税率が異なるごとに計算します。乗ずる割合は、その売上げに係る対価の返還等に係る課税資産の譲渡等に応じて、次によります。

　①　軽減対象課税資産の譲渡等……$\frac{6.24}{108}$

　②　①以外の課税資産の譲渡等……$\frac{7.8}{110}$

　③　旧税率を適用した課税資産の譲渡等……旧税率による割合

① 課税売上高から売上げに係る対価の返還等の金額を控除する経理処理

　売上げに係る対価の返還等をした場合には、課税標準額に対する消費税額からその返還等対価に係る税額を控除するのが原則的な処理方法ですが、この方法に代えて、税率の異なるごとに課税売上高から売上げに係る対価の返還等の金額を控除する経理処理を継続して行っている場合には、その処理が認められます。この場合であっても、その売上げに係る対価の返還等について、127ページ(5)の帳簿を保存する必要があります（消基通14－1－8）。

② 課税売上げと非課税売上げを一括して対象とする売上割戻し

　一の取引先に対して課税資産の譲渡等（軽減対象課税資産の譲渡等を除く。）、軽減対象課税資産の譲渡等及びこれら以外の資産の譲渡等のうち2以上の区分の資産の譲渡等を同時に行った場合において、これらの資産の譲渡等の対価の額につき、一括して売上げに係る割戻しを行ったときは、それぞれの資産の譲渡等に係る部分の割戻金額を合理的に区分したところにより、返還等対価に係る税額控除の規定を適用します（消基通14－1－5）。

③ 輸出取引等に係る対価の返還等

　返還等対価に係る税額控除は、課税標準額に対する消費税額の修正を行うためのものですから、輸出免税の取扱いを受ける課税資産の譲渡等や非課税資産の譲渡等については課税標準額の計算の基礎とならないため、その対価の返還等を行っても、返還等対価に係る税額控除の規定の適用はありません（消法38①）。

④ 免税事業者であった課税期間において行った課税資産の譲渡等についての対価の返還等

　免税事業者であった課税期間において行った課税資産の譲渡等については、課税事業者となった課税期間において売上げに係る対価の返還等を行った場合であっても、その対価の返還等については返還等対価に係る税額控除の規定の適用はありません（消基通14－1－6）。

⑤ 免税事業者等となった後の売上げに係る対価の返還等

　事業を廃止した者、免税事業者となった者は、消費税の確定申告を行う義務がなく、還付申告を行うこともできません。

　したがって、課税事業者が事業を廃止し、又は免税事業者となった後においては、課税事業者であった課税期間における課税資産の譲渡等につき売上げに係る対価の返還等を行った場合であっても、その対価の返還等については返還等対価に係る税額控除の規定の適用はありません（消基通14－1－7）。

⑥ 取引が無効又は取消しとなった場合

　課税資産の譲渡等を行った後に、その課税資産の譲渡等が無効であった場合又は取消しをされた場合には、その課税資産の譲渡等はなかったものとなります。

　その課税資産の譲渡等の時がその無効であったことが判明した日等の属する課税期間前の課税期間である場合には、国税通則法第23条第2項の規定に従って、更正の請求を行うことができますが、その判明した日等に売上げに係る対価の返還等をしたものとして返還等対価に係る税額控除の規定を適用することもできます（消基通14－1－11）。

⑦　相続、合併等があった場合

相続により被相続人の事業を承継した相続人が、被相続人により行われた課税資産の譲渡等につき売上げに係る対価の返還等をした場合には、その相続人が行った課税資産の譲渡等につき売上げに係る対価の返還等をしたものとみなして、返還等対価に係る税額控除の規定を適用します（消法38③）。

また、合併により事業を承継した合併法人、分割により事業を承継した分割承継法人が被合併法人等により行われた課税資産の譲渡等につき売上げに係る対価の返還等をした場合においても、その合併法人等が行った課税資産の譲渡等につき売上げに係る対価の返還等をしたものとみなして、返還等対価に係る税額控除の規定を適用します（消法38④）。

(4)　控除しきれない場合

課税標準額に対する消費税額から、返還等対価に係る税額を控除して控除しきれない金額は、還付されます。

(5)　帳簿の保存の要件

返還等対価に係る税額控除は、その売上げに係る対価の返還等をした金額の明細を記録した帳簿を保存しない場合には、その保存のない売上げに係る対価の返還等に係る消費税額については、適用されません（消法38②）。

①　帳簿の記載事項

帳簿には次に掲げる事項を整然と、かつ、明瞭に記録して整理し、これをその閉鎖の日の属する課税期間の末日の翌日から2月を経過した日から7年間、その事業者の納税地又はその取引に係る事務所等の所在地に保存しなければなりません（消令58①②）。

帳簿の記載事項（消令58①）
①　売上げに係る対価の返還等を受けた者の氏名又は名称
②　売上げに係る対価の返還等を行った年月日
③　売上げに係る対価の返還等の内容
④　売上げに係る対価の返還等をした金額

＊　保存期間のうち6年目及び7年目は、マイクロフィルム等の電磁記録による保存が可能です（消令58③）。

②　災害等があった場合

災害その他やむを得ない事情により、帳簿の保存をすることができなかったことをその事業

者において証明した場合は、その帳簿の保存がない売上げに係る対価の返還等に係る消費税額についても、返還等対価に係る税額控除の規定が適用されます（消法38②）。

災害その他やむを得ない事情の範囲は、仕入税額控除の適用要件についての宥恕規定と同じであり、次のものをいいます（消基通8-1-4）。

災害	震災、風水害、雪害、凍害、落雷、雪崩、がけ崩れ、地滑り、火山の噴火等の天災又は火災その他の人為的災害で自己の責任によらないものに基因する災害
やむを得ない事情	災害に準ずるような状況又はその事業者の責めに帰することができない理由により帳簿及び請求書等の保存ができない状況にある事態

■第二節　貸倒れに係る消費税額の控除等

1　貸倒れに係る消費税額の控除

資産の譲渡等の時期は、原則として目的物の引渡しを行った時であり、引渡しの時に計上された対価の額が課税標準額の計算の基礎となります。したがって、目的物の引渡しの時に課税売上げに計上した金額につき、その後貸倒れにより代金が回収できないこととなった場合には、結果的に「対価を得て」という課税の対象の要件を欠くものに課税が及ぶこととなります。

そこで、課税事業者が国内において課税資産の譲渡等を行った場合において、その課税資産の譲渡等の相手方に対する売掛金その他の債権につき更生計画認可の決定により債権の切捨てがあったこと等の事実が生じたため、その課税資産の譲渡等の税込価額の全部又は一部の領収をすることができなくなったときは、その領収をすることができないこととなった日の属する課税期間の課税標準額に対する消費税額から、その領収をすることができなくなった課税資産の譲渡等の税込価額に係る消費税額の合計額を控除します。

この税額控除を「貸倒れに係る消費税額の控除」（以下、「貸倒れに係る税額控除」）といい、この規定により控除すべき消費税額を「貸倒れに係る消費税額」（以下、「貸倒れに係る税額」）といいます。

(1)　貸倒れに係る税額控除の対象

貸倒れに係る税額控除の対象となる貸倒れの範囲とその金額は次のとおりです（消法39①、消令59、消規18）。

貸倒れの範囲				貸倒れの金額
課税資産の譲渡等に係る売掛金その他の債権	法律上の債権の消滅	法的手続	・更生計画認可の決定により債権の切捨てがあったこと ・再生計画認可の決定により債権の切捨てがあったこと ・特別清算に係る協定の認可の決定により債権の切捨てがあったこと	切捨て額
		関係者協議	関係者の協議決定で次に掲げるものにより債権の切捨てがあったこと ・債権者集会の協議決定で合理的な基準により債務者の負債整理を定めているもの ・行政機関、金融機関等のあっせんによる当事者間の協議により締結された契約で合理的な基準により債務者の負債整理を定めているもの	
		債務免除	債務者の債務超過の状態が相当期間継続し債務の弁済が不可能と認められる場合において書面により債務免除を行ったこと	債務免除額
	事実上の貸倒れの認識		債権に係る債務者の財産の状況、支払能力等からみて債務者が債務の全額を弁済できないことが明らかであること＊	債権額
	会計処理による貸倒れ		次に掲げる事実が生じ、債権額から備忘価額を控除した残額を貸倒れとして経理したこと ・継続的な取引を行っていた債務者につきその資産の状況、支払能力等が悪化したことにより、その債務者との取引を停止した時以後１年以上経過した場合（最後の弁済期、最後の弁済の時、取引を停止した時のうち最も遅い時から起算）＊ ・同一地域の債務者について有する債権の総額がその取立てのために要する旅費等の費用に満たない場合において債務者に対し支払を督促したにもかかわらず弁済がないとき	備忘記録を残して貸倒れ処理した額

＊　担保物がある場合を除きます。

■取引を停止した時とは

　会計処理による貸倒れのうち、「取引を停止した時」とは、継続的な取引を行っていた債務者につきその資産の状況、支払能力等が悪化したためその取引を停止するに至った時をいいます。

したがって、例えば、不動産取引のようにたまたま取引を行った債務者に対して有するその取引に係る債権については、取引の停止を理由に貸倒れの経理を行ったとしても、貸倒れに係る税額控除の規定は適用されません（消基通14－2－1）。

(2) 貸倒れに係る税額の計算

貸倒れに係る税額は、その貸倒れとなった課税資産の譲渡等の税込価額に、$\frac{7.8}{110}$ を乗じて算出した金額です（消法39①）。

$$
\boxed{\text{貸倒れに係る税額}} = \boxed{\begin{array}{c}\text{その領収をすることができなくなった}\\ \text{課税資産の譲渡等の税込価額}\end{array}} \times \boxed{\frac{7.8}{110}}
$$

なお、控除税額は、税率が異なるごとに計算します。乗ずる割合は、その貸倒れに係る課税資産の譲渡等に応じて、次によります。

① 軽減対象課税資産の譲渡等……$\frac{6.24}{108}$

② ①以外の課税資産の譲渡等……$\frac{7.8}{110}$

③ 旧税率を適用した課税資産の譲渡等……旧税率による割合

① 貸倒額の区分計算

課税資産の譲渡等に係る売掛金等の債権とその他の資産の譲渡等に係る売掛金等の債権について貸倒れがあった場合において、これらを区分することが著しく困難であるときは、貸倒れとなったときにおけるそれぞれの債権の額の割合により課税資産の譲渡等に係る貸倒額を計算することができます。

なお、その区分計算をした貸倒額についてその全部又は一部を領収した場合には、その区分計算した割合に基づいて貸倒回収額に係る消費税額の調整の規定を適用します（消基通14－2－3）。

② 輸出取引等に係る貸倒れ

貸倒れに係る税額控除は、課税標準額に対する消費税額の調整を行うためのものですから、輸出免税の取扱いを受ける課税資産の譲渡等や非課税資産の譲渡等に係る貸倒れはその売上げが課税標準とされていないため、適用がありません（消法39①）。

③ 免税事業者であった課税期間における売掛金等の貸倒れ

免税事業者であった課税期間において行った課税資産の譲渡等に係る売掛金等については、課税事業者である課税期間に貸倒れが生じた場合であっても、貸倒れに係る税額控除の規定の適用はありません（消基通14－2－4）。

④　免税事業者等となった後の貸倒れ

　事業を廃止した者、免税事業者となった者は、消費税の確定申告を行う義務がなく、還付申告を行うこともできません。

　したがって、課税事業者が事業を廃止し、又は免税事業者となった後においては、課税事業者であった課税期間において行った課税資産の譲渡等に係る売掛金等につき貸倒れが生じても、貸倒れに係る税額控除の規定の適用はありません（消基通14－2－5）。

⑤　相続、合併等があった場合

　相続により被相続人の事業を承継した場合において、被相続人により行われた課税資産の譲渡等につき貸倒れとなったときは、その相続人が行った課税資産の譲渡等につき貸倒れが生じたものとみなして、貸倒れに係る税額控除の規定を適用します（消法39④）。

　また、合併により事業を承継した場合、分割により事業を承継した場合において、被合併法人等により行われた課税資産の譲渡等につき貸倒れが生じたときは、その合併法人等が行った課税資産の譲渡等につき貸倒れが生じたものとみなして、貸倒れに係る税額控除の規定を適用します（消法39⑥）。

(3)　控除しきれない場合

　課税標準額に対する消費税額から、貸倒れに係る税額を控除して控除しきれない金額は、還付されます。

(4)　書類の保存の要件

　貸倒れに係る税額控除は、貸倒れの事実が生じたことを証する書類を保存しない場合には、適用されません（消法39②）。

　貸倒れの事実が生じたことを証する書類は、これを整理し、領収をすることができないこととなった日の属する課税期間の末日の翌日から2月を経過した日から7年間、納税地又はその取引に係る事務所等の所在地に保存しなければなりません（消規19）。

　なお、6年目、7年目については、マイクロフィルムによる保存が可能です（消令58③）。

■災害等があった場合

　災害その他やむを得ない事情により、その書類を保存することができなかったことをその事業者において証明した場合は、その書類の保存がないときであっても貸倒れに係る税額控除の規定が適用されます（消法39②）。

　災害その他やむを得ない事情の範囲は、仕入税額控除の適用要件についての宥恕規定と同じ

であり、次のものをいいます（消基通8－1－4）。

災害	震災、風水害、雪害、凍害、落雷、雪崩、がけ崩れ、地滑り、火山の噴火等の天災又は火災その他の人為的災害で自己の責任によらないものに基因する災害
やむを得ない事情	災害に準ずるような状況又はその事業者の責めに帰することができない理由により帳簿及び請求書等の保存ができない状況にある事態

2 貸倒れ回収に係る消費税額の調整

　貸倒れに係る税額控除の規定の適用を受けた事業者が、その適用を受けた課税資産の譲渡等の税込価額の全部又は一部の領収をしたときは、その領収をした税込価額に係る消費税額を課税資産の譲渡等に係る消費税額とみなして、その事業者のその領収をした日の属する課税期間の課税標準額に対する消費税額に加算します（消法39③）。

① 免税事業者であった課税期間における売掛金等の貸倒れ

　免税事業者であった課税期間において行った課税資産の譲渡等に係る売掛金等についての貸倒れであるため、貸倒れに係る税額控除の規定の適用を受けなかった貸倒額については、その貸倒額の全部又は一部の領収をした場合であっても貸倒回収に係る消費税額の調整の規定の適用はありません（消基通14－2－4）。

② 免税事業者等となった後における売掛金等の貸倒れ

　課税事業者が事業を廃止し、又は免税事業者となった後においては、課税事業者であった課税期間において貸倒れに係る税額控除の規定の適用を受けた貸倒額についてその全部又は一部を領収した場合であっても、貸倒回収額に係る消費税額の調整の規定の適用はありません（消基通14－2－5）。

③ 相続、合併等があった場合

　相続により被相続人の事業を承継した場合において、被相続人により行われた課税資産の譲渡等につき貸倒れとなり貸倒れに係る税額控除を行った後に、その控除の対象となった金額の全部又は一部の領収をしたときは、領収をした金額に係る消費税額をその領収をした日の属する課税期間の課税標準額に対する消費税額に加算します（消法39⑤）。

　また、合併又は分割により事業を承継した場合において、被合併法人等により行われた課税資産の譲渡等につき貸倒れとなり貸倒れに係る税額控除を行った後に、その控除の対象となった金額の全部又は一部の領収をしたときは、領収をした金額に係る消費税額をその領収をした日の属する課税期間の課税標準額に対する消費税額に加算します（消法39⑥）。

演 習 問 題

問10　次の文章の ▢ の中に、適切な語を記入しなさい。

　売上げに係る対価の返還等とは、▢ において行った課税資産の譲渡等につき、返品を受け、又は値引き若しくは割戻しをしたことによる、その課税資産の譲渡等の税込価額の全部若しくは一部の ▢ 又はその課税資産の譲渡等の税込価額に係る売掛金その他の債権の額の全部若しくは一部の減額をいう。

問11　次の資料から、当課税期間の売上げに係る対価の返還等をした場合の消費税額（返還等対価に係る税額）を計算しなさい。

　売上値引き・戻り高の内訳は、次のとおりである。

　なお、これらに係る課税資産の譲渡等は令和元年10月1日以後に行ったものであり、適用された税率は10％であった。

　　① 輸出免税となる売上高に係るもの　　　　1,000,000円
　　② 国内における課税売上高に係るもの　　　2,200,000円

（解答欄）

売上げに係る対価の返還等をした場合の消費税額 ▢ 円 × ▢／▢ = ▢ 円

問12　次の資料から、当課税期間の売上げに係る対価の返還等をした場合の消費税額（返還等対価に係る税額）を計算しなさい。

　売上値引き・戻り高の内訳は、次のとおりである。

　なお、これらに係る課税資産の譲渡等は令和元年10月1日以後に行ったものであり、旧税率が適用されたものはなかった。

　　① 輸出免税となる売上高に係るもの　　　　　　　　1,000,000円
　　② 標準税率が適用された課税売上高に係るもの　　　2,200,000円
　　③ 軽減税率が適用された課税売上高に係るもの　　　1,620,000円

（解答欄）

売上げに係る対価の返還等をした場合の消費税額

▢ 円 × ▢／▢ + ▢ 円 × ▢／▢ = ▢ 円

問13　次の資料から、当課税期間の貸倒れに係る消費税額を計算しなさい。

　当期に貸倒れの事実が発生した債権の金額は、次のとおりである。

　なお、これらに係る課税資産の譲渡等は令和元年10月1日以後に行ったものであり、旧税

率が適用されたものはなかった。

① 国内における課税売上高に係るもの　15,000,000円

② 取引先への貸付金に係るもの　10,000,000円

（解答欄）

貸倒れに係る消費税額 ┌─────┐ 円 × ┌──┐ = ┌─────┐ 円

問14　次の資料から、当課税期間の貸倒れに係る消費税額を計算しなさい。

当期に貸倒れの事実が発生した債権の金額は、次のとおりである。

なお、これらに係る課税資産の譲渡等は令和元年10月1日以後に行ったものであり、旧税率が適用されたものはなかった。

① 輸出免税となる売上高に係るもの　1,000,000円

② 標準税率が適用された課税売上高に係るもの　2,200,000円

③ 軽減税率が適用された課税売上高に係るもの　3,240,000円

（解答欄）

貸倒れに係る消費税額

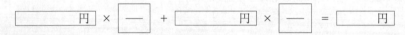

┌─────┐ 円 × ┌──┐ + ┌─────┐ 円 × ┌──┐ = ┌─────┐ 円

問15　次の資料から、当課税期間の売上げに係る対価の返還等をした場合の消費税額、貸倒れに係る消費税額及び課税標準額に対する消費税額に加算すべき消費税額を計算しなさい。

⑴　売上値引き・戻り高の内訳は、次のとおりである。

なお、これらに係る課税資産の譲渡等は令和元年10月1日以後に行ったものであり、旧税率が適用されたものはなかった。

① 輸出免税となる売上高に係るもの　3,000,000円

② 標準税率が適用された課税売上高に係るもの　1,650,000円

③ 軽減税率が適用された課税売上高に係るもの　1,080,000円

⑵　当期に貸倒れの事実が発生した債権の金額は、次のとおりである。

なお、これらに係る課税資産の譲渡等について旧税率が適用されたものはなかった。

① 輸出免税となる売上高に係るもの　2,000,000円

② 標準税率が適用された課税売上高に係るもの　33,000,000円

③ 取引先への貸付金に係るもの　10,000,000円

⑶　前課税期間において貸倒れに係る税額控除の規定を適用した債権額のうち、880,000円を当課税期間において回収した。なお、その売掛金に係る課税資産の譲渡等は令和元年10

月1日以後に行ったものであり、適用された税率は10％であった。当社は、開業以来、消費税の課税事業者である。

（解答欄）

(1)　売上げに係る対価の返還等をした場合の消費税額

(2)　貸倒れに係る消費税額 　□□□□□円 × □―□ ＝ □□□□□円

(3)　貸倒れ回収に係る消費税額 　□□□□□円 × □―□ ＝ □□□□□円

仕入れに係る消費税額の控除

　課税事業者が、国内において行う課税仕入れ又は保税地域から引き取る課税貨物については、その課税仕入れ等を行った日の属する課税期間の課税標準額に対する消費税額から、その課税期間中に国内において行った課税仕入れに係る消費税額及びその課税期間における保税地域からの引取りに係る課税貨物につき課された又は課されるべき消費税額を控除します。

　この場合、控除する税額を「仕入れに係る消費税額（控除対象仕入税額）」といい、この手続を「仕入れに係る消費税額の控除（仕入税額控除）」といいます。

　控除対象仕入税額は、国内における課税仕入れに係る支払対価の額及び保税地域からの課税貨物の引取りに係る消費税額を基礎に計算します。

■仕入税額控除の趣旨

　消費税の課税の対象は資産の譲渡等とされており、税率を直接適用する消費税の課税標準は、その課税期間における課税資産の譲渡等の対価の額とされています。

　課税資産の譲渡等の前段階において課税された消費税、すなわち、課税仕入れの対価の額に含まれる消費税額及び課税貨物を輸入する際に税関に納付した消費税額は、売上げの消費税額から控除し、税の累積を排除します。

　消費税は、消費者との取引だけに限らず事業者間の取引も課税の対象としており、1つの商品が消費者に届けられるまでには、流通の各段階で幾重にも消費税が課税されることになります。仕入税額控除は、取引のたびに課税される消費税が累積することを避け、前段階で課税された消費税を排除するために設けられた前段階税額控除の手続です。

　したがって、仕入税額控除は、他の税においてみられるような一定の納税者に対する優遇や特典として存在する税額控除とはその位置づけが異なります。売上げに係る消費税額と仕入れに係る消費税額のいずれもが正しく把握されてこそ、その事業者が納付すべき適正な税額の算定が可能となります。

■第一節　控除対象仕入税額の計算方法

　その課税期間における課税売上高が5億円以下で課税売上割合が95％以上である場合には、その課税期間の課税仕入れ等の税額の全額を控除します（消法30①）。

　その課税期間における課税売上高が5億円を超える場合又は課税売上割合が95％未満の場合

には、課税仕入れ等の税額のすべてを控除することはできません。この場合は個別対応方式又は一括比例配分方式により、課税仕入れ等の税額のうち、課税資産の譲渡等に対応する部分の金額を計算します（消法30②）。

　また、簡易課税制度の適用がある場合には、実際の課税仕入れ等の税額によらず、売上げに係る消費税額にみなし仕入率を適用して控除対象仕入税額を計算します（消法37①）。

　したがって、控除対象仕入税額は、①全額控除、②一括比例配分方式、③個別対応方式、④簡易課税による計算の４つの方法のうち、いずれかにより計算することとなります。

控除対象仕入税額の計算方法		
一般課税の場合	課税売上高が５億円以下で課税売上割合が95％以上の場合	課税仕入れ等の税額の全額を控除する方法
	課税売上高が５億円超の場合又は課税売上割合が95％未満の場合	個別対応方式により計算する方法
		一括比例配分方式により計算する方法
簡易課税制度の適用がある場合		課税標準額に対する消費税額にみなし仕入率を乗じて計算する方法

　＊　簡易課税制度を適用するためには、事前の届出が必要です（**第十四章**参照）。

　また、適格請求書発行事業者の令和５年10月１日から令和８年９月30日までの日の属する課税期間においては、免税事業者が適格請求書発行事業者の登録を受けるために課税事業者となった場合に、その負担を軽減する「小規模事業者に係る税額控除に関する経過措置（２割特例）」が設けられています。

■第二節　国内において行った課税仕入れ

1 課税仕入れの範囲

⑴　課税仕入れとは

　消費税法における仕入れは、売上原価を構成する会計上の仕入れより広い概念です。棚卸資産のほか、固定資産や消耗品等の資産の購入、資産の借受け、業務の外部委託等、事業遂行のために行うすべての資産やサービスの調達をいいます。

　また、課税仕入れとは、事業者が、事業として他の者から資産を譲り受け、若しくは借り受け、又は役務の提供を受けることであって、その他の者が事業としてその資産を譲り渡し、若しくは貸し付け、又は当該役務の提供をしたとした場合に課税資産の譲渡等に該当することとなるものです（消法２①十二）。

　ただし、給与等を対価とする役務の提供及び輸出免税の対象となる輸出取引等は課税仕入れになりません（消法２①十二）。

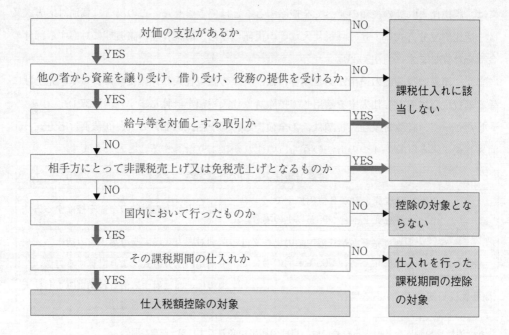

(2) 居住用賃貸建物の取得は控除対象外

　非課税となる住宅の貸付けの用に供しないことが明らかな建物以外の建物であって高額特定資産又は調整対象自己建設高額資産に該当するもの（以下「居住用賃貸建物」といいます。）の課税仕入れは、仕入税額控除の対象となりません。

① 住宅の貸付けの用に供しないことが明らかな建物の範囲

　「住宅の貸付けの用に供しないことが明らかな建物」とは、建物の構造及び設備の状況その他の状況により住宅の貸付けの用に供しないことが客観的に明らかなものをいい、例えば、次に掲げるようなものが該当します（消基通11－7－1）。

・建物の全てが店舗等の事業用施設である建物など、建物の設備等の状況により住宅の貸付けの用に供しないことが明らかな建物

・旅館又はホテルなど、旅館業法に規定する旅館業に係る施設の貸付けに供することが明らかな建物

・棚卸資産として取得した建物であって、所有している間、住宅の貸付けの用に供しないことが明らかなもの

② 住宅の貸付けの用に供しないことが明らかな部分がある居住用賃貸建物

　住宅の貸付けの用に供しないことが明らかな部分（居住用賃貸以外の部分）がある居住用賃

貸建物について、その構造及び設備の状況その他の状況によりその居住用賃貸以外の部分と居住用賃貸部分とに合理的に区分しているときは、その居住用賃貸部分に係る課税仕入れ等の税額についてのみ、仕入税額控除の適用がありません（消令50の2①）。

この場合、「居住用賃貸以外の部分がある居住用賃貸建物」とは、例えば、建物の一部が店舗用の構造等となっている居住用賃貸建物をいいます（消基通11－7－3）。

また、「合理的に区分している」とは、使用面積割合や使用面積に対する建設原価の割合など、その建物の実態に応じた合理的な基準により区分していることをいいます（消基通11－7－3）。

(3) 課税仕入れの相手方の範囲

その仕入れが課税仕入れに該当するかどうかは、仕入れに係る相手方が、仮に事業者であった場合に課税売上げとなるかどうかで判断します。したがって、免税事業者や消費者からの仕入れであっても対象となります（消基通11－1－3）。

(4) 支出した金銭の源泉

課税仕入れに該当するかどうかは、資産の譲受け等のために支出した金銭の源泉を問いません。保険金、補助金、損害賠償金等を資産の譲受け等の支払に充てた場合であっても、その資産の譲受け等が課税仕入れに該当するときは、仕入税額控除の対象となります（消基通11－2－10）。

(5) 滅失等した資産に係る仕入税額控除

課税仕入れ等に係る資産が、滅失、亡失、盗難等により、結果的に資産の譲渡等を行うことができなくなった場合であっても、仕入税額控除の対象となります（消基通11－2－11）。

(6) 費途不明の交際費等

消費税において仕入税額控除の対象となるものは、課税取引から生ずる仕入れであり、接待交際費について特に控除できないとする規定はありません。しかし、帳簿及び請求書等の保存がない課税仕入れ等の税額については仕入税額控除の規定は適用されないので、例えば、課税仕入れに関する記録がない場合のほか、交際費、機密費等の名義をもって支出した金額でその費途が明らかでないものは、仕入税額控除の対象となりません（消基通11－2－23）。

また、金銭を相手方に贈与する香典や祝金等は、仕入れの対価として支払ったものではないので、課税仕入れではありません。

(7) 販売奨励金等

　販売促進の目的で販売奨励金等の対象とされる課税資産の販売数量、販売高等に応じて取引先に対して金銭により支払う販売奨励金等は、売上げに係る対価の返還等に該当します（消基通14－1－2）。

　販売促進の目的で商品の無償提供をした場合には、商品の無償提供は資産の譲渡等に該当しませんが、提供される商品の仕入れは仕入税額控除の対象となります。

(8) 会費等の取扱い

　同業者団体等に支払う会費、組合費、入会金等が課税仕入れに該当するかどうかは、その会費等と、その同業者団体等がその構成員に対して行う役務の提供等との間に明白な対価関係があるかどうかによって判断します。

　この場合、いわゆる通常会費のほか、その同業者団体等が、団体としての通常の業務運営のために経常的に要する費用を賄い、それによって団体の存立を図るものとして資産の譲渡等の対価に該当しないものとしているときは、その会費等は課税仕入れに係る支払対価に該当しません（消基通5－5－3、5－5－4、11－2－6）。

(9) ゴルフクラブ等の入会金

　事業者が支払う入会金のうち、ゴルフクラブ、宿泊施設、体育施設、遊戯施設その他レジャー施設の利用又は一定の割引率で商品等を販売するなど会員に対する役務の提供を目的とする団体の会員資格を得るためのもので脱退等に際し返還されないものは、課税仕入れに係る支払対価に該当します（消基通5－5－5）。

(10) 現物出資に係る資産の取得

　建物の現物出資等、現物出資により課税仕入れに該当する資産の取得をした場合には、その出資された資産の時価ではなく、現物出資を行った者との間で授受することとした株式の交付の時におけるその株式の価額に相当する金額が、課税仕入れに係る支払対価の額となります（消基通11－4－1）。

(11) 事後設立に係る資産の取得

　事後設立による資産の譲渡は、株式の交付を受ける現物出資ではなく、事後設立契約に基づく資産の譲渡であることから、事後設立により資産を譲渡した事業者においては、現実に対価として収受する金銭の額が資産の譲渡等の対価の額となります。

　これに対応して、事後設立により資産を譲り受けた法人は、その資産につき、現実に支払っ

た金銭の額が仕入れに係る対価の額となります（消基通11－4－1（注））。

⑿　課税資産と非課税資産との一括取得

　事業者が、課税資産と非課税資産とを同一の者から同時に譲り受けた場合には、その譲受け
に係る支払対価の額を課税仕入れに係る支払対価の額とその他の仕入れに係る支払対価の額と
に合理的に区分します（消基通11－4－2）。

　この場合の区分は、譲渡を行った者において行う合理的な区分と一致します。すなわち、そ
の合理的な区分が契約において定められている場合にはその定めに従い、契約において定めら
れていない場合には、各資産の時価の比により区分することになります（消基通10－1－5）。

⒀　課税資産の譲渡等に係る為替差損益

　支払対価を外貨建てとする課税仕入れを行った場合において、課税仕入れを行った時の為替
相場とその外貨建てに係る対価を決済した時の為替相場が異なることによって、為替差損益が
生じたとしても、その課税仕入れに係る支払対価の額は課税仕入れを行った時において支払対
価の額として計上した額となります（消基通11－4－4）。

⒁　課税仕入れに係る支払対価の額が確定していない場合の見積り

　事業者が課税仕入れを行った場合において、その課税仕入れを行った日の属する課税期間の
末日までにその支払対価の額が確定していないときは、その課税期間の末日の現況によりその
金額を適正に見積もります。

　その後確定した対価の額が見積額と異なるときは、その差額は、その確定した日の属する課
税期間における課税仕入れに係る支払対価の額に加算し又は控除します（消基通11－4－5）。

⒂　下取り

　資産の譲渡等に際して行った課税資産の下取りは、課税仕入れに該当します（消基通10－1
－17）。

⒃　密輸入品の仕入れ

　密輸入品と知りながら行った課税仕入れは、仕入税額控除の対象となりません（消法30⑫）。

⒄　免税購入された物品の課税仕入れ

　令和6年4月1日以後は、輸出物品販売場で免税購入された物品だと知りながら行われた課
税仕入れは、仕入税額控除の対象となりません（消法30⑫、令6改所法附13）。

② 給与等の取扱い

給与等を対価とする役務の提供を受けることは、課税仕入れの範囲から除かれています。「給与等を対価とする役務の提供」とは、所得税において給与所得に分類される給与を対価とするものであり（消法2①十二）、雇用契約又はこれに準ずる契約に基づき給与等を対価として労務を提供することです。

この場合の給与等には、俸給、給料、賃金、歳費、賞与及びこれらの性質を有する給与のほか、過去の労務の提供を給付原因とする退職金、年金等も該当します（消基通11－1－2）。

(1) 出張旅費、宿泊費、日当等

使用人等が勤務する場所を離れてその職務を遂行するため旅行をし、若しくは転任に伴う転居のための旅行をした場合又は就職若しくは退職に伴う転居のための旅行をした場合に、事業者がその使用人等又はその退職者等に支給する出張旅費、宿泊費、日当等のうち、その旅行について通常必要であると認められる部分の金額は、課税仕入れに係る支払対価に該当します（消基通11－2－1）。

(2) 通勤手当

使用人等に支給する通勤手当のうち、支給を受ける通勤者がその通勤に必要な交通機関の利用又は交通用具の使用のために支出する費用で通常必要であると認められる部分の金額は、課税仕入れに係る支払対価に該当します（消基通11－2－2）。

所得税においては、非課税となる通勤手当について月額15万円（平成27年までは10万円）の限度額が設けられていますが、消費税にはこのような限度額の設定はありません。

(3) 現物給付する資産の取得

使用人等に対する給与の現物支給に充てるための資産の取得であっても、その取得が課税仕入れに該当するときは、仕入税額控除の対象となります。この場合の判断は、現物支給を受けた使用人等が給与等として課税されるかどうかにかかわりません（消基通11－2－3）。

なお、その現物支給が、金銭による給与の支払に代えて現物を引き渡す代物弁済に該当する場合には、給与を支払う事業者において代物弁済による資産の譲渡等を認識することとなります。

(4) 使用人等の発明等に係る報償金等の支給

事業者が、業務上有益な発明、考案等をした自己の使用人等に支給する報償金、表彰金、賞

金等の金銭のうち、次に掲げるものは、課税仕入れに係る支払対価に該当します（消基通11－2－4）。

課税仕入れとなる報償金等
①　業務上有益な発明、考案又は創作をした使用人等から当該発明、考案又は創作に係る特許を受ける権利、実用新案登録を受ける権利若しくは意匠登録を受ける権利又は特許権、実用新案権若しくは意匠権を承継したことにより支給するもの
②　特許権、実用新案権又は意匠権を取得した使用人等にこれらの権利に係る実施権の対価として支給するもの
③　事務若しくは作業の合理化、製品の品質改良又は経費の節約等に寄与する工夫、考案等（特許又は実用新案登録若しくは意匠登録を受けるに至らないものに限り、その工夫、考案等がその者の通常の職務の範囲内の行為である場合を除く。）をした使用人等に支給するもの

(5)　外交員等の報酬

外交員、集金人、電力量計等の検針人等に対して支払う報酬又は料金が、給与等に該当するかどうかは、次により判定します（消基通11－2－5、所基通204－22）。

外交員等の報酬の判断	
①　報酬等がその職務遂行に必要な旅費とそれ以外の部分とに明らかに区分されている場合	出張旅費等として通常必要であると認められる部分の金額は、課税仕入れに係る支払対価に該当し、それ以外の部分は給与等とする。
②　①以外の場合で、報酬等が、固定給（一定期間の募集成績等によって自動的にその額が定まるもの等を除く。）とそれ以外の部分とに明らかに区分されているとき	固定給（固定給を基準とする臨時給を含む。）は給与等とし、それ以外の部分は課税仕入れに係る支払対価とする。
③　①及び②以外の場合	その報酬等の支払の基因となる役務を提供するために要する旅費等の費用の額の多寡その他の事情を総合勘案して判断する。

(6)　出向先事業者が支出する給与負担金

使用人の出向について、出向者に対する給与を出向元事業者が支給することとしているため、出向先事業者が自己の負担すべき給与負担金を出向元事業者に支出したときは、その給与負担金の額は、給与として取り扱います。経営指導料等の名義で支出する場合であっても、同様です（消基通5－5－10）。

(7)　労働者派遣に係る派遣料

　　労働者の派遣（派遣先とその労働者との間に雇用関係のない場合をいいます。）により、派遣先が支払う派遣料等は、課税仕入れ等の対価に該当します（消基通5－5－11）。

❸　課税仕入れの時期

　　消費税においては、費用収益の期間対応というような概念はありません。その課税仕入れ等に対応する売上げがその課税期間にあったかどうかにかかわらず、課税仕入れを行った日、課税貨物を引き取った日の属する課税期間の控除対象仕入税額の計算の基礎とします（消法30①）。

(1)　課税仕入れ等の時期の原則
①　課税仕入れを行った日

　　「課税仕入れを行った日」とは、課税仕入れに該当することとされる資産の譲受け若しくは借受けをした日又は役務の提供を受けた日をいいます。これらの日は、原則として相手方において売上げを認識すべき日であり、引渡基準によります（消基通11－3－1）。

項目	課税仕入れを行った日
資産の購入	資産の引渡しを受けた日
資産の借受け	契約又は慣習によりその支払をするべき日（前払いを除く）
役務の提供	役務の提供を受けた日

　＊　割賦購入等による場合であっても、課税仕入れを行った日は、その資産の引渡し等を受けた日となります（消基通11－3－2）。

②　棚卸資産

　　棚卸資産の仕入れを行った日は、その引渡しを受けた日です（消基通11－3－1、9－1－1）。
　　棚卸資産について、その課税期間に販売しなかったため売上原価に算入しない部分についても、その引渡しを受けた日又は保税地域から引き取った日の属する課税期間において控除の対象とします。

③　減価償却資産等

　　課税仕入れ等に係る資産が減価償却資産に該当する場合であっても、その資産の引渡しを受けた日又は保税地域から引き取った日の属する課税期間において、その全額が仕入税額控除の対象となります（消基通11－3－3）。
　　創立費、開業費又は開発費等の繰延資産についても同様です（消基通11－3－4）。

(2)　課税仕入れの時期の特例

① 　未成工事支出金

　建設工事等に係る目的物の完成前に行ったその建設工事等のための課税仕入れ等の金額について未成工事支出金として経理した場合においても、その課税仕入れ等をした日の属する課税期間において仕入税額控除の規定が適用されます。

　ただし、継続適用を要件として、その未成工事支出金として経理した課税仕入れ等につき、その目的物の引渡しをした日の属する課税期間における課税仕入れ等とすることができます（消基通11－3－5）。

② 　建設仮勘定の取扱い

　建設工事に係る建物等の課税仕入れ等については、その目的物の引渡しを受けた日が課税仕入れの日となります。着手金、中間金等の支払は対価の前払いであり、課税仕入れではありません。

　個別に購入した材料等については、建設仮勘定として経理した場合においても、その材料等の引渡しを受けた日又は保税地域から引き取った日が課税仕入れ等の時期となります。ただし、その建設仮勘定として経理した課税仕入れ等につき、その目的物の完成した日の属する課税期間における課税仕入れ等とすることもできます（消基通11－3－6）。

③ 　郵便切手類

　日本郵便株式会社等が行う郵便切手類の譲渡は非課税とされているため、日本郵便株式会社等からの郵便切手類の購入は課税仕入れではありません。郵便集配の役務の提供を受けた時に課税仕入れとなります。

　ただし、郵便切手類を購入した事業者が、その購入した郵便切手類のうち、自ら引換給付を受けるものは、継続適用を要件として、郵便切手類の対価を支払った日の属する課税期間の課税仕入れとすることができます（消基通11－3－7）。

④ 　短期前払費用

　一定の契約に基づき継続的に役務の提供を受けるために支出した課税仕入れに係る支払対価のうちその課税期間の末日においていまだ提供を受けていない役務に対応するものを前払費用といいます。

　仕入税額控除の対象は、その課税期間に実際に役務の提供を受けたものとなっているので、原則として、前払費用は、翌期以降の課税仕入れとなります。

　ただし、法人税又は所得税において、支払った日から1年以内に受ける役務の提供に係る前

払費用については、支出した年度の損金又は必要経費の額に算入することが認められています。法人税又は所得税においてその適用を受けている場合は、消費税においてもその支出した日の属する課税期間の課税仕入れとします（消基通11－3－8）。

⑤　リース取引

所有権移転外ファイナンシャルリース取引については、これを売買取引として取り扱うため、リース資産の引渡しの時にリース料総額を課税仕入れの支払対価の額とします（消基通11－3－2）。

ただし、賃貸借とする経理処理を行っている場合は、その課税期間において支払うべき賃借料の額を課税仕入れの支払対価の額とすることができます（国税庁質疑応答事例）。

４　課税仕入れに係る消費税額

適格請求書等保存方式において、課税仕入れに係る消費税額は、次により算出します（消法30①）。

なお、請求書等積上げ計算と帳簿積上げ計算とは併用ができますが、割戻し計算は他の方法と併用することができません。

⑴　請求書等積上げ計算

課税仕入れに係る消費税額は、原則として、次の計算方法（請求書等積上げ計算）より算出した金額です（消令46①）。

$$\left[\begin{array}{l}\text{保存するべき請求書等に記載されている消費税額等}\\\text{及び電磁的記録に記録されている消費税額等の合計額}\end{array}\right] \times \frac{78}{100}$$

・適格簡易請求書に消費税額等の記載がないときは、その消費税等は対価の額の合計額に税率を適用して算出します。

・公共交通機関特例等、適格請求書等の保存を要しないものとされている課税仕入れについては、消費税額等は、課税仕入れに係る支払対価の額に $\frac{10}{110}$（軽減対象課税資産の譲渡等に係るものである場合には、$\frac{8}{108}$）を乗じて算出した金額とし、その金額に1円未満の端数が生じたときは、その端数を切り捨て、又は四捨五入した後の金額とします（消令46①六）。

⑵　帳簿積上げ計算

事業者が、その課税仕入れの都度、仮払消費税額等を帳簿に記載している場合には、次の計算方法（帳簿積上げ計算）により算出した金額を課税仕入れに係る消費税額とすることができます（消令46②）。

$$\left[\begin{array}{l}\text{その課税仕入れの都度、課税仕入れに係る支払対価の額に }\dfrac{10}{110}\\[6pt]\text{（軽減対象課税資産の譲渡等に係るものである場合には、}\dfrac{8}{108}\text{）}\\[6pt]\text{を乗じて算出した仮払消費税等の金額の合計額}\end{array}\right]\times\dfrac{78}{100}$$

　仮払消費税等の金額に1円未満の端数が生じたときは、その端数を切り捨て、又は四捨五入した後の金額とします。

⑶ 割戻し計算

　事業者が、課税標準額に対する消費税額を割戻し計算によって計算する場合には、次の計算方法（割戻し計算）により算出した金額を課税仕入れに係る消費税額とすることができます（消令46③）。

次の①と②の合計額
① 　標準税率が適用される課税仕入れに係る支払対価の額の合計額 $\times\dfrac{7.8}{110}$

② 　軽減税率が適用される課税仕入れに係る支払対価の額の合計額 $\times\dfrac{6.24}{108}$

⑷ 計算方法の組み合わせの制限

　課税標準額に対する消費税額の計算方法と課税仕入れに係る消費税額の計算方法は、次の組み合わせによることができます（消令46）。

課税標準額に対する消費税額	課税仕入れに係る消費税額
割戻し計算	割戻し計算
割戻し計算	・　請求書等積上げ計算 ・　帳簿積上げ計算 ・　両者の併用
請求書等積上げ計算	・　請求書等積上げ計算 ・　帳簿積上げ計算 ・　両者の併用

　課税標準額に対する消費税額を請求書等積上げ計算とし、課税仕入れに係る消費税額を割戻し計算とすることはできません（消令46）。

⑸ 適格請求書発行事業者以外の者から行った課税仕入れに係る税額控除に関する経過措置

　適格請求書発行事業者以外の者（免税事業者及び消費者を除きます。）から行った課税仕入

れについては、区分記載請求書等と同様の事項が記載された請求書等及び区分記載請求書等保存方式の記載事項に加えてこの経過措置の適用を受ける旨の記載がある帳簿の保存を要件として、次の割合を乗じた金額が課税仕入れに係る消費税額とみなされます（平28改所法附52①、53①）。

期　　間	割　　合
令和 5 年10月 1 日から令和 8 年 9 月30日まで	課税仕入れに係る消費税額相当額の80%
令和 8 年10月 1 日から令和11年 9 月30日まで	課税仕入れに係る消費税額相当額の50%

■第三節　保税地域からの課税貨物の引取り

1 引取りに係る消費税額

課税事業者が、事業として保税地域から課税貨物を引き取った場合には、その課税貨物の引取りに係る消費税額は、国内において行った課税仕入れに係る消費税額と同様に、国内取引に係る消費税の納付税額の計算に当たって、仕入税額控除の対象となります。

国内において行った課税仕入れに係る消費税額は、その支払対価の額から算出しますが、課税貨物の引取りについて控除対象仕入税額の計算の基礎となる消費税額は、その課税期間における保税地域からの引取りに係る課税貨物につき課された又は課されるべき消費税額です（消法30①）。

2 外国貨物を保税地域から引き取る者

外国貨物を保税地域から引き取る者とは、関税法における輸入者すなわち輸入申告書に記載した名義人となります。

ただし、関税の減免税の適用を受けるためにいわゆる限定申告を行う場合において、次の要件のすべてに該当するときは、限定申告の名義人ではなく、その貨物の実質的な輸入者がその課税貨物を保税地域から引き取ったものとして取り扱います（消基通11− 1 − 6 ）。

イ　実質的な輸入者が輸入貨物を輸入申告者に対して有償譲渡する。

ロ　実質的な輸入者がその貨物の引取りに係る消費税額を負担する。

ハ　実質的な輸入者が輸入許可書等の原本を保存する。

3 保税地域からの引取りの時期

保税地域からの課税貨物の引取りに係る消費税は、その課税貨物を引き取った日の属する課

税期間の仕入税額控除の対象となります。課税貨物を引き取った日は、原則として、輸入の許可を受けた日をいいます（消基通11－3－9、関税法67）。

ただし、特例申告を行う場合には、特例申告書を提出した日の属する課税期間において仕入税額控除の対象とします。

引取りに係る消費税の仕入税額控除の時期	
一般申告	輸入の許可を受けた日の属する課税期間
特例申告	特例申告書を提出した日の属する課税期間

＊　輸入の許可前の引取り

税関長の承認を受けて輸入の許可前に保税地域から課税貨物を引き取った場合において、その課税貨物の引取りに係る消費税額をその引取りの日の属する課税期間の末日までに納付していないときは、納付した日の属する課税期間において仕入税額控除の対象とすることができます（消令46①）。

なお、輸入の許可前の引取りにつき、引き取った課税期間に仕入税額控除の計算の基礎とした見積消費税額が、その後確定した消費税額と異なる場合のその差額は、その確定した日の属する課税期間の課税仕入れ等の税額に加減算します（消基通11－3－10）。

■第四節　全額控除

その課税期間における課税売上高が5億円以下で課税売上割合が95％以上である場合には、その課税期間の課税仕入れ等の税額の全額を控除します（消法30①）。

■第五節　個別対応方式と一括比例配分方式

その課税期間における課税売上高が5億円超である場合又は課税売上割合が95％未満である場合には、課税仕入れ等の税額の全部を控除することはできません。個別対応方式又は一括比例配分方式により、控除する税額を計算します（消法30②）。

1　課税売上割合

課税売上割合とは、その課税期間中に国内において行った資産の譲渡等の対価の額の合計額からその対価の返還等の金額の合計額を控除した残額のうちに、その課税期間中に国内において行った課税資産の譲渡等の対価の額の合計額からその対価の返還等の金額の合計額を控除した残額が占める割合をいいます（消令48①）。

課税売上割合

$$
= \cfrac{\begin{array}{c}\text{その課税期間中に国内において行った課税資産の譲渡等の対価の額の合計額}\\ \text{(その課税期間中に国内において行った課税資産の譲渡等に係る対価の返還等の金額の合計額を控除した残額)}\end{array}}{\begin{array}{c}\text{その課税期間中に国内において行った資産の譲渡等の対価の額の合計額}\\ \text{(その課税期間中に国内において行った資産の譲渡等に係る対価の返還等の金額の合計額を控除した残額)}\end{array}}
$$

$$
= \cfrac{\begin{array}{c}\text{税抜き課税売上高} \quad + \quad \text{免税売上高}\\ \text{(税抜き対価の返還等の金額を控除)}\end{array}}{\begin{array}{c}\text{税抜き課税売上高} \quad + \quad \text{免税売上高} \quad + \quad \text{非課税売上高}\\ \text{(税抜き対価の返還等の金額を控除)}\end{array}}
$$

＊ 輸出取引等に係る対価の額は含まれ、国外取引に係る対価の額は含まれません（消基通11－5－4）。

＊ 免税事業者であった課税期間において行った課税資産の譲渡等につき課税事業者となった課税期間において売上げに係る対価の返還等を行った場合には、その売上げに係る対価の返還等の金額には消費税額等はないので、その対価の返還等の金額の全額を「資産の譲渡等の対価の額」及び「課税資産の譲渡等の対価の額」から控除します（消基通11－5－2）。

(1) 課税売上割合の計算単位

　課税売上割合は、事業者ごとに計算します。事業所単位又は事業部単位等で行うことはできません（消基通11－5－1）。

(2) 端数計算

　課税売上割合については、原則として、端数処理は行いませんが、事業者がその生じた端数を切り捨てているときは、認められています（消基通11－5－6）。

(3) 非課税資産の輸出取引等を行った場合

　事業者が国内において非課税資産の譲渡等のうち輸出取引等に該当するものを行った場合には、その非課税資産の譲渡等は、課税資産の譲渡等に係る輸出取引等に該当するものとみなして、課税売上割合を計算します（消法31①）。この取扱いを受けるためには、輸出許可証を保存するなど輸出の証明が必要です（消法31①、消規16①）。

(4) 資産の輸出を行った場合

　事業者が、国外における資産の譲渡等又は自己の使用のため、資産を輸出した場合には、その資産の輸出は、課税資産の譲渡等に係る輸出取引等に該当するものとみなして、課税売上割

合を計算します（消法31②）。この取扱いを受けるためには、輸出許可証を保存するなど輸出の証明が必要です（消法31②、消規16②）。

⑸　有価証券の譲渡を行った場合等

　有価証券の譲渡その他の金融取引については、課税売上割合の計算上、特別の取扱いが定められています。金融取引を行った場合に、課税売上割合の計算上、非課税売上高に算入すべき金額は次表のとおりです（消令48②～⑥、消規15の２）。

区　分		非課税売上高に算入する金額
・金融商品取引法第２条第１項に規定する有価証券等（ゴルフ場利用株式等を除く。）の譲渡 ・登録国債等（国債等の現先取引を除く。）の譲渡 ・現先取引以外の海外CD、CPの譲渡		対価の額の５％相当額を算入する
・合資会社、合名会社、合同会社、協同組合等の持分の譲渡		全額を算入する
・国債等の現先取引	買戻条件付債権譲渡（売現先）	算入しない
	売戻条件付債権買付（買現先）	差益の額を算入し、差損の額を控除する
・資産の譲渡等の対価として取得した売掛金等の金銭債権の譲渡 ・支払手段の譲渡、暗号資産の譲渡		算入しない
・貸付金、預金、売掛金等の金銭債権（資産の譲渡等の対価として取得した債権及びゴルフ会員権等を除く。）の譲渡		対価の額の５％相当額を算入する
・貸付金、預金、売掛金等の金銭債権の譲り受けた債権の回収		償還差益、弁済差額、立替差益等の額を算入する
・国債、社債等の償還差損益		差益の額を算入し、差損の額を控除する
・貸付金、預貯金、公社債等の利子 ・手形の受取割引料		全額を算入する

①　株券等の譲渡

　有価証券については、その譲渡が繰り返し行われた場合には、膨大な非課税売上げの計上につながることから、預金利息等との平仄を合わせる趣旨で、その譲渡対価の５％相当額を課税売上割合の計算上非課税売上高に算入することとされています。

　この取扱いを受ける有価証券とは、金融商品取引法第２条第１項に規定する有価証券及びこれらに表彰される権利であり、株券や登録国債等、現先取引以外の海外CD、CPがこれに当た

ります。

合資会社、合名会社、合同会社、協同組合等の持分は、一般に、運用益を得るために繰り返し売買を行う対象とは考えられません。したがって、これらの持分の譲渡については、その全額が課税売上割合の計算の基礎となります。

② ゴルフ会員権の譲渡

ゴルフ会員権の法的性質は、ゴルフ場施設の優先的利用権、預託金返還請求権及び会費納入の義務等が一体となった契約上の地位と解されています（最高裁昭和50年7月25日判決）。

消費税においては、ゴルフ会員権は、その譲渡が非課税となる有価証券等から除かれています（消法別表第二第2号、消令9②、消基通6-2-2）。株主方式又は預託金方式のいずれであっても、その譲渡は課税売上げとなり、預託金に相当する金額も含めて課税売上高とします。

ただし、預託金の返還請求権を行使して、そのゴルフ場を経営する事業者から預託金の返還を受けた場合には、その預託金の返還は金銭債権の回収であり、課税対象外取引となります。

③ 現先取引

現先取引は、債券を担保として行う金融取引であり、その約定価格の差額は利息として取り扱います。

債券等をあらかじめ約定した期日にあらかじめ約定した価格で売り戻すことを約して購入し、かつ、その約定に基づきその債券を売り戻す取引を売戻条件付債券買付あるいは買現先取引といいます。買現先取引は、債券を担保に資金を貸し付ける行為であり、その約定価格の差額は受取利息にあたります。したがって、売戻し価格から買付け価格を控除した金額を非課税売上高とします。なお、買付け価格が売戻し価格を超える場合には、その差額は、非課税売上高から控除します（消令48③）。

また、買現先取引の相手方において、この取引は、買戻条件付債権譲渡（売現先取引）となります。売現先取引は、債券を担保に資金の借入れを行う行為であり、その約定価格の差額は支払利息にあたります。したがって、非課税売上高は生じません（消令48②三）。

④ 資産の譲渡等の対価として取得した売掛金等の金銭・債権

商品等の販売を行い、その対価として取得した売掛金等を譲渡した場合には、その譲渡対価の額は、課税売上割合の計算上、非課税売上高に算入しません（消令48②二）。商品販売の際に売上げを認識し、売掛金等の譲渡の際にも非課税売上げを認識すれば、実質的に一つの商品販売について二度の売上げの認識を行うことになるからです。

しかし、他の者が行った資産の譲渡等に係る売掛債権等を譲り受けたものである場合には、その取得の際に売上げが認識されていないので、貸付金等の譲渡と同様の取扱いとなります。

⑤ 支払手段、暗号資産の譲渡

受取手形は「支払手段」となり、受取手形の裏書譲渡や割引を行った場合でも、課税売上割合に影響することはありません（消令48②一）。また、暗号資産（仮想通貨）の譲渡は、平成29年7月1日以後は支払手段の譲渡に該当することとなりました。

⑥ 金銭債権の譲渡

貸付金、預金、売掛金その他の金銭債権の譲渡は、非課税です。課税売上割合の計算にあたっては、その譲渡に係る対価の額の5％相当額を非課税売上高に算入します（消令48⑤）。

⑦ 金銭債権の譲受け

貸付金その他の金銭債権の譲受けその他の承継（包括承継を除きます。）は、資産の譲渡等となります（消令2①四）。

債権等の譲受けが資産の譲渡等になるのは、これが利子を対価とする金銭の貸付けにあたると考えられるからです。譲り受けた債権は、債権の回収をした時に売上げが実現し、その取得の対価と回収額との差額が非課税売上高となります（消令48④）。

なお、譲り受けた債権であっても、回収をせずに他に譲渡した場合には、その譲渡による対価の額が非課税売上高になります。

⑧ 割引債の償還差額

国債等の取得は、利子を対価とする金銭の貸付けに該当します。したがって、利払いを受けた場合の利息や割引債を償還した場合の償還差益は、非課税売上高となります。

また、国債等の償還に当たって償還差損が生じた場合には、その償還差損はマイナスの非課税売上高となります（消令48⑥）。債権の償還差損が生じる場合には、通常、それを上回る利息の受取があり、これらが相殺された金額が、正味の運用益と考えられるからです。

なお、償還を待たず他に売却した場合は、その売却収入の5％相当額が非課税売上高となります。

2 個別対応方式

個別対応方式は、その課税期間中に国内において行った課税仕入れ及びその課税期間における保税地域からの引取りに係る課税貨物につき、課税資産の譲渡等にのみ要するもの、その他

の資産の譲渡等（課税資産の譲渡等以外の資産の譲渡等をいいます。）にのみ要するもの及び課税資産の譲渡等とその他の資産の譲渡等に共通して要するものにその区分が明らかにされている場合に、適用することができます（消法30②一）。

① 課税資産の譲渡等にのみ要するもの（課税売上対応分）の税額は、すべて控除します。

② その他の資産の譲渡等にのみ要するもの（非課税売上対応分）の税額は控除しません。

③ 課税資産の譲渡等とその他の非課税資産の譲渡等に共通して要するもの（共通用対応分）の税額は課税売上割合を乗じて控除する金額を計算します。

個別対応方式による控除対象仕入税額		
控除対象仕入税額 ＝	課税売上対応分の課税仕入れ等の税額 ＋	共通用対応分の課税仕入れ等の税額 × 課税売上割合*
＊ 税務署長の承認を受けた場合は、「課税売上割合に準ずる割合」によって計算することができます。		

(1) 課税仕入れ等の区分

個別対応方式により控除対象仕入税額を計算する場合には、その課税期間中に国内において行った個々の課税仕入れ等について、必ず、課税資産の譲渡等にのみ要するもの、その他の資産の譲渡等にのみ要するもの及び課税資産の譲渡等とその他の資産の譲渡等に共通して要するものとに区分しなければなりません。したがって、例えば、課税仕入れ等の中から課税資産の譲渡等にのみ要するものを抽出し、それ以外のものをすべて課税資産の譲渡等とその他の資産の譲渡等に共通して要するものに該当するものとして区分することは、認められません（消基通11－2－18）。

売上げとの対応関係についての課税仕入れ等の区分は、課税仕入れを行った日又は課税貨物を引き取った日の状況により行います。

課税仕入れを行った日又は課税貨物を引き取った日において、その区分が明らかにされていない場合で、その日の属する課税期間の末日までにその区分が明らかにされたときは、その明らかにされた区分によることができます（消基通11－2－20）。

① 課税資産の譲渡等にのみ要するもの

課税資産の譲渡等にのみ要するものとは、課税資産の譲渡等を行うためにのみ必要な課税仕入れ等をいい、例えば、次のような資産の課税仕入れ等は、課税資産の譲渡等にのみ要するものとなります（消基通11－2－12、11－2－14）。

課税資産の譲渡等にのみ要する課税仕入れ等の具体例
・そのまま他に譲渡される課税資産
・課税資産の製造用にのみ消費し、又は使用される原材料、容器、包紙、機械及び装置、工具、 　器具、備品等
・課税資産に係る倉庫料、運送費、広告宣伝費、支払手数料又は支払加工賃等
・課税資産の譲渡等に係る販売促進等のために得意先等に配布される試供品、試作品等

② 国外における資産の譲渡等

　「非課税資産の譲渡等」は、国内において行う資産の譲渡等のうち非課税となるものであり、「課税資産の譲渡等」とは、「資産の譲渡等」のうち、「非課税資産の譲渡等」以外のものと定義されています（消法2①九）。そうすると、国外において行う資産の譲渡等には非課税資産の譲渡等はなく、そのすべてが課税資産の譲渡等となります。

　したがって、国外において行う資産の譲渡等のために国内において行う課税仕入れ等は、課税資産の譲渡等にのみ要するものに該当します（消基通11－2－13）。

資産の譲渡等	国内において行う資産の譲渡等	非課税資産の譲渡等以外	輸出取引等以外 課税	課税資産の譲渡等
			輸出取引等 免税	
		非課税資産の譲渡等 非課税		
	国外において行う資産の譲渡等 不課税	（国外において行う資産の譲渡等に非課税はありません。）		課税資産の譲渡等

③ その他の資産の譲渡等にのみ要するもの

　その他の資産の譲渡等にのみ要するものとは、非課税資産の譲渡等を行うためにのみ必要な課税仕入れ等をいい、例えば、次のような課税仕入れ等は、その他の資産の譲渡等にのみ要するものとなります（消基通11－2－15）。

その他の資産の譲渡等にのみ要する課税仕入れ等の具体例
・販売用の土地の造成に係る課税仕入れ
・賃貸用住宅の建築に係る課税仕入れ

④　課税資産の譲渡等とその他の非課税資産の譲渡等に共通して要するもの

　課税資産の譲渡等とその他の資産の譲渡等に共通して要するものとは、原則として、課税資産の譲渡等と非課税資産の譲渡等に共通して要する課税仕入れ等をいいます。

　ただし、例えば株券の発行に当たって印刷業者へ支払う印刷費、証券会社へ支払う引受手数料等のように資産の譲渡等に該当しない取引に要する課税仕入れ等は、課税資産の譲渡等とその他の資産の譲渡等に共通して要するものに該当するものとされます（消基通11－2－16）。

　また、金銭以外の資産を贈与した場合のその資産の取得が課税仕入れ等に該当するときは、その課税仕入れ等は、原則として課税資産の譲渡等とその他の資産の譲渡等に共通して要するものに該当するものとされます（消基通11－2－17）。

⑤　共通用の課税仕入れ等を合理的な基準により区分した場合

　課税資産の譲渡等とその他の資産の譲渡等に共通して要するものに該当する課税仕入れ等であっても、例えば、原材料、包装材料、倉庫料、電力料等のように生産実績その他の合理的な基準により課税資産の譲渡等にのみ要するものとその他の資産の譲渡等にのみ要するものとに区分することが可能なものについては、その合理的な基準による区分が認められます（消基通11－2－19）。

⑥　非課税資産の輸出取引等を行った場合

　事業者が国内において非課税資産の譲渡等のうち輸出取引等に該当するもの（有価証券、支払手段、金銭債権の輸出を除きます。）を行った場合には、その非課税資産の譲渡等は課税資産の譲渡等に係る輸出取引等に該当するものとみなして仕入税額控除の規定を適用します（消法31①）。したがって、その非課税資産の譲渡等のために要した課税仕入れ等は、課税資産の譲渡等にのみ要したものに区分されます。この取扱いを受けるためには、輸出許可証を保存するなど輸出の証明が必要です（消法31①、消規16①）。

⑦　資産の輸出を行った場合

　事業者が、国外における資産の譲渡等又は自己の使用のため、資産を輸出（有価証券、支払手段、金銭債権の輸出を除きます。）した場合には、その資産の輸出は課税資産の譲渡等に係る輸出取引等に該当するものとみなして仕入税額控除の規定を適用します（消法31②）。したがって、その資産の輸出のために要した課税仕入れ等は、課税資産の譲渡等にのみ要したものに区分されます。この取扱いを受けるためには、輸出許可証を保存するなど輸出の証明が必要です（消法31②、消規16②）。

(2) 課税売上割合に準ずる割合

個別対応方式においては、課税資産の譲渡等とその他の資産の譲渡等とに共通して要する課税仕入れ等について、その税額に課税売上割合を乗じて控除額を計算します。

例えば、固定資産である土地の譲渡や有価証券の譲渡等の臨時、多額な非課税資産の譲渡等があった場合には、その課税期間の課税売上割合は小さく計算され、費用の発生の実態を反映しているものとはいえなくなります。

そこで、個別対応方式の計算に当たっては、その課税仕入れ等の性質に応じて課税売上げとの関連を合理的な基準により算出した課税売上割合に準ずる割合で税務署長の承認を受けたものがあるときは、課税売上割合に代えて、その課税売上割合に準ずる割合により計算します（消法30③）。

課税売上割合に準ずる割合
次の要件に該当するもの ・その事業者の営む事業の種類又はその事業に係る販売費、一般管理費その他の費用の種類に応じ合理的に算定されるものであること ・その割合を用いて計算することにつき、納税地の所轄税務署長の承認を受けたものであること

① 課税売上割合に準ずる割合の適用範囲

課税売上割合に準ずる割合の適用に当たっては、その事業者が行う事業の全部について同一の割合を適用する必要はなく、例えば、次の方法によることもできます。

ただし、適用すべき課税売上割合に準ずる割合のすべてについて税務署長の承認を受けなければなりません（消基通11-5-8）。

イ 当該事業者の営む事業の種類の異なるごとにそれぞれ異なる課税売上割合に準ずる割合を適用する方法

ロ 当該事業者の事業に係る販売費、一般管理費その他の費用の種類の異なるごとにそれぞれ異なる課税売上割合に準ずる割合を適用する方法

ハ 当該事業者の事業に係る事業場の単位ごとにそれぞれ異なる課税売上割合に準ずる割合を適用する方法

② 課税売上割合が95%未満であるかどうかの判定

課税売上割合が95％未満であるかどうかは、課税売上割合に準ずる割合につき税務署長の承認を受けている場合であっても、課税売上割合によって判定します（消基通11-5-9）。

③　適用の時期と不適用の時期

　課税売上割合に準ずる割合について税務署長の承認を受けた課税期間以後の課税期間は、個別対応方式の計算に当たっては、その承認を受けた割合により計算することとなります。(消法30③)。

　なお、その課税売上割合に準ずる割合を用いようとする課税期間の末日までに承認申請書を提出し、同日の翌日以後1か月以内に税務署長の承認を受けた場合には、その承認申請書を提出した日の属する課税期間の末日において、その承認を受けたものとみなす特例があります(消令47⑥)。

　その割合を用いて計算することをやめようとする旨の届出書を提出した場合には、その届出書を提出した日の属する課税期間以後の課税期間については、課税売上割合により計算します(消法30③)。

　課税事業者の選択や簡易課税制度の選択のように、課税期間が開始する前に手続を行う仕組みにはなっていません。

３　一括比例配分方式

　一括比例配分方式とは、その課税期間における課税仕入れ等の税額の合計額に課税売上割合を乗じて控除対象仕入税額を計算する方法です(消法30②二)。

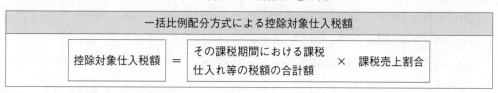

一括比例配分方式による控除対象仕入税額
控除対象仕入税額　=　その課税期間における課税仕入れ等の税額の合計額　×　課税売上割合

⑴　2年間の継続適用

　一括比例配分方式により計算することとした事業者は、一括比例配分方式により計算することとした課税期間の初日から2年を経過する日までの間に開始する各課税期間において一括比例配分方式を継続して適用した後の課税期間でなければ、個別対応方式によることはできません(消法30⑤)。

　翌課税期間以後の課税期間において全額控除となった場合や免税事業者となったために申告しなかった場合には、一括比例配分方式を継続適用したこととなります(消基通11-2-21)。

⑵　個別対応方式と一括比例配分方式の適用関係

　中間申告、確定申告、修正申告における個別対応方式と一括比例配分方式の適用関係は、次のとおりです(消基通15-2-7)。

① その課税期間の前課税期間に個別対応方式を適用していた場合又はその課税期間の前課税期間まで2年以上継続して一括比例配分方式を適用し、その課税期間から個別対応方式を適用する場合において、その課税期間に係る中間申告で一括比例配分方式を適用したときでも、その課税期間分に係る確定申告については、個別対応方式を適用することができます。

② その課税期間について一括比例配分方式を継続して適用しなければならない場合であっても、その課税期間に係る中間申告において個別対応方式を適用することができます。

③ 既に提出している確定申告書において、個別対応方式又は一括比例配分方式のいずれかの計算方式により仕入控除税額を計算した場合には、修正申告書を提出するときにおいても、その確定申告書で選択した計算方式により仕入控除税額を計算しなければなりません。

■第六節　仕入れに係る対価の返還等を受けた場合の特例

　事業者が、国内において行った課税仕入れにつき、仕入れに係る対価の返還等を受けた場合には、その仕入れに係る対価の返還等に係る税額は、その仕入れに係る対価の返還等を受けた日の属する課税期間の控除対象仕入税額から控除します（消法32①）。

　この控除を「仕入対価の返還等に係る消費税額の控除」といいます。

　保税地域から引き取った課税貨物につき、値引きや割戻しによる対価の返還等があっても、仕入対価の返還等に係る消費税額の控除は行いません（消基通12－1－5）。

1　仕入れに係る対価の返還等の意義

　仕入れに係る対価の返還等とは、国内において行った課税仕入れにつき、返品をし、又は値引き若しくは割戻しを受けたことによる、その課税仕入れに係る支払対価の額の全部若しくは一部の返還又はその課税仕入れに係る支払対価の額に係る買掛金その他の債務の全部若しくは一部の減額をいいます（消法32①、消基通12－1－1～12－1－4）。

仕入れに係る対価の返還等	
次により、国内において行った課税仕入れに係る支払対価の額の返還又は買掛金の減額を受けること	
返品	仕入商品の返品
値引き	仕入金額の値引き
割戻し（リベート）	一定期間に一定額又は一定量を購入したことによる仕入先からの代金の一部の返戻
仕入割引	課税仕入れに係る対価をその支払期日よりも前に支払ったこと等を基因として支払を受けるもの

販売奨励金等	販売促進の目的で販売奨励金等の対象とされる課税資産の販売数量、販売高等に応じて取引先から金銭により支払を受けるもの
事業分量配当金	協同組合等から収受する事業分量配当金のうち課税仕入れの分量等に応じた部分の金額
船舶の早出料	海上運送事業を営む事業者から貨物の積卸期間が短縮され運送期間が短縮したために支払を受けるもの

2 控除の時期

仕入対価の返還等に係る消費税額の控除は、その返還等の元になる課税仕入れが、その課税期間において行われたものであるか、その課税期間前に行われたものであるかにかかわらず、その対価の返還等を受けた日の属する課税期間において行います（消法32①）。

3 仕入れに係る対価の返還等を受けた場合の計算

仕入れに係る対価の返還等を受けた場合の控除対象仕入税額の計算は、次のとおりです（消法32①）。

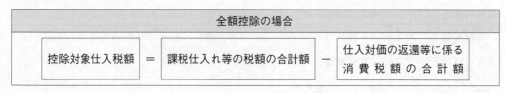

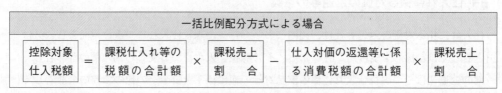

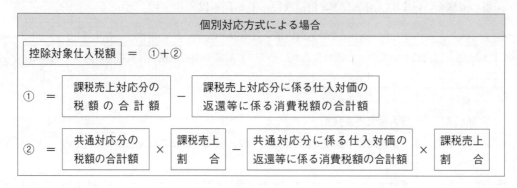

(1) **課税仕入れの支払対価の額から控除する場合**

　継続適用を要件に、仕入対価の返還等に係る消費税額の控除（上記計算）に代えて、課税仕入れの金額から返還等をされた対価の額を控除する経理処理を行うことができます（消基通12－1－12）。

(2) **免税事業者であった課税期間の課税仕入れ**

　免税事業者であった課税期間において行った課税仕入れについては、課税事業者となった課税期間において仕入れに係る対価の返還等を受けた場合であっても、仕入対価の返還等に係る消費税額の控除は行いません。

　ただし、免税事業者が課税事業者になった場合の棚卸資産に係る消費税額の調整の対象となったものは、仕入対価の返還等に係る消費税額の控除の対象となります（消基通12－1－8）。

(3) **免税事業者等となった後の仕入れに係る対価の返還等**

　課税事業者が事業を廃止し、又は免税事業者となった後には、課税事業者であった課税期間における課税仕入れにつき仕入れに係る対価の返還等を受けた場合であっても、仕入対価の返還等に係る消費税額の控除の規定は適用されません（消基通12－1－9）。

(4) **債務免除**

　買掛金その他の債務について受ける債務免除は、仕入れに係る対価の返還等に該当しません（消基通12－1－7）。

　この場合の債務免除は、贈与課税や寄附金課税の対象とならない会社更生法の規定による更生計画認可の決定等に基づく債務免除であり、任意の債務免除については、債務者の支払能力や資産状況等を総合的に勘案して、仕入れに係る対価の返還等に該当するかどうかを検討する必要があります。

4　控除しきれない場合

　課税仕入れ等の税額から、仕入対価の返還等に係る消費税額を控除して控除しきれない金額があるときは、その控除しきれない金額は課税標準額に対する消費税額に加算します（消法32②）。

■第七節　引取りの消費税の還付を受ける場合の特例

　事業者が、保税地域からの課税貨物の引取りに係る消費税額につき、還付を受ける場合には、その還付を受ける消費税額は、その還付を受ける日の属する課税期間の控除対象仕入税額から

控除します（消法32④）。

1 控除の時期

　還付を受ける消費税額の控除は、その還付の元になる課税貨物の引取りが、その課税期間において行われたものであるか、その課税期間前に行われたものであるかにかかわらず、その還付を受ける日の属する課税期間において行います（消法32④）。

　この場合の「還付を受ける日」とは、還付を受けることができる事実が発生した後において、その事実について還付を受ける消費税額が確定した日をいいます（消基通12－1－14）。

2 還付を受ける場合の計算

　引取りに係る消費税額の還付を受ける場合の控除対象仕入税額の計算は次のとおりです（消法32④）。

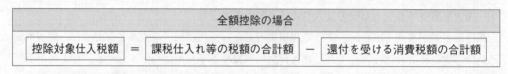

全額控除の場合

| 控除対象仕入税額 | ＝ | 課税仕入れ等の税額の合計額 | － | 還付を受ける消費税額の合計額 |

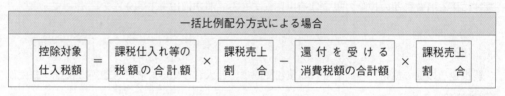

一括比例配分方式による場合

| 控除対象仕入税額 | ＝ | 課税仕入れ等の税額の合計額 | × | 課税売上割合 | － | 還付を受ける消費税額の合計額 | × | 課税売上割合 |

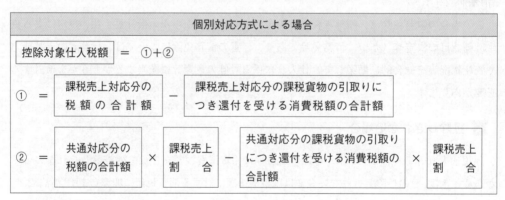

個別対応方式による場合

控除対象仕入税額　＝　①＋②

① ＝ 課税売上対応分の税額の合計額 － 課税売上対応分の課税貨物の引取りにつき還付を受ける消費税額の合計額

② ＝ 共通対応分の税額の合計額 × 課税売上割合 － 共通対応分の課税貨物の引取りにつき還付を受ける消費税額の合計額 × 課税売上割合

3 控除しきれない場合

　課税仕入れ等の税額から、還付を受ける消費税額を控除して控除しきれない金額があるときは、その控除しきれない金額は課税標準額に対する消費税額に加算します（消法32⑤）。

■第八節　帳簿及び請求書等の保存の要件

　仕入税額控除の規定は、その課税期間の課税仕入れ等の税額の控除に係る帳簿及び請求書等を保存しない場合には、原則としてその保存がない課税仕入れ又は課税貨物に係る課税仕入れ等の税額については、適用がありません（消法30⑦）。

　また、金又は白金の地金の課税仕入れについては、加えて、仕入先の本人確認書類（住民票の写し等）の保存が必要です（消法30⑪）。

1　保存するべき帳簿

　適格請求書等保存方式において保存するべき帳簿は、次の事項が記載されているものです（消法30⑧）。

課税仕入れ	①　課税仕入れの相手方の氏名又は名称*1*2 ②　課税仕入れを行った年月日 ③　課税仕入れに係る資産又は役務の内容*3 ④　課税仕入れに係る支払対価の額
特例課税仕入れ	①　特定課税仕入れの相手方の氏名又は名称*2 ②　特定課税仕入れを行った年月日 ③　特定課税仕入れの内容*3 ④　特定課税仕入れに係る支払対価の額 ⑤　特定課税仕入れに係るものである旨
保税地域からの引取りに係る課税貨物	①　課税貨物を保税地域から引き取った年月日 ②　課税貨物の内容 ③　課税貨物の引取りに係る消費税額及び地方消費税額

*1　古物営業を営む事業者等が行う所定の要件に該当する課税仕入れについては、記載を省略することができます（消令49②、消規15の３）。

　また、卸売市場においてせり売又は入札の方法により行われる課税仕入れその他の媒介者等を介して行われる課税仕入れについては、その媒介者等の氏名又は名称を記載することができます（消令49③、消規26の５）。

*2　取引先コード等の記号、番号等による表示ができます。

*3　その課税仕入れが軽減対象課税資産の譲渡等に係るものである場合には、資産の内容及び軽減対象課税資産の譲渡等に係るものである旨を記載します。

　その仕入れ又は資産の譲渡等が課税仕入れ又は課税資産の譲渡等かどうか、また、その資産の譲渡等が課税資産の譲渡等である場合においては、軽減対象課税資産の譲渡等かどうかの判別が明らかとなるときは、商品コード等の記号、番号等による表示することができます（消基通11－6－1）。

2 保存するべき請求書等

適格請求書等保存方式において保存するべき請求書等は、次の書類等をいいます（消法30⑨）。

保存するべき請求書等
イ　適格請求書又は適格簡易請求書
ロ　適格請求書又は適格簡易請求書に代えて提供する電磁的記録
ハ　課税仕入れを行う事業者が作成した仕入明細書等
ニ　課税仕入れの媒介等に係る業務を行う者から交付を受ける請求書等
ホ　課税貨物を保税地域から引き取る事業者が税関長から交付を受ける輸入許可書等

(1) 適格請求書又は適格簡易請求書の記載事項

適格請求書の記載事項は42ページ、適格簡易請求書の記載事項は44ページを参照してください。

(2) 仕入明細書等の記載事項

課税仕入れを行う事業者が作成した仕入明細書等の記載事項は、次の事項です（消令49④）。

仕入明細書等*1の記載事項
①　書類の作成者の氏名又は名称*2
②　課税仕入れの相手方の氏名又は名称及び登録番号*2
③　課税仕入れを行った年月日*3
④　課税仕入れに係る資産又は役務の内容*4
⑤　税率の異なるごとに区分して合計した課税仕入れに係る支払対価の額及び適用税率
⑥　消費税額等*5

*1　その書類に記載されている事項につき、その課税仕入れの相手方の確認を受けたものに限ります（消法30⑨三）。

　　なお、「課税仕入れの相手方の確認を受けたもの」とは、保存する仕入明細書等に課税仕入れの相手方の確認の事実が明らかにされたもののほか、例えば、次のようなものが該当します（消基通11－6－6）。

　①　仕入明細書等への記載内容を通信回線等を通じて課税仕入れの相手方の端末機に出力し、確認の通信を受けた上で自己の端末機から出力したもの

　②　仕入明細書等に記載すべき事項に係る電磁的記録につきインターネットや電子メールなどを通じて課税仕入れの相手方へ提供し、その相手方からその確認をした旨の通知等を受けたもの

　③　仕入明細書等の写しを相手方に交付し、又はその仕入明細書等に記載すべき事項に係る電磁的記録を相手方に提供し、一定期間内に誤りのある旨の連絡がない場合には記載内容のとおりに確認があったものとする基本契約等を締結した場合におけるその一定期間を経たもの

*2　取引先コード等の記号、番号等による表示ができます。

　　なお、登録番号については、その記号、番号等により、登録の効力の発生時期に関する変更等の

履歴が明らかとなる措置を講じておく必要があります（消基通11−6−1）。

＊3　年月日は、課税期間の範囲内で一定の期間内に行った課税資産の譲渡等につきまとめてその書類を作成する場合には、その一定の期間を記載します。

＊4　その課税仕入れが他の者から受けた軽減対象課税資産の譲渡等に係るものである場合には、資産の内容及び軽減対象課税資産の譲渡等に係るものである旨を記載します。

　　　その仕入れ又は資産の譲渡等が課税仕入れ又は課税資産の譲渡等かどうか、また、その資産の譲渡等が課税資産の譲渡等である場合においては、軽減対象課税資産の譲渡等かどうかの判別が取引の相手方との間で明らかなときには、商品コード等の記号、番号等により表示することができます（消基通11−6−1）。

＊5　課税仕入れに係る支払対価の額に$\frac{10}{110}$（その課税仕入れが他の者から受けた軽減対象課税資産の譲渡等に係るものである場合には、$\frac{8}{108}$）を乗じて算出した金額をいい、その金額に1円未満の端数が生じたときは、その端数を処理した後の金額とします（消令49④六）。

(3)　媒介者等から交付を受ける請求書等の記載事項

　課税仕入れの媒介者等に係る業務を行う者から交付を受ける請求書等から交付を受ける請求書等の記載事項は、次の事項です（消令49④）。

媒介者等から交付を受ける請求書等の記載事項
①　書類の作成者の氏名又は名称及び登録番号＊1
②　課税資産の譲渡等を行った年月日＊2
③　課税資産の譲渡等に係る資産の内容＊3
④　課税資産の譲渡等に係る税抜価額又は税込価額を税率の異なるごとに区分して合計した金額及び適用税率
⑤　消費税額等
⑥　書類の交付を受ける事業者の氏名又は名称＊1

＊1　取引先コード等の記号、番号等による表示ができます。

　　　なお、登録番号については、その記号、番号等により、登録の効力の発生時期に関する変更等の履歴が明らかとなる措置を講じておく必要があります（消基通11−6−1）。

＊2　年月日は、課税期間の範囲内で一定の期間内に行った課税資産の譲渡等につきまとめてその書類を作成する場合には、その一定の期間を記載します。

＊3　その課税資産の譲渡等が軽減対象課税資産の譲渡等である場合には、資産の内容及び軽減対象課税資産の譲渡等である旨を記載します。

　　　その仕入れ又は資産の譲渡等が課税仕入れ又は課税資産の譲渡等かどうか、また、その資産の譲渡等が課税資産の譲渡等である場合においては、軽減対象課税資産の譲渡等かどうかの判別が取引の相手方との間で明らかなときには、商品コード等の記号、番号等により表示することができます（消基通11−6−1）。

(4)　輸入許可書等

課税貨物を保税地域から引き取る場合は、次の書類を保存します。

課税貨物を保税地域から引き取る事業者が税関長から交付を受ける輸入許可書等
次の書類
①　課税貨物を保税地域から引き取る事業者が税関長から交付を受けるその課税貨物の輸入の許可（関税法第67条に規定する輸入の許可をいいます。）があったことを証する書類
②　その他税関長の承認を受けて輸入の許可前に保税地域から課税貨物を引き取った場合における当該承認があったことを証する書類など

3　帳簿及び請求書等の保存期間

帳簿及び請求書等は、これを整理し、次に掲げる日から2月を経過した日から7年間、納税地又はその取引に係る事務所等の所在地に保存しなければなりません（消令50①）。

①　帳簿については、その閉鎖の日の属する課税期間の末日の翌日

②　請求書等については、その受領した日の属する課税期間の末日の翌日

ただし、保存期間の6年目及び7年目は、帳簿又は請求書等のいずれかの保存で足ります（消令50①、消規15の3、消基通11-6-7）。

4　帳簿及び請求書等の保存を要しない場合

災害その他やむを得ない事情により、帳簿及び請求書等の保存をすることができなかったことをその事業者において証明した場合には、その保存がなくても仕入税額控除の規定が適用されます（消法30⑦）。

「災害その他やむを得ない事情」とは、次をいいます（消基通11-2-22、8-1-4）。

災害	震災、風水害、雪害、凍害、落雷、雪崩、がけ崩れ、地滑り、火山の噴火等の天災又は火災その他の人為的災害で自己の責任によらないものに基因する災害
やむを得ない事情	上記の災害に準ずるような状況又はその事業者の責めに帰することができない状況にある事態

5　請求書等の保存を要しない場合

(1)　特定課税仕入れ

特定課税仕入れについては、請求書等の保存は要しません。帳簿の保存のみで仕入税額控除の適用を受けることができます（消法30⑦、消令49①二）。

(2) 課税仕入れ

① 請求書等の保存を要しない課税仕入れ

　次に掲げる課税仕入れについては、請求書等の保存は要しません。帳簿の保存のみで仕入税額控除の適用を受けることができます（消法30⑦、消令49①一、消規15の４）。

請求書等の保存を要しない課税仕入れ
①　公共交通機関特例*1に係る課税仕入れ
②　入場券その他の課税仕入れに係る書類のうち適格簡易請求書の事項(取引年月日を除きます。)が記載されているものが、その課税仕入れに係る課税資産の譲渡等を受けた際にその課税資産の譲渡等を行う適格請求書発行事業者により回収された課税仕入れ
③　課税仕入れに係る資産が次に掲げる資産のいずれかに該当する場合におけるその課税仕入れ（その資産が棚卸資産（消耗品を除きます。）に該当する場合に限ります。） 　イ　古物営業法第２条第２項に規定する古物営業を営む同条第３項に規定する古物商である事業者が、適格請求書発行事業者以外の者から買い受けた同条第１項に規定する古物*2 　ロ　質屋営業法第１条第１項に規定する質屋営業を営む同条第２項に規定する質屋である事業者が、同法第18条第１項の規定により適格請求書発行事業者以外の者から所有権を取得した質物 　ハ　宅地建物取引業法第２条第２号に規定する宅地建物取引業を営む同条第３号に規定する宅地建物取引業者である事業者が、適格請求書発行事業者以外の者から買い受けた同条第２号に規定する建物 　ニ　再生資源卸売業その他不特定かつ多数の者から再生資源等に係る課税仕入れを行う事業を営む事業者が、適格請求書発行事業者以外の者から買い受けたその再生資源等
④　自動販売機特例*1に係る課税仕入れ
⑤　郵便局特例*1に係る課税仕入れ
⑥　法人税法第２条第15号に規定する役員又は使用人（以下「使用人等」といいます。）が勤務する場所を離れてその職務を遂行するため旅行をし、若しくは転任に伴う転居のための旅行をした場合又は就職若しくは退職者等がこれらに伴う転居のための旅行をした場合に、その旅行に必要な支出に充てるために事業者がその使用人等又はその退職者等に対して支給する金品で、その旅行について通常必要であると認められる部分に係る課税仕入れ
⑦　使用人等で通勤する者に対して支給する所得税法第９条第１項第５号に規定する通勤手当のうち、通常必要であると認められる部分に係る課税仕入れ

　*1　公共交通機関特例、自動販売機特例及び郵便局特例については、41ページを参照してください。

　*2　古物に準ずる物品及び証票で、譲渡する者が使用、鑑賞その他の目的で譲り受けたもの（古物営業と同等の方法で買い受けたもの）を含みます（消規15の３）。

　　　「古物に準ずる物品及び証票」とは、古物営業法上の古物に該当しない、例えば、金、銀、白金といった貴金属の地金やゴルフ会員権がこれに該当します（消基通11－６－３）。

② 帳簿の記載

　帳簿に上記①の表の①から⑦に掲げる課税仕入れのいずれかに該当する旨を記載しなければなりません（消令49①一）。

　また、上記②の入場券等が回収された課税仕入れのうち３万円以上のものについては、その課税仕入れの相手方の住所又は所在地を記載しなければなりません。

(3)　請求書等の保存を要しない課税仕入れに関する経過措置（少額特例）

　基準期間における課税売上高が１億円以下又は特定期間における課税売上高が5,000万円以下である事業者については、令和５年10月１日から令和11年９月30日までの間に国内において行う課税仕入れについて、その課税仕入れに係る支払対価の額が１万円未満である場合には、適格請求書の保存がなくとも帳簿のみで仕入税額控除が認められます（平28改所法附53の２、平30改消令附24の２）。

(4)　適格請求書発行事業者以外の者から行った課税仕入れに係る税額控除に関する経過措置

　令和５年10月１日から令和11年９月30日までの間に国内において行った適格請求書等の保存がない課税仕入れのうち、区分記載請求書等保存方式であったならば仕入税額控除の適用を受けるものについては、区分記載請求書等を適格請求書等とみなし、次により算出した金額を課税仕入れに係る消費税額とみなして、仕入税額控除の規定を適用します（平28改所法附52①、53①）。

令和５年10月１日から令和８年９月30日までの間	その課税仕入れに係る支払対価の額 $\times \dfrac{7.8}{110} * \times \dfrac{80}{100}$
令和８年10月１日から令和11年９月30日までの間	その課税仕入れに係る支払対価の額 $\times \dfrac{7.8}{110} * \times \dfrac{50}{100}$

＊　その課税仕入れ軽減対象課税資産の譲渡等に係るものである場合には、$\dfrac{6.24}{108}$ を乗じます。

＊　帳簿には、この特例の適用を受ける課税仕入れである旨を付記します（平28改所法附52①、53①）。

＊　令和６年10月１日以後に開始する課税期間においては、一の適格請求書発行事業者以外の者からの課税仕入れの額の合計額がその年又はその事業年度で10億円を超える場合には、その超えた部分の課税仕入れについては、この経過措置の適用はできません。

演 習 問 題

問16 次の文章の ⬚ の中に、適切な語を記入しなさい。

1. 課税仕入れとは、⬚ が事業として他の者から資産を ⬚ 、若しくは ⬚ 、又は ⬚ （給与等を対価とするものを除く。）を受けることをいう。

2. 課税仕入れに係る支払対価の額とは、課税仕入れの ⬚ として支払い、又は支払うべき一切の金銭又は金銭以外の物若しくは権利その他 ⬚ の額とし、その際、課されるべき消費税額及び地方消費税額を ⬚ をいう。

3. 課税仕入れ等の税額とは、国内において行った ⬚ （特定課税仕入れに該当するものを除く。）に係る消費税額及び ⬚ からの引取りに係る ⬚ につき課された又は課されるべき消費税額をいう。

4. 仕入れに係る対価の返還等とは、国内において行った課税仕入れにつき、返品をし、又は値引き若しくは割戻しを受けたことによる、その課税仕入れに係る支払対価の額の全部若しくは一部の ⬚ 又はその課税仕入れに係る支払対価の額に係る買掛金その他の債務の全部若しくは一部の ⬚ をいう。

5. 仕入れに係る消費税額の控除の規定は、原則として、⬚ がその課税期間の課税仕入れ等の税額の控除に係る帳簿及び請求書等の ⬚ をしない場合には適用されない。

6. 課税仕入れに係る消費税額を控除するためには、原則として課税仕入れに係る ⬚ の ⬚ が必要である。

問17 次の資料から、当課税期間（令和6年4月1日から令和7年3月31日まで）の課税売上割合を計算しなさい。

(1) 当期商品売上高の内訳は、次のとおりであり、旧税率又は軽減税率を適用した課税資産の譲渡等はない。

① 輸出免税となる売上高　　　　　　　　　13,500,000円

② 国内における課税売上高　　　　　　　　59,400,000円

(2) 売上値引き・戻り高2,090,000円は、当課税期間の国内課税売上高に係るものである。

(3) 固定資産売却の内訳は、次のとおりである。

① 帳簿価額800,000円の備品Aを660,000円で売却した。

② 帳簿価額16,000,000円の土地を30,000,000円で売却した。

(4) 有価証券売却益は、帳簿価額8,000,000円の株式（ゴルフ場利用株式等に該当しない。）

を8,200,000円で売却したことによるものである。

(5) 国内において銀行預金利息65,000円の支払を受けている。

（解答欄）

(1) 課税売上高

① 総売上高 [＿＿＿＿＿＿＿] 円 + [＿＿＿＿＿＿] 円 = [＿＿＿＿＿＿] 円

② ①× [＿＿] = [＿＿＿＿＿＿] 円

③ 売上げに係る対価の返還等の金額 [＿＿＿＿＿＿] 円 × $\dfrac{100}{110}$ = [＿＿＿＿＿＿] 円

④ 課税売上高

②－③＝ [＿＿＿＿＿＿] 円

(2) 輸出売上高 [＿＿＿＿＿＿] 円

(3) 非課税売上高

① 受取利息 [＿＿＿＿] 円

② 有価証券売却高 [＿＿＿＿＿] 円 × [＿＿] ％ = [＿＿＿＿＿] 円

③ 土地売却高 [＿＿＿＿＿＿] 円

④ 合計①＋②＋③＝ [＿＿＿＿＿＿] 円

(4) 課税売上割合

$$\dfrac{[\quad] 円 + [\quad] 円}{[\quad] 円 + [\quad] 円 + [\quad] 円} = \dfrac{[\quad] 円}{[\quad] 円}$$

問18 次の資料から、解答用紙の区分に従い、当課税期間（令和6年4月1日から令和7年3月31日まで）の控除対象仕入税額を計算しなさい。

なお、いずれの取引についても特にことわりがない限り、旧税率又は軽減税率が適用されたものではない。

また、計算方法は総額割戻し方式とする。

(1) 当期商品仕入高371,800,000円は、国内における課税仕入れに該当するものである。

(2) 仕入値引、戻し高2,310,000円は、当課税期間の国内課税仕入れに係るものである。

(3) 商品荷造運送費の内訳は、次のとおりである。

① 輸出免税の対象となる売上げに係る国際運賃　　　316,000円

② 国内における課税売上げに係る国内運賃及び荷造費　2,420,000円

(4) 従業員給与手当のうち1,430,000円は、通勤手当（実額）である。

(5) 福利厚生費の内訳は、次のとおりである。

① 当社負担の社会保険料　　　　　　　　　　　　4,542,000円

② 従業員慰安のための運動会費用　　　　　　　　 352,000円

③　従業員の慶弔に伴う祝い金、香典等　　　　　　　　　160,000円

④　会議用のお茶等、飲食料品の購入費（軽減税率適用）　162,000円

⑹　旅費交通費2,594,000円のうち361,000円は海外出張旅費である。

⑺　通信費2,134,000円のうち264,000円は、海外の取引先との国際通信費である。

⑻　水道光熱費1,903,000円は、すべて課税仕入れに該当する。

⑼　寄附金のうち341,000円は、某県立高校に寄贈した備品の購入費である。

⑽　接待交際費の内訳は、次のとおりである。

①　取引先接待のための飲食費　　　　　　　　　　　　　913,000円

②　取引先接待のための国内旅行費用　　　　　　　　　　605,000円

　　このうち3,300円は入湯税である。

③　取引先に贈呈した商品券の購入費　　　　　　　　　　300,000円

④　取引先接待のためのゴルフプレー費　　　　　　　　　434,000円

　　このうち16,000円は、ゴルフ場利用税である。

⑤　取引先の慶弔に伴う祝い金、香典等　　　　　　　　　220,000円

⑾　消耗品費1,540,000円は、すべて課税仕入れに該当する。

⑿　支払手数料4,950,000円は、固定資産である土地の売却に係るものである。

⒀　その他の経費のうち4,246,000円は、課税仕入れに該当する。

⒁　従業員給与手当、福利厚生費、旅費交通費、通信費、水道光熱費、寄附金、接待交際費、消耗品費及びその他の経費のうち課税仕入れとなるものは、課税資産の譲渡等とその他の資産の譲渡等に共通して要する課税仕入れに該当する。

⒂　当課税期間に備品Ｂを1,045,000円で取得し、商品陳列用として使用している。

（解答欄）

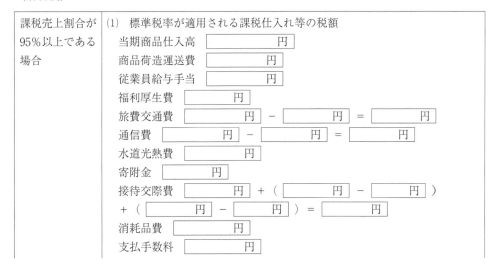

	その他の経費 [　　　　　　　] 円 備品B [　　　　　　　] 円 合計 [　　　　　　　] 円 [　　　　　　　] 円 × [―] = [　　　　　　　] 円 (2) 軽減税率が適用される課税仕入れ等の税額 福利厚生費 [　　　　　] 円 × [―] = [　　　　　] 円 (3) 仕入対価の返還等に係る税額 [　　　　] 円 × [―] = [　　　] 円 (4) 控除対象仕入税額 [　　　] 円 + [　　　] 円 − [　　　] 円 = [　　　] 円
課税売上割合が80％で一括比例配分方式を適用する場合	(1) 標準税率が適用される課税仕入れ等の税額 [　　　　] 円 × $\dfrac{7.8}{110}$ = [　　　　] 円 (2) 軽減税率が適用される課税仕入れ等の税額 福利厚生費 [　　　　] 円 × [―] = [　　　　] 円 (3) 仕入対価の返還等に係る税額 [　　　　] 円 × $\dfrac{7.8}{110}$ = [　　　　] 円 (4) 控除対象仕入税額 [　　　] 円 × [　%] + [　　　] 円 × [　%] − [　　　] 円 × [　%] = [　　　] 円
課税売上割合が80％で個別対応方式を適用する場合	(1) 標準税率が適用される課税仕入れ等の税額 　a．課税資産の譲渡等にのみ要するもの 　① 当期商品仕入高 [　　　　] 円 　② 商品荷造運送費 [　　　　] 円 　③ (　　　) [　　　　] 円 　④ 合計(①〜③計 [　　　　] 円) × [―] = [　　　　] 円 　b．その他の資産の譲渡等にのみ要するもの（土地売却手数料） [　　　　] 円 × [―] = [　　　　] 円

　　　　c．課税資産の譲渡等とその他の資産の譲渡等に共通して要するもの

　　　　① 従業員給与手当 ［　　　　　　円］

　　　　② 福利厚生費 ［　　　　円］

　　　　③ 旅費交通費 ［　　　　円］ － ［　　　　円］ ＝ ［　　　　円］

　　　　④ 通信費 ［　　　　円］ － ［　　　　円］ ＝ ［　　　　円］

　　　　⑤ 水道光熱費 ［　　　　円］

　　　　⑥ 寄附金 ［　　　円］

　　　　⑦ 接待交際費 ［　　　円］ ＋ （ ［　　　円］ － ［　　　円］ ）

　　　　＋ （ ［　　　円］ － ［　　　円］ ） ＝ ［　　　円］

　　　　⑧ （　　　　） ［　　　円］

　　　　⑨ その他の経費 ［　　　円］

　　　　⑩ 合計 （ ［①〜⑨計　　　円］ ）× ［─］ ＝ ［　　　円］

(2) 軽減税率が適用される課税仕入れ等の税額

　　c．課税資産の譲渡等とその他の資産の譲渡等に共通して要するもの

　　福利厚生費 ［　　　　円］ × ［─］ ＝ ［　　　円］

(3) 返還等に係る税額（課税資産の譲渡等にのみ要するものに係るもの）

　　［　　　　円］ × ［─］ ＝ ［　　　円］

(4) 個別対応による控除対象仕入税額の計算

　　［　　　　円］ － ［　　　円］ ＋ ［　　　円］ × ［％］ ＋

　　［　　　　円］ × ［％］ ＝ ［　　　円］

仕入れに係る消費税額の調整

仕入れに係る消費税額の調整には、次のものがあります。

仕入れに係る消費税額の調整
(1) 「調整対象固定資産に関する仕入れに係る消費税額の調整」
(2) 「居住用賃貸建物に関する仕入れに係る消費税額の調整」
(3) 「課税事業者となった場合等の棚卸資産に係る消費税額の調整」

(1) 調整対象固定資産に関する仕入れに係る消費税額の調整

固定資産は、長期にわたって利用するものであるため、会計上、その購入時には資産に計上し、減価償却の手続によって使用される会計期間に費用配分します。

消費税には、このような費用収益の期間的対応という概念はありません。

消費税は、その税負担を最終消費に転嫁するため、課税資産の譲渡等の対価の額を課税標準とし、課税仕入れ等に係る消費税額を控除することによって、納付すべき消費税額を計算します。その課税期間における課税売上高が5億円を超える場合又は課税売上割合が95％未満の場合には、その課税仕入れ等が課税資産の譲渡等のために要するものであるかどうかによって、控除することができる税額と控除することができない税額とを計算することになりますが、それは、費用収益の期間的対応ではなく、その課税仕入れ等に係る税負担を転嫁する課税売上げがあるかどうかを確認するものです。したがって、固定資産に係る課税仕入れ等であっても、それが課税資産の譲渡等のために要するものであれば、その仕入れを行った課税期間において、その全額が控除の対象となります。

しかし、長年にわたって使用する固定資産について、これを取得した課税期間の状況だけで課税関係を完結させてしまうと、課税売上割合が大きく変動した場合やその固定資産の使用目的を変更した場合には、結果的に売上げと仕入れの関係の実態が反映されていなかったことになります。

そこで、1個1組100万円以上の固定資産の課税仕入れ等を行った場合は、その後3年間は、控除対象仕入税額の調整を行う規定を設けています。

この調整には、仕入れ時の処理に基づき、次の2つの調整があります。

① 課税売上割合が著しく変動した場合の調整

② 調整対象固定資産を転用した場合の調整

(2)　居住用賃貸建物に関する仕入れに係る消費税額の調整

　令和２年度の税制改正により、令和２年10月１日以後に行う「居住用賃貸建物」の課税仕入れは、仕入税額控除の対象とならないこととされました。

　この取扱いにより仕入税額控除の適用を認めないこととされた居住用賃貸建物について、第三年度の課税期間の末日までの間に住宅の貸付け以外の貸付けの用に供した場合又は譲渡した場合には、その居住用賃貸建物の貸付け及び譲渡の対価の額を基礎として計算した割合に対応する税額を第三年度の課税期間又は譲渡した日の属する課税期間の仕入控除税額に加算して調整します。

(3)　課税事業者となった場合等の棚卸資産に係る消費税額の調整

　免税事業者である課税期間に行った課税仕入れ等については、仕入税額控除の規定は適用されません。しかし、課税事業者が課税取引となる商品の販売を行った場合には、その商品が免税事業者であった課税期間に仕入れたものであっても、その課税資産の譲渡等の対価の額は課税標準額に算入されます。

　したがって、免税事業者であった課税期間に仕入れた課税資産を課税事業者となった課税期間に販売する場合には、税負担の転嫁のための調整を行う必要があり、課税事業者となった課税期間の期首棚卸資産に係る消費税額を、その課税事業者となった課税期間の課税仕入れ等に係る消費税額とみなす調整の規定が設けられています。

　また、課税事業者が翌課税期間から免税事業者となる場合には、その課税期間の期末棚卸資産に係る消費税額が調整の対象となります。

■第一節　調整対象固定資産に関する仕入れに係る消費税額の調整

■仕入時の計算と調整との関係

　調整対象固定資産の課税仕入れ等を行った課税期間のその課税仕入れ等の税額について適用した計算方法により、次のような調整を行います。

仕入時の計算		調整計算	調整の時期
全額控除		課税売上割合が著しく変動した場合の調整	第三年度の課税期間
一括比例配分方式			
個別対応方式	共通用		
	課税売上用	転用した場合の調整	転用した課税期間（３年以内）
	非課税売上用		
簡易課税制度を適用した場合免税事業者であった場合		調整なし	

＊　調整対象固定資産の課税仕入れ等を行った日の属する課税期間又は調整を行うべき課税期間において、簡易課税制度の適用がある場合又は免税事業者である場合には、調整は行いません（消法37①）。

■調整対象固定資産の範囲

　調整対象固定資産とは、建物、構築物、機械及び装置、船舶、航空機、車両及び運搬具、工具、器具及び備品、鉱業権その他の資産（棚卸資産以外の資産）で、その資産に係る課税仕入れに係る支払対価の額の$\frac{100}{110}$に相当する金額（旧税率８％が適用された課税仕入れについては支払対価の額の$\frac{100}{108}$に相当する金額）又は保税地域から引き取られるその資産の課税標準である金額が、一の取引の単位につき100万円以上のものをいいます（消法２①十六、消令５）。

調整対象固定資産となる資産（棚卸資産以外の次の資産で100万円以上のもの）
①　建物及びその附属設備
②　構築物
③　機械及び装置
④　船舶
⑤　航空機
⑥　車両及び運搬具
⑦　工具、器具及び備品
⑧　無形固定資産（鉱業権・漁業権・水利権・特許権・実用新案権・意匠権・商標権・営業権等）
⑨　ゴルフ場利用株式、預託金方式のゴルフ会員権等
⑩　牛、馬、豚、果樹等の生物
⑪　その他これらに準ずるもの

　＊　100万円以上であるかどうかを判定する対価の額には、その資産の購入のために要する引取運賃、荷役費等の付随費用は含まれません（消基通12－２－２）。
　＊　「一の取引」の単位は、通常一組又は一式をもって取引の単位とされるものにあっては一組又は一式とされ、例えば、機械及び装置にあっては１台又は１基、工具、器具及び備品にあっては１個、１組又は１そろい、構築物のうち例えば枕木、電柱等単体では機能を発揮できないものにあっては社会通念上一の効果を有すると認められる単位となります（消基通12－２－３）。

(1)　課税売上割合が著しく変動した場合の調整

　通算課税売上割合が調整対象固定資産の仕入れ等の課税期間における課税売上割合に対して著しく変動した場合には、次の調整を行います（消法33）。

適用要件	A　調整対象固定資産に係る課税仕入れ等の税額につき比例配分法により控除対象仕入税額を計算した場合において、 B　第三年度の課税期間の末日においてその調整対象固定資産を有しており、 C　第三年度の課税期間における通算課税売上割合が仕入れ等の課税期間における課税売上割合に対して著しく増加又は減少したとき

↓

調整	著しく増加した場合には次の①の金額と②の金額の差額に相当する消費税額を第三年度の課税期間の控除対象仕入税額に加算し、著しく減少した場合には控除する。 ①　調整対象基準税額に仕入れ等の課税期間における課税売上割合を乗じて計算した消費税額の合計額 ②　調整対象基準税額に通算課税売上割合を乗じて計算した消費税額の合計額

＊　保税地域から引き取った調整対象固定資産についても適用があります（消法33①）。

＊　比例配分法とは、課税仕入れ等の税額の全額を控除する方法、個別対応方式による場合に課税資産の譲渡等とその他の資産の譲渡等に共通して要する課税仕入れ等の税額に課税売上割合を乗じて計算する方法、一括比例配分方式をいいます（消法33①②）。

＊　第三年度の課税期間とは、仕入れ等の課税期間の開始の日から３年を経過する日の属する課税期間をいいます（消法33②）。

＊　通算課税売上割合とは、仕入れ等の課税期間から第三年度の課税期間までの各課税期間において適用されるべき課税売上割合を通算した課税売上割合をいいます（消法33②）。

＊　調整対象基準税額とは、第三年度の課税期間の末日において有する調整対象固定資産の課税仕入れ等の税額をいいます（消法33①）。

＊　控除して控除しきれない金額があるときは、その控除しきれない金額を課税資産の譲渡等に係る消費税額とみなして第三年度の課税期間の課税標準額に対する消費税額に加算します（消法33③）。

■著しい変動

著しい変動とは、次図のイ、ロいずれにも該当するものをいいます（消令53）。

イ　変動差が５％以上
ロ　変動率が50％以上

いずれにも該当 → 著しい変動

＊　変動差とは、仕入れ時の課税売上割合と通算課税売上割合との差をいいます。

＊　変動率とは、仕入れ時の課税売上割合のうちに変動差が占める割合をいいます。

＊　仕入れ時の課税売上割合が０％の場合には、通算課税売上割合が５％以上であれば、著しい増加に該当します（消基通12－3－2）。

(2)　調整対象固定資産を転用した場合の調整

①　課税業務用調整対象固定資産を非課税業務用に転用した場合

課税業務用調整対象固定資産を非課税業務用に転用した場合には、次の調整を行います（消法34①）。

適用要件	A　調整対象固定資産に係る課税仕入れ等の税額について課税資産の譲渡等にのみ要するものとして控除対象仕入税額を計算した場合において、 B　その調整対象固定資産をその課税仕入れ等の日から3年以内にその他の資産の譲渡等に係る業務の用に転用したとき

↓

調整	次の消費税額をその転用をした日の属する課税期間の控除対象仕入税額から控除する。 ①　調整対象固定資産の課税仕入れ等の日から1年を経過する日までの期間の転用 　　　　　　　　　　　　　　　　…調整対象税額に相当する消費税額 ②　①の期間の末日の翌日から1年を経過する日までの期間の転用 　　　　　　　　　　　　…調整対象税額の$\frac{2}{3}$に相当する消費税額 ③　②の期間の末日の翌日から1年を経過する日までの期間の転用 　　　　　　　　　　　　…調整対象税額の$\frac{1}{3}$に相当する消費税額

＊　保税地域から引き取った調整対象固定資産についても適用があります（消法34①）。
＊　調整対象税額とは、調整対象固定資産の課税仕入れ等の税額をいいます（消法34①）。
＊　控除して控除しきれない金額があるときは、控除しきれない金額を課税資産の譲渡等に係る消費税額とみなしてその転用をした日の属する課税期間の課税標準額に対する消費税額に加算します（消法34②）。

②　非課税業務用調整対象固定資産を課税業務用に転用した場合

　非課税業務用調整対象固定資産を課税業務用に転用した場合には、次の調整を行います（消法35）。

適用要件	A　調整対象固定資産に係る課税仕入れ等の税額についてその他の資産の譲渡等にのみ要するものとして控除対象仕入税額がないこととした場合において、 B　その調整対象固定資産をその課税仕入れ等の日から3年以内に課税資産の譲渡等に係る業務の用に転用したとき

↓

調整	次の消費税額をその転用をした日の属する課税期間の控除対象仕入税額に加算する。 ①　調整対象固定資産の課税仕入れ等の日から1年を経過する日までの期間の転用 　　　　　　　　　　　　　　　　…調整対象税額に相当する消費税額 ②　①の期間の末日の翌日から1年を経過する日までの期間の転用 　　　　　　　　　　　　…調整対象税額の$\frac{2}{3}$に相当する消費税額 ③　②の期間の末日の翌日から1年を経過する日までの期間の転用 　　　　　　　　　　　　…調整対象税額の$\frac{1}{3}$に相当する消費税額

＊　保税地域から引き取った調整対象固定資産についても適用があります（消法35）。
＊　調整対象税額とは、調整対象固定資産の課税仕入れ等の税額をいいます（消法35）。

■第二節　居住用賃貸建物に関する仕入れに係る消費税額の調整

⑴　課税賃貸用に供した場合の調整

　居住用賃貸建物に係る仕入税額控除の制限の適用を受けた場合において、第三年度の課税期間の末日においてその居住用賃貸建物を有しており、かつ、その居住用賃貸建物の全部又は一部を調整期間に課税賃貸用（住宅の貸付け以外の貸付けの用）に供したときは、その有している居住用賃貸建物に係る課税仕入れ等の税額に課税賃貸割合を乗じて計算した金額に相当する消費税額をその第三年度の課税期間の仕入れに係る消費税額に加算します（消法35の2①）。

適用要件	第三年度の課税期間の末日においてその居住用賃貸建物を有している かつ その居住用賃貸建物の全部又は一部を調整期間に課税賃貸用に供した

↓

調整	第三年度の課税期間に、居住用賃貸建物の課税仕入れ等に係る消費税額に課税賃貸割合を乗じた金額を仕入税額控除の額に加算する

①　第三年度の課税期間

　第三年度の課税期間とは、居住用賃貸建物の仕入れ等の日の属する課税期間の開始の日から3年を経過する日の属する課税期間をいい、居住用賃貸建物の仕入れ等の日とは、その居住用賃貸建物の課税仕入れの日をいいます。（消法35の2③）。

　自己建設高額特定資産については、その自己建設高額特定資産の建設等が完了した日を居住用賃貸建物の仕入れ等の日として、第三年度の課税期間を判定します（消法35の2③）。

②　調整期間

　調整期間とは、その居住用賃貸建物の仕入れ等の日から第三年度の課税期間の末日までの間をいいます（消法35の2①）。

③　課税賃貸割合

　課税賃貸割合とは、調整期間に行ったその居住用賃貸建物の貸付けの対価の額の合計額のうちに、調整期間に行ったその居住用賃貸建物の課税賃貸用の貸付けの対価の額の合計額の占める割合です。これらの対価の返還等があった場合には、その返還等の金額をそれぞれの対価の額の合計額から控除した残額によります（消法35の2③、消令53の2①）。

　課税賃貸用の貸付けの対価の額及びその対価の返還等の額には、消費税及び地方消費税を含みません（消令53の2③）。

課税賃貸割合	=	（A）のうち、課税賃貸用に供したものに係る金額
		調整期間に行ったその居住用賃貸建物の貸付けの対価の額の合計額（A） （対価の返還等の額を控除した残額）

(2) 譲渡した場合の調整

居住用賃貸建物に係る仕入税額控除の制限の適用を受けた場合において、その居住用賃貸建物の全部又は一部を調整期間に他の者に譲渡したときは、その譲渡をした居住用賃貸建物に係る課税仕入れ等の税額に課税譲渡等割合を乗じて計算した金額に相当する消費税額をその譲渡をした課税期間の仕入れに係る消費税額に加算します（消法35の2②）。

適用要件	その居住用賃貸建物の全部又は一部を調整期間に譲渡した

↓

調整	譲渡をした課税期間に、居住用賃貸建物の課税仕入れ等に係る消費税額に課税譲渡等割合を乗じた金額を仕入税額控除の額に加算する

① 課税譲渡等割合

課税譲渡等割合とは、課税譲渡等調整期間に行ったその居住用賃貸建物の貸付けの対価の額の合計額及びその居住用賃貸建物の譲渡の対価の額の合計額のうちに、課税譲渡等調整期間に行ったその居住用賃貸建物の課税賃貸用の貸付けの対価の額の合計額及びその居住用賃貸建物の譲渡の対価の額の合計額の占める割合です。これらの対価の返還等があった場合には、その返還等の金額をそれぞれの対価の額の合計額から控除した残額によります（消法35の2③、消令53の2②）。

課税賃貸用の貸付けの対価の額及び譲渡の対価の額並びにこれらの対価の返還等の額には、消費税及び地方消費税を含みません（消令53の2②）。

課税譲渡等割合	=	（B）のうち、課税賃貸用に供したものに係る金額	＋	（C）の金額
		課税譲渡等調整等期間に行ったその居住用賃貸建物の貸付けの対価の額の合計額（B） （対価の返還等の額を控除した残額）	＋	その居住用賃貸建物の譲渡の対価の額（C）

② 課税譲渡等調整期間

　課税譲渡等調整期間とは、その居住用賃貸建物の仕入れ等の日からその居住用賃貸建物を譲渡した日までの間をいいます（消法35の２③）。

■第三節　課税事業者となった場合等の棚卸資産に係る消費税額の調整

　免税事業者が課税事業者となった場合には、課税事業者となった課税期間の期首棚卸資産に係る消費税額の調整を行います（消法36①）。

　課税事業者が免税事業者となる場合には、免税事業者となる課税期間の直前の課税期間の期末棚卸資産に係る消費税額の調整を行います（消法36⑤）。

　ただし、その課税期間の控除対象仕入税額を簡易課税制度により計算する場合は適用がありません（消法37①）。

(1)　免税事業者が課税事業者となった場合

　免税事業者が課税事業者となった場合には、次の調整を行います（消法36①）。

適用要件	A　免税事業者が課税事業者となった場合において、 B　その課税事業者となった課税期間の初日の前日において免税事業者であった期間中に国内において譲り受けた課税仕入れに係る棚卸資産又は保税地域からの引取りに係る課税貨物で棚卸資産に該当するものを有しており、 C　その棚卸資産の明細を記録した書類を保存しているとき

↓

調整	その棚卸資産に係る消費税額をその課税事業者となった課税期間の控除対象仕入税額の基礎となる課税仕入れ等の税額とみなす。

(2)　相続等により免税事業者の事業を承継した場合

　相続等により、免税事業者の棚卸資産を承継した場合には、次の調整を行います（消法36③）。

①　個人事業者

適用要件	A　課税事業者が相続により免税事業者である被相続人の事業を承継した場合において、 B　その被相続人が免税事業者であった期間中に国内において譲り受けた課税仕入れに係る棚卸資産又はその期間における保税地域からの引取りに係る課税貨物で棚卸資産に該当するものを引き継いだとき

↓

調整	その棚卸資産に係る消費税額をその引継ぎを受けた日の属する課税期間の控除対象仕入税額の計算の基礎となる課税仕入れ等の税額とみなす。

② 法人

適用要件	A 課税事業者が合併により免税事業者である被合併法人の事業を承継した場合又は分割により免税事業者である分割法人の事業を承継した場合において、 B その被合併法人又は分割法人が免税事業者であった期間中に国内において譲り受けた課税仕入れに係る棚卸資産又はその期間における保税地域からの引取りに係る課税貨物で棚卸資産に該当するものを引き継いだとき

↓

調整	その棚卸資産に係る消費税額をその引継ぎを受けた日の属する課税期間の控除対象仕入税額の計算の基礎となる課税仕入れ等の税額とみなす。

(3) 課税事業者が免税事業者となる場合

　課税事業者が免税事業者となる場合には、次の調整を行います（消法36⑤）。

適用要件	A 課税事業者が免税事業者となる場合において、 B その免税事業者となる課税期間の初日の前日においてその前日の属する課税期間中に国内において譲り受けた課税仕入れに係る棚卸資産又は保税地域からの引取りに係る課税貨物で棚卸資産に該当するものを有しているとき

↓

調整	その棚卸資産に係る消費税額は、その課税期間の控除対象仕入税額の計算の基礎となる課税仕入れ等の税額に含まれないものとする。

(4) 書類の保存

　(1)及び(2)の調整は、棚卸資産の明細を記録した書類を保存しない場合には、その保存のない棚卸資産については、適用されません。ただし、災害その他やむを得ない事情によりその保存をすることができなかったことをその事業者において証明した場合は、書類の保存のない棚卸資産についても適用されます（消法36②）。

(5) 棚卸資産に係る消費税額

　棚卸資産とは、商品又は製品（副産物及び作業屑を含みます。）、半製品、仕掛品（半成工事を含みます。）、主要原材料、補助原材料、消耗品で貯蔵中のもの及びこれらの資産に準ずるものをいいます（消法2①十五、消令4）。

　棚卸資産に係る消費税額は、棚卸資産ごとに、その取得に要した課税仕入れ等となる費用の額に$\frac{7.8}{110}$を乗じて計算します（消法36①、消令54①、消基通12-7-1、12-7-2）。

　なお、上記$\frac{7.8}{110}$の割合は、令和元年10月1日以後に行った課税仕入れに係るものです。

棚卸資産に係る消費税額は、税率が異なるごとに計算します。乗ずる割合は、課税仕入れ等に応じて、次によります。

① 軽減対象課税資産の譲渡等……$\dfrac{6.24}{108}$

② ①以外の課税資産の譲渡等……$\dfrac{7.8}{110}$

③ 旧税率を適用した課税資産の譲渡等……旧税率による割合

棚卸資産のうち、その仕入れにつき旧税率を適用したものについては、その旧税率を適用してその税額を計算します。

棚卸資産	取得に要した課税仕入れ等となる費用の額
・商品又は製品（副産物及び作業屑を含む。） ・半製品仕掛品（半成工事を含む。） ・主要原材料 ・補助原材料 ・消耗品で貯蔵中のもの ・これらの資産に準ずるもの	① 国内の課税仕入れに係る棚卸資産：イ＋ロ＋ハ 　イ その資産の課税仕入れに係る支払対価の額 　ロ 引取運賃、荷役費その他購入のために要した費用の額 　ハ その資産を消費し、又は販売するために直接要した費用の額 ② 保税地域からの引取りに係る棚卸資産：イ＋ロ＋ハ 　イ その課税貨物に係る消費税の課税標準である金額と当該課税貨物の引取りに係る消費税額等との合計額 　ロ 引取運賃、荷役費その他保税地域からの引取りのために要した費用の額 　ハ その課税貨物を消費し、又は販売するために直接要した費用の額 ③ ②の棚卸資産を原材料として製作等された棚卸資産：イ＋ロ 　イ その資産の製作等のために要した原材料費及び経費の額 　ロ その資産を消費し、又は販売するために直接要した費用の額
買入事務費等について、少額であるものとして取得価額に含めないこととしているときは、それによる。	

演 習 問 題

問19 令和6年4月1日から令和7年3月31日までの間に仕入れた次の資産等のうち、調整対象固定資産に該当するものを選びなさい。なお、消費税の課税取引に該当するものの金額は税込みで表示している。

① 200万円で購入した国内に所在する土地

② 110万円で購入した国内に所在する建物

③ 国内において100万円で購入した車両

④ 国内において220万円で購入したゴルフ場利用株式

⑤ 本社建物の賃借に当たり支払った権利金500万円（返還されないもの）

⑥ 本社建物の賃借に当たり支払った権利金500万円（返還されるもの）

（解答欄）

	番　　号
調整対象固定資産に該当するもの	

問20　次の文章の _____ の中に、適切な語を記入しなさい。

1. 調整対象固定資産とは、□□□、構築物、機械及び装置、船舶、航空機、車両及び運搬具、工具、器具及び備品、鉱業権その他の資産でその □□□ が少額でないものとして特定のものをいう。

2. 棚卸資産とは、□□□、製品、半製品、□□□□、原材料、消耗品で貯蔵中のもの及びこれらに準ずるものをいう。

問21　次の資料から、当課税期間（令和6年4月1日から令和7年3月31日まで）の控除対象仕入税額を計算しなさい。金額はすべて税込みで表示している。

期首商品棚卸高　　1,650,000円

当期商品仕入高　52,800,000円

　　　計　　　　54,450,000円

期末商品棚卸高　　3,080,000円

　　差引　　　　51,370,000円

当社は、前課税期間（令和5年4月1日から令和6年3月31日まで）においては免税事業者であったが、当課税期間及び翌課税期間は課税事業者となっている。

当期の商品の仕入れはすべて、課税仕入れに該当する。

期首商品はすべて、前課税期間に行った課税仕入れに係るものであり、適用された消費税等の税率は10％であった。

（解答欄）

【控除対象仕入税額】

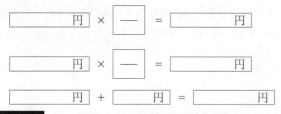

問22　次の資料から、当課税期間（令和6年4月1日から令和7年3月31日まで）の控除

対象仕入税額を計算しなさい。金額はすべて税込みで表示している。

期首商品棚卸高	1,650,000円
当期商品仕入高	52,800,000円
計	54,450,000円
期末商品棚卸高	3,080,000円
差引	51,370,000円

当社は、開業以来当課税期間まで課税事業者であったが、翌課税期間は免税事業者となる。

当期の商品の仕入れはすべて、課税仕入れに該当する。

期末商品はすべて、当課税期間に行った課税仕入れに係るものである。

（解答欄）

【控除対象仕入税額】

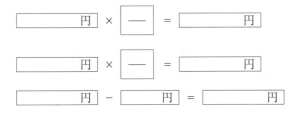

$$\boxed{}円 \times \boxed{\dfrac{}{}} = \boxed{}円$$

$$\boxed{}円 \times \boxed{\dfrac{}{}} = \boxed{}円$$

$$\boxed{}円 - \boxed{}円 = \boxed{}円$$

2割特例(適格請求書発行事業者となる小規模事業者に係る税額控除に関する経過措置)

　適格請求書発行事業者の令和5年10月1日から令和8年9月30日までの日の属する課税期間で、適格請求書発行事業者の登録がなかったとしたならば消費税を納める義務が免除されることとなる課税期間等について、納付すべき消費税額を売上税額の2割相当額とする経過措置があります。

1 経過措置期間

　2割特例は、令和8年9月30日の属する課税期間を期限とする経過措置です。

2 適用対象課税期間

　2割特例は、免税事業者が、適格請求書発行事業者の登録によって課税事業者になった場合に適用されます。インボイス発行事業者の登録と関係なく事業者免税点制度の適用を受けないこととなる課税期間には適用がありません。また、課税期間を1か月又は3か月に短縮する特例の適用を受ける場合についても、2割特例の適用はできません(平28改所法附51の2①)。

2割特例の対象とならない課税期間
① 基準期間における課税売上高が1,000万円を超える課税期間(消法9①)
② 特定期間における課税売上高が1,000万円を超える課税期間(消法9の2①)
③ 次の特例により課税事業者となる課税期間
イ 相続があった場合の特例(消法10)(相続があった年については登録日の前日までに相続があった場合に限る)
ロ 合併又は分割があった場合の特例(消法11、12)
ハ 新設法人又は特定新規設立法人の特例(消法12の2①、12の3①)
ニ 調整対象固定資産又は高額特定資産を取得した場合等の特例(消法9⑦、12の2②、12の3③、12の4①②)
ホ 法人課税信託の特例(消法15④～⑦)
④ 課税期間を短縮する特例の適用を受ける課税期間(消法19①)
⑤ 課税事業者選択届出書の提出により令和5年10月1日前から引き続き課税事業者となる課税期間
⑥ 国外事業者がその課税期間の初日において恒久的施設を有しない課税期間

(1) 相続があった場合（上記③イ）

　上記③イについて、相続により、基準期間における課税売上高が1,000万円を超える被相続人の事業を承継した相続人は、自己の基準期間における課税売上高が1,000万円以下であっても、相続開始の日の翌日から課税事業者となります（消法10①）。

　登録を受けた後に相続が開始した場合は、登録後の予期しない相続により課税期間の途中から適用が受けられないこととなるのは不適当と考えられることから、相続があった場合の特例の適用があっても、相続があった年においては、２割特例を適用することができることとされています。

(2) 令和５年９月30日以前の期間を含む申告となる場合（上記⑤）

　令和５年10月１日の属する課税期間については、免税事業者が課税事業者選択届出書を提出して令和５年10月１日前から引き続き課税事業者となる場合、すなわち、令和５年９月30日以前の期間を含む申告となる場合は、２割特例の適用を受けることはできません（平28改所法附51の2①一）。

　この場合において、令和５年10月１日を含む課税期間の末日までに課税事業者選択不適用届出書を提出したときは、その課税期間から課税事業者選択届出書の効力が失効し、２割特例の適用が可能となります（平28改所法附51の2⑤）。

　例えば、免税事業者である６月末決算法人が令和５年６月末日までに課税事業者選択届出書を提出して、令和５年７月１日から課税事業となっている場合は、令和６年６月30日までに課税事業者選択不適用届出書を提出することにより、令和５年９月30日までは免税事業者となり、10月１日からインボイス発行事業者となって２割特例を適用することが可能となります。

(3) 国外事業者の特例（上記⑥）

　令和６年10月１日以後に開始する課税期間においては、その課税期間の初日において所得税法又は法人税法上の恒久的施設を有しない国外事業者は、２割特例の適用ができません。

３ 特別控除税額

　２割特例は、売上税額の２割相当額を納付すべき消費税額とする特例です。

　具体的には、控除対象仕入税額は、次により算出した特別控除税額となります（平28改所法附51の2①②、消基通21－1－2）。

$$
\begin{array}{c}
\text{控除対象仕入税額} \\
\text{（特別控除税額）}
\end{array}
=
\begin{array}{l}
\text{課税標準額に対する消費税額} \\
\triangle \quad \text{対価の返還等に係る消費税額} \\
+ \quad \text{貸倒回収に係る消費税額}
\end{array}
\times \ 80\%
$$

4 適用の手続

２割特例の適用を受けようとする適格請求書発行事業者は、確定申告書（期限後申告書を含みます。）にその旨を付記します。

簡易課税制度と違って、選択届出書・不適用届出書の提出などの手続はなく、２年間の継続適用といったルールもありません。

5 簡易課税制度選択届出書の届出時期の特例

２割特例の適用を受けた適格請求書発行事業者が、簡易課税制度選択届出書をその適用を受けた課税期間の翌課税期間中に所轄税務署長に提出した場合において、その届出書に提出した日の属する課税期間について簡易課税制度の適用を受ける旨を記載したときは、その課税期間の初日の前日に提出したものとみなされます（平28改所法附51の２⑥）。

第十四章 簡易課税制度(中小事業者の仕入れに係る消費税額の控除の特例)

　中小事業者の仕入れに係る消費税額の控除の特例（以下、「簡易課税制度」といいます。）とは、課税標準額に対する消費税額に法令に定められた率（みなし仕入率）を乗じた金額を控除対象仕入税額とみなす特例です。

　簡易課税制度は、控除対象仕入税額の計算に当たり、本来の複雑な計算によるための納税事務負担を受忍することができない中小事業者に配慮して、設けられています。

　簡易課税に対して、本来の計算方法によって控除対象仕入税額を計算する方法を「一般課税」といいます。

■第一節　簡易課税制度の概要

　事業者が、その納税地を所轄する税務署長に簡易課税制度選択届出書を提出した場合には、その届出書を提出した日の属する課税期間の翌課税期間以後の課税期間でその基準期間における課税売上高が5,000万円以下である課税期間については、その事業者のその課税期間の課税標準額に対する消費税額にみなし仕入率を乗じて計算した金額が、その課税期間における控除対象仕入税額とみなされます（消法37①）。

■第二節　簡易課税制度の適用

　簡易課税制度は、簡易課税制度を適用することを選択した事業者のその課税期間の基準期間における課税売上高が5,000万円以下である課税期間に適用されます。

　ただし、簡易課税制度選択届出書を提出している場合であっても、基準期間における課税売上高が1,000万円以下であるなど2割特例の適用の要件を満たすときは、2割特例を選択することができます（平28改所法附51の2①）。

また、令和6年10月1日以後に開始する課税期間においては、その課税期間の初日において所得税法又は法人税法上の恒久的施設を有しない国外事業者は、簡易課税制度の適用はできません（消法37④、令6改所法附13）。

■1 基準期間における課税売上高

基準期間における課税売上高は、**第二章**を参照してください。

＊ 新設分割子法人及び新設分割親法人の簡易課税制度の適用については、新設分割子法人及び新設分割親法人の基準期間における課税売上高を合計して、その適用上限を判定することとなります（消法37①）。

＊ 吸収分割、合併、個人事業者における相続については、納税義務の免除の特例と違って、合併法人の基準期間における課税売上高と被合併法人の基準期間における課税売上高とを合計して判定するような特例は設けられていません。

■2 簡易課税制度の選択の手続

簡易課税制度の選択は、簡易課税制度選択届出書を納税地の所轄税務署長に提出して行います（消法37①）。

(1) 簡易課税制度選択届出書の提出の制限

簡易課税制度選択届出書は、次の期間は提出することができません（消法37③）。

簡易課税制度選択届出書の提出ができない期間
① その事業者が課税事業者を選択した事業者である場合において、課税事業者選択届出書の効力が生じた日の属する課税期間の初日から2年を経過する日までの間に開始した各課税期間中に調整対象固定資産の仕入れ等をしたとき ……その調整対象固定資産の仕入れ等の日の属する課税期間の初日から同日以後3年を経過する日の属する課税期間の初日の前日までの期間 （課税事業者選択不適用届出書を提出することができない期間と同じです。）
② その事業者が新設法人又は特定新規設立法人である場合において、その基準期間がない課税期間中に調整対象固定資産の仕入れ等をしたとき ……その調整対象固定資産の仕入れ等の日の属する課税期間の初日から同日以後3年を経過する日の属する課税期間の初日の前日までの期間
③ 課税事業者が、一般課税による課税期間中に国内における高額特定資産の仕入れ等を行った場合 ……高額特定資産の仕入れ等の日の属する課税期間からその課税期間（自己建設高額特定資産に係るものである場合はその建設等が完了した日の属する課税期間）の初日以後3年を経過する日の属する課税期間の初日の前日までの期間

＊　上記の期間中、はじめに調整対象固定資産の仕入れ等をした課税期間から簡易課税制度の適用を受けようとする場合には、上記の期間であっても簡易課税制度選択届出書を提出することができます（消法37③）。

(2)　適用開始の時期
①　原則
簡易課税制度選択届出書を提出した場合は、その提出をした日の属する課税期間の翌課税期間以後の課税期間でその基準期間における課税売上高が5,000万円以下である課税期間については、簡易課税制度が適用されます（消法37①）。

②　事業を開始した日の属する課税期間等に提出した場合
その提出をした日の属する課税期間が「事業を開始した日の属する課税期間等」である場合には、提出をした日の属する課税期間からその届出の効力が生じます。ただし、その届出書において適用開始課税期間の初日の年月日を明確にすることによりその課税期間の翌課税期間から適用を開始することもできます（消法37①、消基通13－1－5）。

「事業を開始した日の属する課税期間等」とは、次の課税期間をいいます（消令56、消基通13－1－3の2～4）。

> イ　事業者が国内において課税資産の譲渡等（特定資産の譲渡等に該当するものを除く）に係る事業を開始した日の属する課税期間
> ロ　個人事業者が相続により簡易課税制度の適用を受けていた被相続人の事業を承継した場合におけるその相続があった日の属する課税期間＊
> ハ　法人が吸収合併により簡易課税制度の適用を受けていた被合併法人の事業を承継した場合におけるその吸収合併があった日の属する課税期間＊
> ニ　法人が吸収分割により簡易課税制度を選択していた分割法人の事業を承継した場合における吸収分割があった日の属する課税期間＊

＊　その事業者の基準期間における課税売上高及び特定期間における課税売上高が1,000万円以下であって、事業を承継したため課税事業者となる課税期間に限ります。

③　免税事業者が適格請求書発行事業者の登録をする場合の経過措置
令和5年10月1日から令和11年9月30日の属する課税期間において適格請求書発行事業者の登録する免税事業者が、登録日の属する課税期間に「簡易課税制度選択届出書」を提出した場合には、その課税期間の初日の前日に提出したものとみなされ、提出した日の属する課税期間から簡易課税制度を適用することができます。

この場合、簡易課税制度選択届出書に、この提出時期の特例の適用を受ける旨を記載しなければなりません（平30改消令附18）。

④　小規模事業者に係る税額控除に関する経過措置（２割特例）の適用を受けた場合

　２割特例の適用を受けた適格請求書発行事業者が、その適用を受けた課税期間の翌課税期間中に、簡易課税制度選択届出書を納税地を所轄する税務署長に提出したときは、その提出した日の属する課税期間から簡易課税制度を適用することができます。

　この場合、簡易課税制度選択届出書に、この提出時期の特例の適用を受ける旨を記載しなければなりません。

⑶　合併等があった場合

　法人が合併・分割等により事業を承継した場合であっても、被合併法人等が提出した簡易課税制度選択届出書の効力は、事業を承継した合併法人等には及びません。したがって、その合併法人等が簡易課税制度を選択しようとする場合には、新たに簡易課税制度選択届出書を提出する必要があります（消基通13－１－３の３～３の４）。

　また、相続により事業を承継した場合も同様に、被相続人が提出した簡易課税制度選択届出書の効力は、事業を承継した相続人には及びません。したがって、その相続人が簡易課税制度を選択しようとする場合には、新たに簡易課税制度選択届出書を提出する必要があります（消基通13－１－３の２）。

3　簡易課税制度選択不適用の手続

⑴　簡易課税制度の適用を受けることをやめる場合

　簡易課税制度の選択をやめる場合には、その旨を記載した簡易課税制度選択不適用届出書を納税地の所轄税務署長に提出します（消法37⑤）。

⑵　事業を廃止した場合

　事業を廃止した場合には、その旨を記載した届出書を納税地の所轄税務署長に提出します（消法37⑤）。

　事業を廃止した場合に、事業を廃止した旨を記載した課税事業者選択不適用届出書、課税期間特例選択不適用届出書、簡易課税制度選択不適用届出書又は任意の中間申告書の提出取りやめ届出書のいずれかの届出書の提出があったときは、他の特例の選択についても、事業を廃止する旨の届出書の提出があったものとして取り扱われます（消基通１－４－15(1)）。

　また、事業廃止届出書の提出があったときは、課税事業者選択不適用届出書、課税期間特例

選択不適用届出書、簡易課税制度選択不適用届出書又は任意の中間申告書の提出取りやめ届出書の提出があったものとして取り扱われます（消基通1－4－15(2)）。

(3) 簡易課税制度選択届出書の効力

　簡易課税制度選択不適用届出書又は事業廃止届出書の提出があった日の属する課税期間の末日の翌日以後は、簡易課税制度選択届出書の効力が失われ、一般課税により控除対象仕入税額を計算することとなります（消法37⑦）。

　簡易課税制度選択届出書は課税事業者の基準期間における課税売上高が5,000万円以下の課税期間について簡易課税制度を選択するものです。したがって、その届出書を提出した事業者のその課税期間の基準期間における課税売上高が5,000万円を超えることにより、その課税期間について簡易課税制度を適用することができなくなった場合又はその課税期間の基準期間における課税売上高が1,000万円以下となり免税事業者となった場合であっても、その後の課税期間において基準期間における課税売上高が1,000万円を超え5,000万円以下となったときには、その課税期間の初日の前日までに簡易課税制度選択不適用届出書を提出している場合を除き、再び簡易課税制度が適用されます（消基通13－1－3）。

(4) 不適用届出書の提出制限

　簡易課税制度選択不適用届出書は、事業を廃止した場合を除き、簡易課税制度選択届出書の効力が生じた日の属する課税期間の初日から2年を経過する日の属する課税期間の初日以後でなければ提出することができないものとされています（消法37⑥）。この制限により、簡易課税制度を選択すると、原則として2年間は継続して簡易課税制度となることが強制されることになります。

(5) やむを得ない事情がある場合の届出に関する特例

　やむを得ない事情があるため、

イ　簡易課税制度選択届出書をその適用を受けようとする課税期間の初日の前日までに提出できなかった場合

ロ　簡易課税制度選択不適用届出書をやめようとする課税期間の初日の前日までに提出できなかった場合

には、そのやむを得ない事情がやんだ日から2月以内は、前課税期間の末日までにその提出があったものとみなす特例の申請を行うことができます。

　この申請につき、税務署長の承認を受けた場合には、適用を受けようとする又はやめようとする課税期間の初日の前日に簡易課税制度選択届出書又は簡易課税制度選択不適用届出書の提

出があったものとみなされます（消法37⑧、消令57の2①②）。

* この特例には、みなし承認の取扱いはありません。
* 調整対象固定資産又は高額特定資産の仕入れ等をした場合に簡易課税制度選択届出書の提出ができないものとされている期間については、この特例の申請ができません。
* 簡易課税制度選択届出書の効力が生じた日の属する課税期間の初日から2年を経過する日の属する課税期間の初日以後でないため簡易課税制度選択不適用届出書を提出することができないこととされている課税期間については、この特例の申請ができません。

■やむを得ない事情の範囲

やむを得ない事情の範囲は、32ページを参照してください（消基通13-1-5の2、1-4-16）。

⑹　災害等があった場合の簡易課税制度の届出に関する特例

①　選択の特例

　災害その他やむを得ない理由が生じたことにより被害を受けた事業者が、その被害を受けたことにより、その災害その他やむを得ない理由の生じた日の属する課税期間（その基準期間における課税売上高が5,000万円を超える課税期間及び分割等に係る課税期間を除きます。以下「選択被災課税期間」といいます。）につき簡易課税制度の適用を受けることが必要となった場合において、その納税地を所轄する税務署長の承認を受けたときは、簡易課税制度選択届出書をその承認を受けた選択被災課税期間の初日の前日にその税務署長に提出したものとみなされます（消法37の2①）。

* 調整対象固定資産又は高額特定資産の仕入れ等をしたため簡易課税制度選択届出書を提出することができないこととされている課税期間についても、申請をすることができます（消法37の2①）。

②　不適用の特例

　災害その他やむを得ない理由が生じたことにより被害を受けた事業者が、その被害を受けたことにより、その災害その他やむを得ない理由の生じた日の属する課税期間（その後の課税期間で所定の要件に該当するものを含みます。以下「不適用被災課税期間」といいます。）につき簡易課税制度の適用を受けることの必要がなくなった場合において、その納税地を所轄する税務署長の承認を受けたときは、簡易課税制度選択不適用届出書をその承認を受けた不適用被災課税期間の初日の前日にその税務署長に提出したものとみなされます（消法37の2⑥、消令57の3①）。

* この特例によって簡易課税制度選択不適用届出書を提出する場合には、簡易課税制度を選択した場合の2年間継続適用の要件は適用されません（消法37の2⑥）。

③　申請の手続

　この承認を受けようとする事業者は、所定の事項を記載した申請書を、災害その他やむを得ない理由のやんだ日から２月以内に、その納税地を所轄する税務署長に提出しなければなりません（消法37の２②⑦）。

　その申請に係る選択被災課税期間又は不適用被災課税期間の末日の翌日から２月を経過する日までに承認又は却下の処分がなかったときは、その日においてその承認があったものとみなされます（消法37の２⑤⑦）。

④　やむを得ない理由の範囲

　やむを得ない理由とは、おおむね次のようなものをいいます（消基通13−1−7）。

やむを得ない理由の範囲
①　地震、暴風、豪雨、豪雪、津波、落雷、地すべりその他の自然現象の異変による災害
②　火災、火薬類の爆発、ガス爆発、その他の人為による異常な災害
③　①又は②に掲げる災害に準ずる自己の責めに帰さないやむを得ない事実

(7)　特定非常災害の被災者の特例

　特定非常災害の指定を受けた災害の被災者である事業者が、被災した日の属する課税期間から簡易課税制度を選択する場合等において、その災害の状況等を勘案して国税庁長官が別に定める指定日までに簡易課税制度選択届出書又は簡易課税制度選択不適用届出書を提出したときは、本来の提出時期までに提出したものとみなされます（措法86の５⑧⑩）。

* ＊　この特例によれば、調整対象固定資産又は高額特定資産の仕入れ等をした場合に簡易課税制度選択届出書の提出を制限する取扱いは適用されません（措法86の５②⑥⑦）。
* ＊　この特例によれば、簡易課税制度を選択した場合の２年間継続適用の要件は適用されません（措法86の５）。

■第三節　簡易課税制度による控除対象仕入税額の計算

　簡易課税制度による控除対象仕入税額は、次の算式により計算します（消法37①、消基通13−1−6）。

$$\boxed{\text{控除対象仕入税額}} = \boxed{\begin{array}{l}\text{課税標準額に対する消費税額}\\ -\ \text{売上対価の返還等に係る消費税額}\\ +\ \text{貸倒回収に係る消費税額}\end{array}} \times \boxed{\text{みなし仕入率}}$$

(1) 事業の区分とみなし仕入率

　みなし仕入率は、事業の種類に応じて、次のとおり定められています（消法37①、消令57①⑤）。

各事業のみなし仕入率		
事業区分	該当する事業	みなし仕入率
第1種事業	卸売業 …他の者から購入した商品をその性質及び形状を変更しないで他の 　事業者に対して販売する事業	90%
第2種事業	小売業 …他の者から購入した商品をその性質及び形状を変更しないで販売 　する事業で第1種事業以外のもの	80%
第3種事業	農業、林業、漁業、鉱業、建設業、製造業（製造した棚卸資産を小 売する事業を含む。）、電気業、ガス業、熱供給業及び水道業※ （加工賃その他これに類する料金を対価とする役務の提供を行う事 業を除く。）	70%
第4種事業	第1種事業、第2種事業、第3種事業、第5種事業及び第6種事業 以外の事業…例えば、飲食店業	60%
第5種事業	運輸通信業、金融業及び保険業、サービス業（飲食店業に該当する ものを除く。）	50%
第6種事業	不動産業	40%

　※　農業、林業、漁業のうち軽減税率が適用される飲食料品の譲渡を行う事業は、第2種事業（みなし
　　仕入率80％）となります。

(2) 二以上の事業を営む場合のみなし仕入率

① みなし仕入率の計算の原則

　事業者の営む事業が二以上の事業である場合には、みなし仕入率は、次のように計算します
（消令57②）。

$$
みなし仕入率 = \frac{各事業に係る消費税額の合計額}{売上げに係る消費税額の合計額}
$$

　売上げに係る消費税額（分母）、及び各事業に係る消費税額（分子）は、次の表に示すとお
りです。

売上げに係る消費税額 （分母）	各事業に係る消費税額 （分子）
第1種事業に係る消費税額（第1種事業に係る課税資産の譲渡等に係る消費税額の合計額からその売上げに係る対価の返還等の金額に係る消費税額を控除した残額）	第1種事業に係る消費税額 ×90％
第2種事業に係る消費税額（第2種事業に係る課税資産の譲渡等に係る消費税額の合計額からその売上げに係る対価の返還等の金額に係る消費税額を控除した残額）	第2種事業に係る消費税額 ×80％
第3種事業に係る消費税額（第3種事業に係る課税資産の譲渡等に係る消費税額の合計額からその売上げに係る対価の返還等の金額に係る消費税額を控除した残額）	第3種事業に係る消費税額 ×70％
第4種事業に係る消費税額（第4種事業に係る課税資産の譲渡等に係る消費税額の合計額からその売上げに係る対価の返還等の金額に係る消費税額を控除した残額）	第4種事業に係る消費税額 ×60％
第5種事業に係る消費税額（第5種事業に係る課税資産の譲渡等に係る消費税額の合計額からその売上げに係る対価の返還等の金額に係る消費税額を控除した残額）	第5種事業に係る消費税額 ×50％
第6種事業に係る消費税額（第6種事業に係る課税資産の譲渡等に係る消費税額の合計額からその売上げに係る対価の返還等の金額に係る消費税額を控除した残額）	第6種事業に係る消費税額 ×40％

＊　事業の区分をしていない課税売上げについては、営む事業のうち最もみなし仕入率が低い事業に該当するものとされます（消令57④）。

② 75％ルール（1つの事業の特例）

　特定の1つの事業の課税資産の譲渡等に係る対価の額からその売上げに係る対価の返還等の金額を控除した課税売上高が全体の75％以上である場合には、その75％以上である事業のみなし仕入率を全体に適用することができます（消令57③一）。

　例えば、第1種事業（卸売業）の課税売上高が全体の75％である場合には、他に第1種事業（卸売業）以外の事業を営んでいた場合であっても、その課税期間のみなし仕入率を90％とすることができます。

第1種事業（卸売業）の課税売上高　　　：全体の75％ 第1種事業（卸売業）以外の課税売上高：全体の25％	その課税期間のみなし仕入率を 90％とすることができる。

③ 75％ルール（2つの事業の特例）

　特定の2つの事業の課税資産の譲渡等に係る対価の額からその売上げに係る対価の返還等の

金額を控除した課税売上高の合計額が全体の75％以上である場合には、その２つのうち低い方のみなし仕入率を高い方のみなし仕入率に係る事業以外のものに適用して各事業に係る消費税額とし、上記「みなし仕入率の計算の原則」の算式によりみなし仕入率を計算することができます（消令57③二）。

　例えば、第１種事業（卸売業）の課税売上高が全体の60％、第２種事業（小売業）の課税売上高が全体の15％である場合には、第１種事業（卸売業）以外の事業について第２種事業（小売業）のみなし仕入率80％を適用して、その課税期間のみなし仕入率を計算することができます。

第１種事業（卸売業）の税抜き課税売上高	3,000万円	：全体の60％
第２種事業（小売業）の税抜き課税売上高	750万円	：全体の15％
第５種事業（サービス業等）税抜き課税売上高	1,250万円	：全体の25％
合計	5,000万円	

① 原則的なみなし仕入率
$$= \frac{3,000万円 \times 7.8\% \times 90\% + 750万円 \times 7.8\% \times 80\% + 1,250万円 \times 7.8\% \times 50\%}{5,000万円 \times 7.8\%}$$
$$= 78.5\%$$

② 特例によるみなし仕入率
$$= \frac{3,000万円 \times 7.8\% \times 90\% + (5,000万円 - 3,000万円) \times 7.8\% \times 80\%}{5,000万円 \times 7.8\%}$$
$$= 86.0\%$$

③ ①＜② ∴ ②の86.0％が有利
　その課税期間のみなし仕入率を86.0％とすることができる。

(3) 事業区分の判定

　事業区分の判定は、原則として、その事業者が行う課税資産の譲渡等ごとに行います（消基通13−2−1）。

① 第１種事業、第２種事業の範囲

　「他の者から購入した商品をその性質及び形状を変更しないで販売する事業」は、第１種事業（卸売業）、第２種事業（小売業）のいずれかとなります。

　この場合の「性質及び形状を変更しないで販売する」とは、他の者から購入した商品をそのまま販売することをいいます。商品に対して、例えば、次のような行為を施したうえでの販売であっても「性質及び形状を変更しないで販売する」場合に該当します（消基通13−2−2）。

　イ　他の者から購入した商品に、商標、ネーム等をはり付け又は表示する行為

　ロ　運送の利便のために分解されている部品等を単に組み立てて販売する場合、例えば、組立て式の家具を組み立てて販売する場合のように仕入商品を組み立てる行為

　ハ　２以上の仕入商品を箱詰めする等の方法により組み合わせて販売する場合の組合せ行為

　また、農業、林業、漁業のうち軽減税率が適用される飲食料品の譲渡を行う事業は、第２種事業となります。

②　食料品小売店舗において行う販売商品の加工等

　事業者が他から購入した食料品を、その性質及び形状を変更しないで専ら消費者に販売する店舗において、その販売に供される商品に軽微な加工をして販売する場合で、その加工がその加工前の食料品を販売している店舗において一般的に行われると認められるもので、その加工後の商品がその加工前の商品と同一の店舗において販売されるものであるときのその加工後の商品の譲渡を行う事業は、第２種事業（小売業）に該当するものとなります（消基通13－２－３）。

　例えば、食肉小売店が行う肉のスライス、鮮魚小売店が行う鮮魚のうろことりや三枚おろしがこれに当たります。

③　第３種事業、第５種事業及び第６種事業の範囲

　第３種事業（製造業等）、第５種事業（サービス業等）及び第６種事業（不動産業）の範囲は、おおむね日本標準産業分類（総務省）の大分類に掲げる分類を基礎として判定します。

　この場合において、製造業等とは、日本標準産業分類の大分類に掲げる次の産業をいいます。

イ　農業、林業　　ロ　漁業　　ハ　鉱業、採石業、砂利採取業　　ニ　建設業 ホ　製造業（製造小売業を含みます。）　　ヘ　電気・ガス・熱供給・水道業 （農業、林業、漁業のうち飲食料品の譲渡を行う事業を除きます。）

　また、サービス業等とは、日本標準産業分類の大分類に掲げる次の産業をいいます。

イ　情報通信業　　ロ　運輸業、郵便業　　ハ　金融業、保険業 ニ　不動産業、物品賃貸業（不動産業に該当するものを除きます。） ホ　学術研究、専門・技術サービス業 ヘ　宿泊業、飲食サービス業（飲食サービス業に該当するものを除きます。） ト　生活関連サービス業、娯楽業　　チ　教育、学習支援業　　リ　医療、福祉 ヌ　複合サービス事業　　ル　サービス業（他に分類されないもの）

　不動産業とは、日本標準産業分類の大分類に掲げる次の産業をいいます。

「不動産業、物品賃貸業」のうち不動産業に該当するもの

　なお、日本標準産業分類の大分類の区分では製造業等、サービス業等又は不動産業に該当することとなる事業であっても、他の者から購入した商品をその性質及び形状を変更しないで販売する事業は、第１種事業（卸売業）又は第２種事業（小売業）に該当します（消基通13－２

－4）。

④　飲食料品の譲渡を行う農林水産業

　農業、漁業、林業のうち、飲食料品の譲渡を行う事業は、軽減税率の導入に伴う対応として、令和元年10月1日以後は、第2種事業（みなし仕入率80％）となりました。

⑤　加工賃その他これに類する料金を対価とする役務の提供

　第3種事業（製造業等）から除かれる「加工賃その他これに類する料金を対価とする役務の提供」とは、上記③により判定した結果、製造業等に該当することとなる事業のうち、対価たる料金の名称のいかんを問わず、他の者の原料若しくは材料又は製品等に加工等を施して、その加工等の対価を受領する役務の提供又はこれに類する役務の提供をいい、その役務の提供を行う事業は第4種事業（その他の事業）に該当します。

　なお、上記③により判定した結果がサービス業等に該当することとなる事業に係るものは、加工賃その他これに類する料金を対価とする役務の提供を行う事業であっても第5種事業（サービス業等）に該当します（消基通13－2－7）。

⑥　建売住宅を販売する建売業

　建売住宅を販売する建売業のうち、自ら建築施工しないものは、日本標準産業分類の大分類では「不動産業、物品賃貸業」に該当しますが、他の者が建築した住宅を購入してそのまま販売するものですから、第1種事業（卸売業）又は第2種事業（小売業）に該当し、自ら建築した住宅を販売するものは、第3種事業（製造業等）の建設業に該当します（消基通13－2－4（注））。

⑦　製造業等に含まれる範囲

　次の事業は、第3種事業（製造業等）に該当します（消基通13－2－5）。

　イ　自己の計算において原材料等を購入し、これをあらかじめ指示した条件に従って下請加
　　工させて完成品として販売する、いわゆる製造問屋としての事業

　　　なお、顧客から特注品の製造を受注し、下請先等にその製品を製造させ顧客に引き渡す
　　事業は、顧客からその特注品の製造を請け負うものであるから、原則として第3種事業に
　　該当します。

　ロ　自己が請け負った建設工事の全部を下請に施工させる元請としての事業

　ハ　天然水を採取して瓶詰等して人の飲用に販売する事業

　ニ　新聞、書籍等の発行、出版を行う事業

⑧　製造小売業

　製造小売業は、日本標準産業分類において小売業に分類されていますが、簡易課税制度の事業区分においては製造業等に含まれ、第3種事業（製造業等）に該当します（消基通13－2－6）。

⑨　廃材、加工くず等の売却収入

　第3種事業（製造業等）に係る事業に伴い生じた加工くず、副産物等の譲渡を行う事業は、第3種事業に該当します。

　第1種事業（卸売業）又は第2種事業（小売業）から生じた段ボール等の不要物品等の譲渡を行う事業は、第4種事業（その他の事業）に該当しますが、その不要物品等が生じた事業区分に属するものとして処理することができます（消基通13－2－8）。

⑩　飲食店業

　食堂等としての事業（食堂、レストラン、喫茶店、そば店、バー、キャバレー、酒場等のように、飲食のための設備を設けて、主として客の注文に応じその場所で飲食させる事業）は、日本標準産業分類の大分類の区分も飲食サービス業とされており、第4種事業（その他の事業）に該当します。

　また、例えば、旅館、ホテル等の宿泊施設を経営する事業者が、宿泊者に対して宿泊に係る役務の提供に併せてその宿泊施設において飲食物の提供を行う場合又は宿泊者以外の者でも利用することができるその宿泊施設内の宴会場、レストラン、バー等において飲食物の提供を行う場合において、請求書、領収書等によりその飲食物の提供に係る対価の額を宿泊に係る役務の提供に係る対価の額と明確に区分して領収することとしているときのその飲食物の提供は、第5種事業（サービス業等）から除くこととされている「飲食店業に該当するもの」となります（消基通13－2－8の2）。

⑪　飲食物の出前、持ち帰り等

　食堂等が行う飲食物（店舗において顧客に提供するものと同種の調理済みのもの）の出前は食堂等としての事業であり、第4種事業（その他の事業）に該当します。

　食堂等が自己の製造した飲食物を持ち帰り用として販売する事業は、製造小売業として第3種事業（製造業等）に該当します。

　飲食のための設備を設けずに、自己の製造した飲食物を専ら宅配の方法により販売する事業は、製造小売業として第3種事業（製造業等）に該当します（消基通13－2－8の2（注））。

⑫　第４種事業に該当する事業

　第４種事業（その他の事業）は他のいずれの事業区分にも該当しない事業です。例えば、第３種事業（製造業等）から除かれる加工賃その他これに類する料金を対価とする役務の提供を行う事業及び第５種事業（サービス業等）から除かれる飲食店業に該当する事業が含まれます（消基通13－２－８の３）。

⑬　固定資産等の売却収入の事業区分

　事業者が自己において使用していた固定資産等の譲渡を行う事業は、第４種事業（その他の事業）に該当します（消基通13－２－９）。

⑭　売上げに係る対価の返還等を行った場合の事業区分

　簡易課税制度を適用する事業者が、売上げに係る対価の返還等を行った場合において、その対価の返還等に係る金額につき、第１種事業から第６種事業に係る事業の区分をしていない部分があるときは、その区分していない部分については、その事業者の課税売上げに係る帳簿等又は対価の返還等に係る帳簿等を基に合理的に区分します（消基通13－２－10）。

演習問題

問23　簡易課税制度を適用する場合に、次に掲げる事業が、第１種事業（卸売業）から第６種事業（不動産業）までのいずれの事業に該当するか答えなさい。

①　仕入れた商品を他の事業者に販売する事業

②　仕入れた商品を消費者に販売する事業

③　自己が製造した製品を他の事業者に販売する事業

④　複数の仕入れた商品を１つに箱詰めして消費者に販売する事業

⑤　仕入れた商品に商標をはり付けて他の事業者に販売する事業

⑥　事業に使用していた固定資産を他の事業者に売却する事業

⑦　店舗を他の事業者に賃貸する事業

⑧　レストランで飲食物を提供する事業

⑨　自己の製造した飲食物を持ち帰り用として販売する事業

⑩　貨物の運送を請け負う事業

（解答欄）

事業区分	番　　　号
第1種事業	
第2種事業	
第3種事業	
第4種事業	
第5種事業	
第6種事業	

問24　中小事業者の仕入れに係る消費税額の控除の特例（簡易課税制度）を採用している場合における課税標準額に対する消費税額及び控除対象仕入税額の計算を行いなさい。なお、基準期間における課税売上高は1,000万円超5,000万円以下であるものとする。

　いずれの売上げについても旧税率及び軽減税率が適用されたものはない。

(1)　課税期間……令和6年4月1日から令和7年3月31日まで

(2)　業　　　種……100%　サービス業（飲食店業ではない。）

(3)　当課税期間における税込課税売上高……47,156,450円（旧税率が適用されたものはない。）

（解答欄）

Ⅰ．課税標準額に対する消費税額の計算	
1．課税標準額　[　　　]円	1．課税標準額の計算 [　　　]円 × [　─　] = [　　　]円 → [　　　]円 （[　]円 未満切捨て）
2．課税標準額に対する消費税額　[　　　]円	2．課税標準額に対する消費税額の計算 [　　　]円 × [　]% = [　　　]円
Ⅱ．控除税額の計算	
1．控除対象仕入税額　[　　　]円	1．控除対象仕入税額の計算 みなし仕入率 [　　　]円 × [　]% = [　　　]円

問25　次の資料（税込経理方式）に基づき、甲株式会社の当課税期間（令和6年4月1日から令和7年3月31日まで）における消費税の課税標準額から控除税額合計までの計算を行いなさい。なお、控除対象仕入税額の計算については簡易課税制度を選択しており、当課税期間の基準期間における課税売上高は1,000万円超5,000万円以下であるものとする。

〔資料〕

(1) 甲株式会社の当課税期間における課税総売上高は42,510,050円であるがその内訳は、次のとおりである。

いずれの売上げについても軽減税率が適用されたものはない。

① 小売業に係る売上高　　18,747,850円

② 飲食店業に係る売上高　23,762,200円

(2) 上記(1)の①に係る売上値引き高　77,550円

(解答欄)

I. 課税標準額に対する消費税額の計算	
1. 課税標準額 □□□□□□ 円	1. 課税標準額の計算 □□□□□ 円 × ─── = □□□□□ 円 → □□□□□ 円 （ □□ 円 未満切捨て）
2. 課税標準額に 　対する消費税額 □□□□□□ 円	2. 課税標準額に対する消費税額の計算 □□□□□ 円 × □□ % = □□□□□ 円
II. 控除税額の計算	
1. 控除対象仕入 　税額 □□□□□ 円	1. 控除対象仕入税額の計算 　(1) 各種事業に係る消費税額 　　① 第 □ 種事業に係る消費税額 　　　i. 総売上高に基づく消費税額 　　　　（ □□□□□ 円 × ─── = □□□□□ 円 ） 　　　　× □□ % = □□□□□ 円 　　　ii. 返還等対価に係る消費税 　　　　□□□□ 円 × $\frac{7.8}{110}$ = □□□□ 円 　　　iii. 第 □ 種事業に係る消費税額 　　　　□□□□ 円 － □□□□ 円 = □□□□ 円 　　② 第 □ 種事業に係る消費税額 　　　（ □□□□□ 円 × ─── = □□□□□ 円 ） 　　　× □□ % = □□□□ 円 　　③ 合計 　　　□□□□ 円 ＋ □□□□ 円 = □□□□ 円 　(2) みなし仕入率 　　──────────────── = □□□□ 　　　× ＋ ×

	(3) 控除対象仕入税額 （ 円 － 円 ） × = 円
２．返還等対価に 　係る税額 　　　円	２．返還等対価に係る税額の計算 　　円 $\times \dfrac{7.8}{110} =$ 円
３．控除税額合計 　　　円	３．控除税額合計の計算 　　円 ＋ 円 ＝ 円

課 税 期 間

課税期間とは、納付する消費税額の計算の基礎となる期間であり、法人においては事業年度、個人事業者においては暦年とされています。

■第一節　課税期間の原則

1 法人の課税期間の原則

法人の課税期間は、原則として、法人税法第13条及び第14条に規定する事業年度又はみなし事業年度とされています（消法2①十三、19①二）。

(1) 事業年度

法人税法第13条に規定する事業年度とは、法人の会計期間で、法令で定めるもの又は法人の定款等に定めるものをいい、法令又は定款等に会計期間の定めがない場合には、納税地の所轄税務署長に届け出た会計期間又は所轄税務署長が指定した会計期間等をいいます。

ただし、これらの期間が1年を超える場合は、その開始の日以後1年ごとに区分した各期間とし、最後に1年未満の期間を生じたときは、その1年未満の期間が事業年度となります（法法13①）。

(2) みなし事業年度

法人税法第14条には、内国法人が事業年度の中途において解散をした場合には、その事業年度開始の日から解散の日までの期間及び解散の日の翌日からその事業年度終了の日までの期間が事業年度とみなされる等、みなし事業年度の定めがあります（法法14、消基通3－2－3）。

(3) 新たに設立された法人の最初の課税期間開始の日

新たに設立された法人の最初の課税期間の開始の日は、法人の設立の日となります。

法人の設立の日は、設立の登記により成立する法人にあっては設立の登記をした日、行政官庁の認可又は許可によって成立する法人にあってはその認可又は許可の日をいいます（消基通3－2－1）。

⑷ 組織変更等の場合の課税期間

　法人が会社法その他の法令の規定により組織変更等をして他の組織又は種類の法人となった場合には、組織変更等前の法人の解散の登記、組織変更等後の法人の設立の登記にかかわらず、その法人の課税期間は、その組織変更等によって区分されず継続します（消基通3－2－2）。

２ 個人事業者の課税期間の原則

　個人事業者の課税期間は、原則として、暦年とされています（消法19①一）。

　事業を開始した場合や事業を廃止した場合であっても、課税期間は暦の上での1年とされ、1月1日から12月31日までの期間となります（消基通3－1－1、3－1－2）。

■第二節　課税期間の特例

　課税期間は、3月ごと又は1月ごとに短縮することができます（消法19①三～四の二）。

１ 法人の課税期間の特例

　課税期間の特例を選択した法人の課税期間は、次のとおりです（消法19①四、四の二）。

特例を選択した場合の法人の課税期間	
3月ごとの期間に短縮することを選択した場合	その事業年度をその開始の日以後3月ごとに区分した各期間（最後に3月未満の期間を生じたときは、その3月未満の期間）
1月ごとの期間に短縮することを選択した場合	その事業年度をその開始の日以後1月ごとに区分した各期間（最後に1月未満の期間を生じたときは、その1月未満の期間）

２ 個人事業者の課税期間の特例

　課税期間の特例を選択した個人事業者の課税期間は、次のとおりです（消法19①三、三の二）。

特例を選択した場合の個人事業者の課税期間	
3月ごとの期間に短縮することを選択した場合	1月1日から3月31日まで、4月1日から6月30日まで、7月1日から9月30日まで及び10月1日から12月31日までの各期間
1月ごとの期間に短縮することを選択した場合	1月1日以後1月ごとに区分した各期間

3 みなし課税期間

例えば、3月末決算法人において、3月ごとに課税期間を短縮する特例が10月1日から適用された場合、その事業年度開始の日から9月30日までの期間は、特例の適用によって3月ごとに区切られる課税期間ではなく、事業年度と一致する原則的な課税期間でもありません。

そこで、特例の適用開始に当たっては、その事業年度開始の日から特例が適用される日の前日までの期間は一の課税期間とみなされ、特例の適用終了に当たっては、終了の日の翌日からその事業年度終了の日までの期間は一の課税期間とみなされます（消法19②）。

4 課税期間特例の選択の手続

課税期間の特例は、納税義務者があらかじめ届出書を提出することにより任意に選択することができる制度です。

課税期間特例の選択及びその不適用の手続は、次のとおりです。

課税期間特例の選択及び不適用の手続	
課税期間特例選択の手続 （消法19①②）	課税期間特例選択届出書を納税地の所轄税務署長に提出する。 届出の効力は、その提出があった日の属する期間（選択届出書に記載した3月ごと又は1月ごとの期間）の翌期間の初日以後に生ずる。
課税期間特例変更の手続 （消法19①②）	課税期間特例変更届出書を納税地の所轄税務署長に提出する。 届出の効力は、その提出があった日の属する期間（変更届出書に記載した3月ごと又は1月ごとの期間）の翌期間の初日以後に生ずる。
課税期間特例選択不適用の手続 （消法19③④）	課税期間特例の適用を受けることをやめようとするとき又は事業を廃止したときは、その旨を記載した届出書をその納税地を所轄する税務署長に提出しなければならない。 その届出書の提出があったときは、その提出があった日の属する課税期間の末日の翌日以後は、課税期間特例選択届出書は、その効力を失う。
届出の制限 （消法19⑤）	課税期間特例変更届出書及び課税期間特例選択不適用届出書の提出については、一定の制限がある。

(1) 課税期間特例選択・変更の手続

課税期間特例の選択は、課税期間特例選択届出書を納税地の所轄税務署長に提出して行います（消法19①）。

また、短縮期間を1月から3月へ、3月から1月へ変更する場合には、課税期間特例変更届出書を納税地の所轄税務署長に提出します（消法19①）。

① 適用開始の時期

　課税期間の特例は、課税期間特例選択届出書を提出した期間（その届出書に記載した3月又は1月ごとに区分した期間）の翌期間から適用されます（消法19②）。

② 提出した期間から適用する場合

　課税期間特例選択届出書を提出した期間が、課税資産の譲渡等に係る事業を開始した期間等である場合には、その届出書を提出した期間から適用されます（消法19②、消令41①）。

③ 免税事業者となった場合等

　課税期間特例選択（変更）届出書を提出して課税期間の特例制度を適用している事業者は、その課税期間の基準期間における課税売上高及び特定期間における課税売上高が1,000万円以下となったことにより、免税事業者となった場合においても、課税期間特例選択不適用届出書を提出した場合を除き、課税期間特例選択（変更）届出書の効力は失われません。その後に課税事業者となったときは、再び課税期間の特例が適用されます（消基通3－3－1）。

④ 事業を承継した場合

　相続があった場合において、被相続人が提出した課税期間特例選択（変更）届出書の効力は、相続によりその被相続人の事業を承継した相続人には及びません。したがって、その相続人が課税期間の特例の規定の適用を受けようとするときは、新たに課税期間特例選択（変更）届出書を提出しなければなりません。

　合併があった場合や分割があった場合についても同様です（消基通3－3－2～3－3－4）。

(2) 課税期間特例選択不適用の手続

① 課税期間特例の適用を受けることをやめる場合

　課税期間特例の選択をやめる場合には、その旨を記載した課税期間特例選択不適用届出書を納税地の所轄税務署長に提出します（消法19③）。

② 事業を廃止した場合

　事業を廃止した場合には、その旨を記載した届出書を納税地の所轄税務署長に提出します（消法19③）。

　事業を廃止した場合に、事業を廃止した旨を記載した課税事業者選択不適用届出書、課税期間特例選択不適用届出書、簡易課税制度選択不適用届出書又は任意の中間申告書の提出取りやめ届出書のいずれかの届出書の提出があったときは、他の特例の選択についても、事業を廃止

した旨の届出書の提出があったものとして取り扱われます（消基通1－4－15）。

　また、事業廃止届出書の提出があったときは、課税事業者選択不適用届出書、課税期間特例選択不適用届出書、簡易課税制度選択不適用届出書又は任意の中間申告書の提出取りやめ届出書の提出があったものとして取り扱われます（消基通1－4－15）。

⑶　不適用届出書及び変更届出書の提出制限

　課税期間特例選択不適用届出書及び課税期間特例変更届出書は、事業を廃止した場合を除き、次の期間は提出することができません（消法19⑤、消令41②）。

　この制限により、課税期間の特例を選択すると、原則として2年間は継続してその選択した課税期間によることとなります。

課税期間特例選択不適用届出書の提出ができない期間	課税期間特例選択（変更）届出書の効力が生じた日の属する期間の初日から2年を経過する日の属する短縮した課税期間の初日の前日まで
課税期間特例変更届出書の提出ができない期間	課税期間を3月ごとに短縮する特例を選択する届出書を提出した事業者が1月ごとに短縮する特例の適用を受けようとする場合 …課税期間を3月ごとに短縮する特例を選択する届出の効力が生じた日から2年を経過する日の属する月の初日の前日まで
	課税期間を1月ごとに短縮する特例を選択する届出書を提出した事業者が3月ごとに短縮する特例の適用を受けようとする場合 …課税期間を1月ごとに短縮する特例を選択する届出の効力が生じた日から2年を経過する日の属する月の前々月の初日の前日まで

演習問題

問26 次の文章の ☐ の中に適切な語を記入しなさい。

1．個人事業者の消費税の課税期間は、原則として ☐ から ☐ までの期間とする。

2．法人の消費税の課税期間は、☐ とする。

問27 次の場合に令和６年４月１日から令和７年３月31日までの事業年度について、消費税の課税期間を答えなさい。

なお、当事業年度は、事業を開始した事業年度ではない。

1．課税期間の原則 ☐ の期間

2．令和６年11月１日に３月ごとに短縮する課税期間特例選択届出書を提出した場合

☐ の期間

☐ の期間

3．令和６年11月１日に１月ごとに短縮する課税期間特例選択届出書を提出した場合

☐ の期間

☐ の期間

☐ の期間

☐ の期間

☐ の期間

申告と納付

■第一節　課税資産の譲渡等についての確定申告

1　租税債務の確定とその履行

国内において行った課税資産の譲渡等に係る消費税の納税義務は、一つひとつの課税資産の譲渡等につき、その課税資産の譲渡等を行った時に成立します（通則法15②七）。ただし、納付すべき消費税額は、課税期間を基礎として計算します。

納付すべき消費税額は、課税期間ごとに、事業者が自ら計算し、確定申告書に必要事項を記載して税務署長に提出することによって確定します（通則法16①）。そして、その申告がない場合には、税務署長が確定のための処分を行います。このような方式を申告納税方式といいます。

申告納税方式における租税債務の確定手続は、期限内申告、期限後申告、修正申告、更正、決定の5つです。

確定申告書を提出すべき者が、その確定申告書を提出期限までに提出しなかった場合には、税務署長が、その税額につき決定処分を行うこととなります。納税者は、申告期限の後は、税務署長による決定があるまでは、期限後申告書を提出できるものとされています。このことは、一次的に租税債務の確定手続を行うことができる権利が、法定申告期限を境に納税者から課税庁に移転すると見ることができます。

また、確定申告書の提出期限は、その申告に係る納付期限でもありますが（消法49）、確定申告は租税債務の確定手続であり、税の納付は確定した租税債務を履行するものです。申告と納付とは、法的な位置付けがまったく異なる行為です。

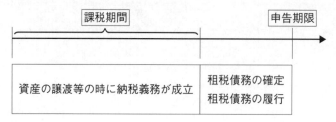

2 法人の確定申告書の提出期限と納付期限

法人は、課税期間ごとに、その課税期間の末日の翌日から2月以内に、所定の事項を記載した確定申告書を税務署長に提出しなければなりません（消法45①）。

2月の期間は暦に従って計算するので、ひと月の日数にかかわらず決算の翌々月の決算日同日が申告書の提出期限となります。したがって、法人の消費税の申告書の提出期限は、通常の場合、法人税の申告書の提出期限と同じになります。

また、確定申告書に納付すべき消費税額の記載があるときは、その申告書の提出期限までに、その消費税額に相当する消費税を国に納付しなければなりません（消法49）。

なお、大法人の消費税の申告は、電子情報処理組織を使用する方法（e-Tax）によることが義務付けられています。

(1) 課税期間の特例を選択している場合

課税期間の特例を選択している場合には、1月又は3月に短縮したそれぞれの課税期間ごとに、その課税期間の末日の翌日から2月以内に確定申告書を提出しなければなりません（消法45①）。

(2) 法人税法における申告書の提出期限の延長がある場合

法人税の「確定申告書の提出期限の延長の特例」（法法75の2①）の適用を受ける法人が、「消費税申告期限延長届出書」を提出した場合には、その提出をした日の属する事業年度以後の各事業年度終了の日の属する課税期間に係る消費税申告書の提出期限については、その課税期間の末日の翌日から3月以内となります（消法45の2①）。

なお、法人税と同様に、延長された期間に係る利子税の納付が必要です。

(3) 清算中の法人の残余財産が確定した場合

清算中の法人につきその残余財産が確定した場合には、その法人のその残余財産の確定の日の属する課税期間に係る申告書の提出期限は、その確定の日の翌日から1月以内となり、その確定の日の翌日から1月以内に残余財産の最後の分配又は引渡しが行われる場合には、その行われる日の前日までとなります（消法45④）。

「残余財産が確定した場合」とは、一切の資産、負債の額が具体的に確定したことをいい、解散した法人の資産、負債の一切をその法人の首脳者等が引き継いで事業を承継し、実質的に事業の譲渡をしたと認められるような場合には、その引継ぎがあったときに残余財産が確定したものとして取り扱われます（消基通15−2−6）。

3 個人事業者の確定申告書の提出期限と納付期限

　個人事業者の確定申告書の提出期限は、その年の翌年３月31日とされています（措法86の４）。また、確定申告書に納付すべき消費税額の記載があるときは、その申告書の提出期限までに、その消費税額に相当する消費税を国に納付しなければなりません（消法49）。

(1) 課税期間の特例を選択している場合

　課税期間の特例を選択している場合には、確定申告書の提出期限は、１月ごと又は３月ごとに区切ったそれぞれの課税期間ごとに、その課税期間の末日の翌日から２月以内です（消法45①）。ただし、12月31日が属する課税期間については、その年の翌年３月31日が申告書の提出期限となります（措法86の４）。

(2) 個人事業者が出国する場合

　個人が、課税期間の中途において出国する場合には、所得税の確定申告書を提出しなければなりません（所法127）。

　しかし、消費税では、国内に居住しない個人事業者であっても国内において課税資産の譲渡等を行う限り消費税の納税義務者であることにかわりはないので、出国に際しての確定申告は不要です。

(3) 相続があった場合
① 死亡した日の前課税期間の確定申告書

　確定申告書を提出すべき個人事業者がその課税期間の末日の翌日からその申告書の提出期限までの間にその申告書を提出しないで死亡した場合には、その相続人は、その相続の開始があったことを知った日の翌日から４月を経過した日の前日までに、税務署長に死亡した日の前課税期間の確定申告書を提出しなければなりません（消法45②）。

② 死亡した日の属する課税期間の確定申告書

　個人事業者が課税期間の中途において死亡した場合において、その個人事業者のその課税期間分の消費税について確定申告書を提出しなければならない場合に該当するときは、その相続人は、その相続の開始があったことを知った日の翌日から４月を経過した日の前日までに、税務署長に死亡した日の属する課税期間の確定申告書を提出しなければなりません（消法45③）。

③　その他の申告書

　相続があった場合には、相続人は被相続人の中間申告の義務、確定申告の義務、記録及び帳簿の保存の義務等を承継するものとされています（消法59）。

　したがって、相続人は、被相続人において行うことができるものとされる期限後申告や還付を受けるための申告等の手続を行うことができます（消法59）。

4　提出期限が休日である場合

　確定申告書の提出期限が日曜日、国民の祝日に関する法律に規定する休日その他一般の休日、土曜日、12月29日、30日、31日に当たるときは、これらの日の翌日が期限とみなされます（通則法10②、通則令2②）。

5　災害等があった場合

　災害その他やむを得ない理由により、申告、納付等ができないと認められる場合には、その理由がやんだ日から2月以内に限り、その期限の延長を行う制度があります（通則法11、通則令3）。

区　分	延長後の期限
災害地域が指定される場合	災害等がやんだ日から2月以内の指定された日
納税者の申請による場合	

6　確定申告書の提出を要しない場合

　課税事業者であっても、国内における課税資産の譲渡等（輸出免税の適用があるものを除きます。）がなく、かつ、課税標準額に対する消費税額から仕入れに係る消費税額等の控除すべき税額の合計額を控除した残額に相当する消費税額がない課税期間については、確定申告書の提出を行う必要はありません（消法45①）。

7　確定申告書の記載事項等

(1)　確定申告書の記載事項

　確定申告書には、氏名又は名称及び納税地、課税期間の初日及び末日の年月日のほか、次の事項を記載します（消法45①、消規22①）。

確定申告書の記載事項
① 課税標準額
② 課税標準額に対する消費税額（及び控除過大調整税額）
③ 課税標準額に対する消費税額から控除されるべき次に掲げる消費税額の合計額（控除税額小計）
イ　控除対象仕入税額
ロ　返還等対価に係る税額
ハ　貸倒れに係る税額
④ ②の消費税額から③の消費税額の合計額を控除した残額に相当する消費税額（差引税額）
⑤ ②の消費税額から③の消費税額の合計額を控除してなお不足額があるときは、その不足額（控除不足還付税額）
⑥ ④の消費税額から中間納付額を控除した残額に相当する消費税額（納付税額）
⑦ ④の消費税額から中間納付額を控除してなお不足額があるときは、その不足額（中間納付還付税額）
⑧ 上記に掲げる金額の計算の基礎その他参考となるべき事項

(2) 添付書類

　確定申告書には、次の事項を記載した書類を添付しなければなりません（消法45⑤、46③、消規22③④）。

① その申告書に係る課税期間中に国内において行った資産の譲渡等の対価の額の合計額の計算に関する明細

② その課税期間の課税仕入れ等の税額の合計額の計算に関する明細

③ その課税期間の仕入れに係る消費税額の計算に関する明細

④ その他参考となるべき事項

(3) 申告書の様式

　確定申告書及びその添付書類の様式は、消費税申告書等様式通達に定められています。

8 期限後申告

　課税事業者は、確定申告書の提出期限後においても、決定があるまでは、期限後申告書を提出することができます。この場合には、その申告書を提出する日までにその申告書に記載した消費税を国に納付しなければなりません（通則法18、35②）。

9 還付申告

(1) 控除不足還付税額と中間納付還付税額

確定申告書の提出があった場合において、これらの申告書に控除不足還付税額又は中間納付還付税額の記載があるときは、税務署長は、その還付税額を還付します（消法52、53）。

(2) 確定申告書の提出を要しない場合

課税事業者は、確定申告書の提出をする必要がない場合（上記**6**）であっても、還付税額がある場合には、還付を受けるための申告書を提出することができます（消法46）。

(3) 免税事業者

免税事業者は、たとえ、還付税額に相当する金額が計算される場合であっても、還付を受けるための申告書を提出することはできません。

(4) 還付請求権の消滅時効

還付金等に係る国に対する請求権は、その請求ができる日から5年間行使しないことによって時効により消滅します（通則法74①）。

還付申告は、課税期間の末日の翌日以後行うことができるので、その課税期間の末日の5年後の同日までに申告書を提出しなければ、時効が成立します。

■第二節　修正申告と更正の請求

確定申告や税務署長が行った決定によりいったん確定した消費税額について、その計算方法に誤りがあった場合や計算の基礎に変更があった場合には、その確定した消費税額を訂正する必要があります。

申告等による税額が過少である場合には修正申告の手続が、申告等による税額が過大である場合には更正の請求の手続がそれぞれ定められています。

1 修正申告

先に提出した申告書、決定通知書、更正通知書に記載された税額に不足額がある場合又は還付金の額が過大である場合には、税務署長による更正があるまでは、修正申告書を提出することができます（通則法19）。

修正申告書を提出した場合は、その申告書を提出した日までに申告書に記載した消費税を国

に納付しなければなりません（通則法35②）。

*　既に提出している確定申告書において、個別対応方式又は一括比例配分方式のいずれかの計算方式により仕入控除税額を計算した場合には、その申告について修正申告書を提出するときにおいても、その確定申告書で選択した計算方式により仕入控除税額を計算することとなります（消基通15－2－7（注））。

② 更正の請求

次の場合には、更正の請求を行うことができます。

(1)　計算に誤りがあった場合

納税申告書を提出した者は、次のいずれかに該当する場合には、その申告書に係る法定申告期限から5年以内に限り、税務署長に対し、更正の請求をすることができます（通則法23①）。

①　その申告書に記載した課税標準等若しくは税額等の計算が国税に関する法律の規定に従っていなかったこと又はその計算に誤りがあったことにより、その申告書の提出により納付すべき税額が過大であるとき

②　①の理由により、その申告書に記載した還付金の額に相当する税額が過少であるとき、又はその申告書に還付金の額に相当する税額の記載がなかったとき

*　既に提出している確定申告書において、個別対応方式又は一括比例配分方式のいずれかの計算方式により仕入控除税額を計算した場合には、これを任意に変更して更正の請求を行うことはできません。

(2)　計算の基礎に変更があった場合

納税申告書を提出した者又は決定を受けた者は、次のいずれかに該当する場合には、それぞれに掲げる期間において、更正の請求ができます（通則法23②）。

①　その申告、更正又は決定に係る課税標準等又は税額等の計算の基礎となった事実に関する訴えについての判決等により、その事実がその計算の基礎としたところと異なることが確定したとき　　　　　　　　　　……その確定した日の翌日から起算して2月以内

②　その申告、更正又は決定に係る課税標準等又は税額等の計算に当たってその申告をし、又は決定を受けた者に帰属するものとされていた所得その他課税物件が他の者に帰属するものとするその他の者に係る国税の更正又は決定があったとき

　　　　　　　　……その更正又は決定があった日の翌日から起算して2月以内

③　その他当該国税の法定申告期限後に生じた上記に類するやむを得ない理由があるとき

　　　　　　　　……その理由が生じた日の翌日から起算して2月以内

(3) 前課税期間の消費税について修正申告等があった場合

① 資産の譲渡等に係る消費税の修正申告書を提出した場合等

　修正申告書を提出し、又は更正若しくは決定を受けた者は、その修正申告書の提出等に伴い次に掲げる場合に該当することとなるときは、その修正申告書を提出した日等の翌日から2月以内に限り、税務署長に対し、更正の請求をすることができます（消法56①）。

　　イ　その修正申告書等に係る課税期間後の各課税期間で決定を受けた課税期間に係る確定申告書等に記載した納付税額が過大となる場合

　　ロ　その修正申告書等に係る課税期間後の各課税期間で決定を受けた課税期間に係る確定申告書等に記載した還付税額が過少となる場合

② 引取りに係る課税貨物についての消費税につき修正申告書を提出した場合等

　保税地域からの引取りに係る課税貨物についての消費税につき、修正申告書を提出し、若しくは更正若しくは決定を受けた者又は賦課決定等を受けた者は、その修正申告書の提出等に伴い次のいずれかに該当することとなるときは、その修正申告書を提出した日等の翌日から2月に限り、税務署長に対し、更正の請求をすることができます（消法56②）。

　　イ　その引取りに係る修正申告書等に係る課税期間で決定を受けた課税期間に係る資産の譲渡等に係る消費税の確定申告書等に記載した納付税額が過大となる場合

　　ロ　その引取りに係る修正申告書等に係る課税期間で決定を受けた課税期間に係る資産の譲渡等に係る消費税の確定申告書等に記載した還付税額が過少となる場合

■第三節　決定、更正

　申告納税方式による場合の税務署長の処分は、納税者の納税申告手続に対する補完的な手続として設けられています。

　すなわち、納税者が法定申告期限までにその申告書を提出しなかった場合には決定が、納税者の提出した申告書に誤りがある場合には更正が行われることとなります。

　ただし、国税について国が行使できる権利を無期限に認めると、納税者の法的安定性の確保と画一的執行が困難であるため、賦課権には除斥期間、徴収権には消滅時効の期間制限が設けられています。

(1) 決定

　税務署長は、納税申告書を提出する義務があると認められる者がその申告書を提出しなかった場合には、その調査により、その申告書に係る課税標準等及び税額等を決定します。ただし、

決定により納付すべき税額及び還付金の額に相当する税額が生じないときは、この限りではありません（通則法25）。

(2)　更正

　税務署長は、納税申告書の提出があった場合において、その納税申告書に記載された課税標準等又は税額等の計算が国税に関する法律の規定に従っていなかったとき、その他その課税標準等又は税額等がその調査したところと異なるときは、その調査により、その申告書に係る課税標準等又は税額等を更正します（通則法24）。

(3)　再更正

　税務署長は、更正又は決定をした後、その更正又は決定をした課税標準等又は税額等が過大又は過少であることを知ったときは、その調査により、その更正又は決定に係る課税標準等又は税額等を更正します（通則法26）。

(4)　更正又は決定の手続

　更正又は決定は、税務署長が更正通知書又は決定通知書を送達して行います（通則法28）。
　更正又は決定に際しては、その理由を付記するものとされています（通則法74の14①）。

(5)　更正又は決定の期間制限

　更正又は決定は、その更正又は決定に係る国税の法定申告期限から5年を経過した日以後においてはすることができません（通則法70①）。
　ただし、偽りその他不正の行為により税を免れ、又は還付を受けた場合には、その期間は7年とされています（通則法70⑤）。
　この期間制限は、法律上賦課権を行使することができる除斥期間としての定めであるため、時効と違って、その中断がありません。

(6)　徴収権の消滅時効

　徴収権は、既に確定した租税債務の履行を求め、収納することができる権利です。国税の徴収権は、その国税の法定納期限から5年間行使しないことによって、時効により消滅します（通則法72①）。
　国税の徴収権の時効は、更正又は決定、過少申告加算税、無申告加算税又は重加算税に係る賦課決定、納税に関する告知、督促、交付要求により中断します（通則法73①）。

■第四節　課税資産の譲渡等についての中間申告

■1 中間申告書の提出義務

　前課税期間の確定消費税額が48万円を超える課税事業者は、中間申告書を税務署長に提出し、その中間申告書に記載した中間納付額に相当する消費税を国に納付しなければなりません（消法42、48）。

　中間申告書の提出義務は、前課税期間の確定消費税額に応じて、次のように区分されます（消法42①④⑥）。

前課税期間の確定消費税額	中間申告の義務	申告期限
1月相当額が400万円超 （年税額4,800万円超）	一月中間申告	原則として、中間申告対象期間の末日の翌日から2月以内
3月相当額が100万円超1,200万円以下 （年税額400万円超4,800万円以下）	三月中間申告	
6月相当額が24万円超200万円以下 （年税額48万円超400万円以下）	六月中間申告	
6月相当額が24万円以下 （年税額48万円以下）	中間申告不要 ただし、任意の中間申告を行うことができる。	

　＊　次の事業者は、中間申告の義務がありません（消法42①）。
　①　設立1期目の法人（合併による設立を除きます。）
　②　その年に新規開業した個人事業者（相続による事業の承継を含みます。）
　③　事業年度が3月以下の法人
　④　課税期間の特例の適用がある事業者
　⑤　課税期間の確定消費税額の6月相当額が24万円以下の事業者（ただし、任意の中間申告を行うことができます。）

⑴　一月中間申告

　課税事業者は、その課税期間の直前の課税期間の確定消費税額をその直前の課税期間の月数で除して計算した金額（1月相当額）が400万円超である場合には、一月中間申告対象期間の末日の翌日から2月以内に、それぞれ中間申告書を税務署長に提出しなければなりません（消法42①）。

　＊　一月中間申告対象期間とは、その課税期間開始の日以後1月ごとに区分した各期間をいいます。
　＊　その課税期間の直前の課税期間の確定消費税額は、その一月中間申告対象期間の末日にまでに確定したものです。

＊　法人の課税期間開始の日から２月以内に終了した一月中間申告対象期間については、直前の課税期間の確定消費税額はその確定申告書の提出期限までに確定したものとなり、中間申告書の提出期限はその課税期間開始の日から２月を経過した日から２月以内となります。また、「確定申告書の提出期限の延長の特例」の適用を受ける法人については、その課税期間開始から３月以内に終了した一月中間申告対象期間の中間申告書の提出期限は、その課税期間開始の日から３月を経過した日から２月以内となります。

＊　個人事業者の課税期間開始の日から３月以内に終了した一月中間申告対象期間については、直前の課税期間の確定消費税額はその確定申告書の提出期限までに確定したものとなり、中間申告書の提出期限はその課税期間開始の日から３月を経過した日から２月以内となります。

(2)　三月中間申告

　課税事業者は、上記の１月相当額が400万円以下である場合において、その課税期間の直前の課税期間の確定消費税額をその直前の課税期間の月数で除し３を乗じて計算した金額（３月相当額）が100万円超であるときは、三月中間申告対象期間の末日の翌日から２月以内に、それぞれ中間申告書を税務署長に提出しなければなりません（消法42④）。

＊　三月中間申告対象期間とは、その課税期間開始の日以後３月ごとに区分した各期間をいいます。

＊　その課税期間の直前の課税期間の確定消費税額は、その三月中間申告対象期間の末日にまでに確定したものです。

＊　中間申告書を提出すべき一月中間申告対象期間を含む三月中間申告対象期間については、三月中間申告の規定の適用はありません。

(3)　六月中間申告

　課税事業者は、上記の３月相当額が100万円以下である場合において、その課税期間の直前の課税期間の確定消費税額をその直前の課税期間の月数で除し６を乗じて計算した金額（６月相当額）が24万円超であるときは、六月中間申告対象期間の末日の翌日から２月以内に、中間申告書を税務署長に提出しなければなりません（消法42⑥）。

＊　六月中間申告対象期間とは、その課税期間開始の日以後６月の期間をいいます。

＊　その課税期間の直前の課税期間の確定消費税額は、その六月中間申告対象期間の末日にまでに確定したものです。

＊　中間申告書を提出すべき一月中間申告対象期間又は三月中間申告対象期間を含む六月中間申告対象期間については、六月中間申告の規定の適用はありません。

(4)　月数の計算

　月数は暦に従って計算し、１月に満たない端数を生じたときは、これを１月とします（消法42⑫）。

(5) 合併等があった場合

　法人が合併をした場合には、その合併法人の課税期間の直前の課税期間の確定消費税額に被合併法人の確定消費税額を加味する調整計算を行って、中間申告書の提出の要否を判断することになります（消法42②③⑤⑦）。

2 中間申告書により納付すべき税額

　中間申告書には、その課税期間の直前の課税期間の確定消費税額の1月相当額、3月相当額、6月相当額を記載して提出し、中間申告書の提出期限までに、その記載した金額に相当する消費税を国に納付しなければなりません（消法47、48）。

　ただし、中間申告対象期間を一課税期間とみなして仮決算を行って課税標準額等の金額を計算した場合には、その金額を記載した申告書を提出することができます（消法43①）。ただし、中間申告によって還付を受けることはできないため、控除不足還付税額を算出した場合でも、その金額は記載することができません。

3 みなし中間申告

　中間申告書の提出期限までにその提出がなかった場合には、その提出期限において、前課税期間の確定消費税額による中間申告書の提出があったものとみなされます（消法44、消基通15－1－6）。

　したがって、中間申告について無申告となることはなく、また、仮決算による中間申告を行う場合にはその申告期限までに申告書を提出する必要があります。

4 任意の中間申告

(1) 任意の中間申告書を提出する旨の届出

　その課税期間の直前の課税期間の確定消費税額をその直前の課税期間の月数で除し6を乗じて計算した金額（6月相当額）が24万円以下であることにより、六月中間申告書を提出することを要しない事業者が、「任意の中間申告書を提出する旨の届出書」をその納税地を所轄する税務署長に提出した場合には、その届出書の提出をした日以後にその末日が到来する六月中間申告対象期間については、六月中間申告書を提出するべきこととなります（消法42⑧、消基通15－1－9）。

(2) 任意の中間申告書を提出することの取りやめの届出

　「任意の中間申告書を提出する旨の届出書」を提出した事業者は、その適用を受けることをやめようとするとき又は事業を廃止したときは、その旨を記載した届出書をその納税地を所轄

する税務署長に提出しなければなりません（消法42⑨）。

「任意の中間申告書を提出することの取りやめ届出書」又は「事業廃止の届出書」の提出が
あったときは、その提出があった日以後にその末日が到来する六月中間申告対象期間について
は、任意の中間申告書を提出する旨の届出は、その効力が失われます（消法42⑩）。

(3) 中間申告書を提出しなかった場合

「任意の中間申告書を提出する旨の届出書」の提出をした事業者が、六月中間申告書をその
提出期限までに提出しなかった場合には、その事業者は、「任意の中間申告書を提出すること
の取りやめ届出書」をその六月中間申告対象期間の末日にその納税地を所轄する税務署長に提
出したものとみなされます（消法42⑪）。

(4) みなし中間申告の不適用

任意の中間申告については、みなし中間申告の規定は適用されません（消法44、消基通15－
1－7）。

■第五節　引取りに係る課税貨物についての申告

(1) 引取りに係る課税貨物についての申告

課税貨物を保税地域から引き取ろうとする者は、他の法律等によりその引取りに係る消費税
を免除されるべき場合を除き、その引取りに係る課税貨物の課税標準額その他所定の事項を記
載した申告書を税関長に提出しなければなりません（消法47①②）。

なお、申告納税方式が適用される課税貨物につき関税法に規定する特例申告を行う場合には、
その課税貨物についての消費税の申告書の提出期限は、その課税貨物の引取りの日の属する月
の翌月末日となります（消法47③）。

(2) 納期限

保税地域からの引取りに係る課税貨物についての消費税の申告書を提出した者は、その申告
に係る課税貨物を保税地域から引き取る時（特例申告の場合は申告書の提出期限）までに、そ
の申告書に記載した消費税額の合計額に相当する消費税を国に納付しなければなりません（消
法50①）。

(3) 引取りに係る課税貨物についての消費税の納期限の延長

申告納税方式が適用される課税貨物についての消費税については、担保を提供することによ

り、その納期限を3月以内に限り延長する制度があります（消法51①②）。なお、特例申告の場合に延長される期間は、申告期限から2月以内とされています（消法51④）。

■第六節 納　税　地

　納税地とは、申告、納付、申請、届出等の諸手続に関する所轄税務署長を定める基準となる場所をいいます。

1 法人の納税地

　法人の資産の譲渡等に係る消費税の納税地は、次のとおりです（消法22）。

①　内国法人……本店又は主たる事務所の所在地

②　外国法人（内国法人以外の法人）……国内に有する事務所等の所在地

2 個人事業者の納税地

　個人事業者の資産の譲渡等に係る消費税の納税地は、次のとおりです（消法20）。

①　国内に住所を有する場合……住所地

②　国内に住所を有せず、居所を有する場合……居所地

③　国内に住所及び居所を有しない者で、事務所等を有する者である場合……事務所等の所在地

＊　個人事業者は、住所等がある場合であっても、届出により、その居所地又は事務所等の所在地を納税地として選択することができます（消法21①②）。

3 保税地域からの引取りに係る納税地

　保税地域から引き取られる外国貨物に係る消費税の納税地は、その保税地域の所在地です（消法26）。

■第七節　加算税と罰則

1 無申告加算税

　申告書の提出期限までに確定申告書を提出しなかった場合には、期限後申告等により納付すべき税額に15％（50万円超300万円以下の部分は20％、300万円を超える部分は30％）を乗じて計算した金額に相当する無申告加算税が課せられます（通則法66①②）。

ただし、次の場合には、無申告加算税は賦課しないものとされています（通則法66①⑥、通則令27の2①）。

① 期限後申告等となったことに正当な理由がある場合

② 調査があったことにより決定があるべきことを予知して提出されたものでない期限後申告書で、その申告書が法定申告期限から1か月以内に提出され、かつ、その申告書に係る納付すべき税額の全額が法定納期限までに納付されている等の期限内申告書を提出する意思があったと認められる場合

なお、前年度及び前々年度の国税について、無申告加算税又は無申告重加算税を課される者が行うさらなる無申告行為に対して課される無申告加算税又は無申告重加算税は、10％加重されます。

2 過少申告加算税

期限内申告書が提出された場合において、修正申告書の提出又は更正があったときは、その修正申告等により納付すべき税額に10％（期限内申告書の提出により納付すべき税額に相当する金額と50万円とのいずれか多い金額を超える部分については15％）を乗じて計算した金額に相当する過少申告加算税が課せられます（通則法65①②）。ただし、過少申告となったことに正当な理由がある場合、調査があったことにより決定があるべきことを予知して提出されたものでない場合には賦課しないものとされています（通則法65④⑤）。

3 重加算税

過少申告加算税の規定に該当する場合において、納税者がその国税の課税標準等又は税額等の計算の基礎となるべき事実を隠ぺいし、又は仮装して納税申告書を提出していたときは、過少申告加算税に代え、35％を乗じて計算した金額に相当する重加算税が課税されます（通則法68①）。

無申告加算税の規定に該当する場合において、納税者がその国税の課税標準等又は税額等の計算の基礎となるべき事実の全部又は一部を隠ぺいし、又は仮装して法定申告期限までに納税申告書を提出せず、又は法定申告期限後に納税申告書を提出していたときは、無申告加算税に代え、40％を乗じて計算した金額に相当する重加算税が課せられます（通則法68②）。

4 罰　　則

(1) 偽りその他不正の行為があった場合

次のいずれかに該当する場合には、その違反行為をした者は、10年以下の懲役若しくは1,000万円以下の罰金に処し、又はこれを併科するものとされています（消法64①）。

① 偽りその他不正の行為により、消費税を免れ、又は保税地域から引き取られる課税貨物に対する消費税を免れようとしたとき。

② 偽りその他不正の行為により、申告による還付を受け、又は更正の請求に基づく更正による還付を受けたとき。

また、②の罪の未遂も、罰せられます（消法64②）。

＊ 国内取引に係る犯罪については、消費税又は還付金に相当する金額が1,000万円を超える場合には、情状により、その罰金は、1,000万円を超えその消費税又は還付金に相当する金額以下とすることができるものとされています（消法64③）。

＊ 輸入に係る犯罪については、保税地域から引き取られる課税貨物に対する消費税に相当する金額の10倍が1,000万円を超える場合には、情状により、その罰金は、1,000万円を超えその消費税に相当する金額の10倍に相当する金額以下とすることができるものとされています（消法64④）。

(2) 故意の申告書不提出

偽りその他不正の行為がない場合であっても、確定申告書をその提出期限までに提出しないことにより消費税を免れた場合には、その違反行為をした者は、5年以下の懲役若しくは500万円以下の罰金に処し、又はこれを併科するものとされています（消法64⑤）。

＊ この犯罪に係る消費税に相当する金額が500万円を超える場合には、情状により、その罰金は、500万円を超えその消費税に相当する金額以下とすることができるものとされています（消法64⑥）。

(3) 偽りの記載をした中間申告等

次のいずれかに該当する者は、1年以下の懲役又は50万円以下の罰金に処されます（消法65）。

① 輸出物品販売場において免税販売された物品につき、承認を受けないで譲渡又は譲受けをした者

② 中間申告書に偽りの記載をして提出した者

③ 賦課課税方式が適用される課税貨物の引取りに係る申告書をその提出期限までに提出せず、又は偽りの申告書を提出した者

④ 適格請求書発行事業者以外の者が、適格請求書発行事業者が作成した適格請求書又は適格簡易請求書であると誤認されるおそれのある表示をした書類の交付をした場合又はその電磁的記録を提供した場合

⑤ 適格請求書発行事業者が、偽りの記載をした適格請求書又は適格簡易請求書を交付した場合又はその電磁的記録を提供した場合

(4) 正当な理由のない申告書不提出

正当な理由がなくて確定申告書又は課税貨物の引取りに係る申告書をその提出期限までに提

出しなかった者は、1年以下の懲役又は50万円以下の罰金に処するものとされています。ただし、情状により、その刑は免除されます（消法66）。

(5) 代理人等による違反行為

法人の代表者（人格のない社団等の管理人を含みます。）又は法人若しくは人の代理人、使用人その他の従業者が、その法人又は人の業務又は財産に関して上記(1)～(4)の違反行為をしたときは、その行為者を罰するほか、その法人又は人に対してそれぞれの罰金刑を科するものとされています（消法67）。

■第八節　延　滞　税

法定納期限までに納付されない場合には、利息に相当する延滞税が課税されます（通則法60①）。

■第九節　国税の調査

国税の調査には、強制調査と任意調査とがあります。強制調査は、脱税が疑われる納税者について、裁判所の令状をもって強制的に行う調査です。これに対し任意調査とは、納税者の同意の下で行われる調査をいいます。

任意調査にあたっては、次のような手続等が定められています。

1　質問検査権

(1) 国内取引に係る消費税

国税庁、国税局若しくは税務署（以下「国税庁等」といいます。）の職員は、消費税に関する調査について必要があるときは、納税義務者やその取引関係者等に質問し、その者の事業に関する帳簿書類その他の物件を検査し、又はその物件の提示若しくは提出を求めることができます（通則法74の2①三）。

(2) 輸入に係る消費税

税関の職員は、消費税に関する調査について必要があるときは、輸入者やその取引関係者等に質問し、課税貨物又はその帳簿書類その他の物件を検査し、又はその物件の提示若しくは提出を求めることができます（通則法74の2①四）。

2 納税義務者等の受忍義務

任意調査は、納税者の同意と協力の下に行われるものです。

ただし、正当な理由なく国税庁等又は税関の職員の質問検査等に応じなかった場合には、1年以下の懲役又は50万円以下の罰金に処する罰則が設けられています（通則法128）。

3 提出物件の留置き

国税庁等又は税関の職員は、国税の調査について必要があるときは、その調査において提出された物件を留め置くことができます（通則法74の7）。

4 事前通知等

税務署長等は、その職員に、実地の調査において質問検査等（質問、検査又は提示若しくは提出の要求）を行わせる場合には、あらかじめ、納税義務者及びその税務代理人に対し、調査を行う旨、調査を行う場所、調査の目的、対象となる税目等を通知することとされています（通則法74の9）。

ただし、納税義務者の申告や過去の調査結果の内容その他の情報に鑑み、違法又は不当な行為を容易にし、正確な課税標準等又は税額等の把握を困難にするおそれその他国税に関する調査の適正な遂行に支障を及ぼすおそれがあると認める場合には、通知は要しないものとされています（通則法74の10）。

5 調査の終了の際の手続

(1) 実地の調査の結果、更正決定をすべきと認められない場合には、その時点において更正決定をすべきと認められない旨が書面により通知されます（通則法74の11①）。

(2) 調査の結果、更正決定をすべきと認める場合には、その調査結果の内容が説明されます（通則法74の11②）。

問28　次の文章の ＿＿＿＿＿＿ の中に適切な語を記入しなさい。

1. 課税事業者は、課税期間の末日の翌日から ＿＿＿＿＿＿ に所定の事項を記載した確定申告書を税務署長に提出しなければならない。この場合、個人事業者のその年の12月31日の属する課税期間に係る確定申告書の提出期限は、その年の ＿＿＿＿＿＿＿＿ とする。

2. 法人である事業者は、課税期間の末日の翌日から ＿＿＿＿＿ に所定の事項を記載した ＿＿＿＿＿＿ を税務署長に提出しなければならない。

3. 課税事業者は、その課税期間分の消費税につき控除税額の控除不足額又は ＿＿＿＿＿＿ の控除不足額がある場合には、確定申告書の提出義務がない場合においても、消費税の ＿＿＿＿ を受けるための申告書を提出することができる。

4. 前課税期間の確定消費税額が ＿＿＿＿＿ を超える課税事業者は、所定の時期に所定の事項を記載した ＿＿＿＿＿＿＿ を税務署長に提出し、その申告書に記載した ＿＿＿＿＿ に相当する消費税を国に納付しなければならない。

5. 国内に住所を有する個人事業者の消費税の納税地は、その ＿＿＿＿＿ とする。

6. 内国法人の消費税の納税地は、その ＿＿＿＿ 又は ＿＿＿＿＿＿ の所在地とする。

7. 保税地域から引き取られる ＿＿＿＿＿ に係る消費税の ＿＿＿＿ は、その保税地域の所在地とする。

問29　次の課税期間について、確定申告書の提出期限を答えなさい。

① 法人Aの令和6年4月1日から令和7年3月31日までの課税期間（消費税申告期限延長届出書の提出はありません。） ＿＿＿＿＿＿

② 個人事業者Bの令和6年1月1日から令和6年12月31日までの課税期間 ＿＿＿＿＿＿

問30　法人Aの令和6年4月1日から令和7年3月31日までの課税期間について、中間申告を行う義務があるかどうか答えなさい。

法人Aの前課税期間（自令和5年4月1日　至令和6年3月31日）の確定消費税額は4,200万円であり、前課税期間の法定申告期限までに確定している。

（解答欄）

〈毎月中間申告〉 ＿＿＿＿＿ 万円 × ＿＿ ＝ ＿＿＿＿＿＿＿ ∴毎月中間申告 ＿＿＿＿

〈三月中間申告〉 ＿＿＿＿＿ 万円 × ＿＿ ＝ ＿＿＿＿＿＿＿ ∴三月中間申告 ＿＿＿＿

国境を越えた役務の提供に対する課税の特例

■第一節　用語の定義

用語の定義	
国外事業者（消法2①四の二）	所得税法上の非居住者である個人事業者及び法人税法上の外国法人
登録国外事業者（平27改所法附38①）	所定の要件を満たす国外事業者（免税事業者を除きます。）として申請し、国税庁長官の登録を受けた事業者
電気通信利用役務の提供（消法2①八の三）	資産の譲渡等のうち、電気通信回線を介して行われる著作物の提供（当該著作物の利用の許諾に係る取引を含みます。）その他の電気通信回線を介して行われる役務の提供（電話、電信その他の通信設備を用いて他人の通信を媒介する役務の提供を除きます。）であって、他の資産の譲渡等の結果の通知その他の他の資産の譲渡等に付随して行われる役務の提供以外のもの（例：電子書籍・音楽・広告の配信等）
事業者向け電気通信利用役務の提供（消法2①八の四）	国外事業者が行う「電気通信利用役務の提供」のうち、その役務の性質又はその役務の提供に係る契約条件等により、その役務の提供を受ける者が事業者であることが明らかなもの
消費者向け電気通信利用役務の提供	「電気通信利用役務の提供」のうち「事業者向け電気通信利用役務の提供」以外のもの ＊　「消費者向け電気通信利用役務の提供」は、法令に定められた定義ではありません。
特定役務の提供（消法2①八の五、消令2の2）	資産の譲渡等のうち、映画若しくは演劇の俳優、音楽家その他の芸能人又は職業運動家の役務の提供を主たる内容とする事業として行う役務の提供のうち、国外事業者が他の事業者に対して行う役務の提供（当該国外事業者が不特定かつ多数の者に対して行う役務の提供を除きます。） ＊　「電気通信利用役務の提供」に該当するものを除きます。
特定資産の譲渡等（消法2①八の二）	「事業者向け電気通信利用役務の提供」及び「特定役務の提供」
特定仕入れ（消法4①）	事業として他の者から受けた「特定資産の譲渡等」
特定課税仕入れ（消法5①）	課税仕入れのうち「特定仕入れ」に該当するもの

■第二節　電気通信利用役務の提供

　役務の提供が国内において行われたかどうかは、役務の提供が行われた場所によって判断することとされており、役務の提供が行われた場所が明らかでない取引（国内及び国外にわたって行われる役務の提供など）については、役務の提供を行う者の役務の提供に係る事務所等の所在地に基づいて内外判定を行うこととされています。

　これによれば、日本国内で提供を受けるデジタルコンテンツの提供（電子書籍や音楽の配信等）は、その提供を国内の事業者が行えば国内取引、国外事業者が行えば国外取引となります。そうすると、同じ電子書籍等であっても、提供者の違いによって最終的な税負担が異なることとなり、国内外の事業者間で競争条件に歪みが生じてしまいます。

　そこで、デジタルコンテンツの提供は、「電気通信利用役務の提供」と位置付け、原則にかかわらず、その提供を受ける者の住所地等により、内外判定を行うこととされています（消法4③三）。

　「電気通信利用役務の提供」には、単に通信回線を利用させる役務の提供や、次のような電気通信利用役務の提供以外の資産の譲渡等に付随して行われる役務の提供は含まれません（消基通5-8-3）。

> - 国外に所在する資産の管理・運用等について依頼を受けた事業者が、その管理等の状況をインターネット等（インターネットや電子メール）を利用して依頼者に報告するもの
> - ソフトウエア開発の依頼を受けた事業者が、国外においてソフトウエアの開発を行い、完成したソフトウエアについてインターネット等を利用して依頼者に送信するもの

■第三節　電気通信利用役務の提供の内外判定

「電気通信利用役務の提供」の内外判定	
原則	「電気通信利用役務の提供」を受ける者の住所、居所（現在まで引き続いて1年以上居住する場所）、本店、主たる事務所の所在地により判定します。
特例	①　国内事業者が所得税法又は法人税法上の国外事業所等において受ける「事業者向け電気通信利用役務の提供」のうち、国内以外の地域において行う資産の譲渡等に<u>のみ</u>要するものは、国外取引となります。 ②　国外事業者が所得税法又は法人税法上の恒久的施設において受ける「事業者向け電気通信利用役務の提供」のうち、国内において行う資産の譲渡等に要するものは、国内取引となります。

■第四節　国外事業者が行う「電気通信利用役務の提供」の課税方式

「電気通信利用役務の提供」は、「事業者向け電気通信利用役務の提供」と「消費者向け電気通信利用役務の提供」とに区分して、課税方式が定められています。

1 「事業者向け電気通信利用役務の提供」：リバースチャージ方式

「事業者向け電気通信利用役務の提供」には、その取引に係る消費税の納税義務を役務の提供を受ける事業者に転換する「リバースチャージ方式」が適用されます。

---

① リバースチャージ方式が適用される場合は、消費税を上乗せしないで取引を行うことが前提です。

② 「事業者向け電気通信利用役務の提供」は、消費税の課税対象である資産の譲渡等から除かれ、「特定仕入れ」が課税対象となります（消法4①）。

③ 「事業者向け電気通信利用役務の提供」は納税義務の対象となる課税資産の譲渡等から除かれ、「特定課税仕入れ」が納税義務の対象となります（消法5①）。

④ 「特定課税仕入れ」に係る消費税の課税標準は、特定課税仕入れに係る支払対価の額（対価として支払い、又は支払うべき一切の金銭又は金銭以外の物若しくは権利その他経済的な利益の額をいいます。）です（消法28②）。

⑤ 「特定課税仕入れ」に係る対価の返還等を受けた場合には、売上げに係る対価の返還等を受けた場合に準じた税額控除の取扱いがあります（消法38の2）。

⑥ 「特定課税仕入れ」につき課されるべき消費税額は、帳簿の保存を要件に、仕入控除税額の計算の対象となります（消法30①⑦⑧）。

⑦ 「特定課税仕入れ」について、仕入対価の返還等を受けた場合の特例、調整対象固定資産に関する調整の規定は、課税仕入れと同様に適用されます（消法32〜35）。

⑧ 「特定課税仕入れ」の支払対価の額は、課税売上割合の計算に影響しません（消法30⑥）。

⑨ 「特定課税仕入れ」の支払対価の額は、基準期間における課税売上高及び特定期間における課税売上高に算入しません（消法9②、9の2②）。

⑩ 「事業者向け電気通信利用役務の提供」に係る対価の額は、その提供を行う国外事業者の基準期間における課税売上高及び特定期間における課税売上高に算入しません。

---

2 「消費者向け電気通信利用役務の提供」：国外事業者申告納税方式

「消費者向け電気通信利用役務の提供」については、その「消費者向け電気通信利用役務の提供」を行う国外事業者が納税義務者となります。

平成27年度税制改正により登録国外事業者制度が創設され、「消費者向け電気通信利用役務の提供」は、登録国外事業者から提供を受けたものが仕入税額控除の対象とされていました。

適格請求書等保存方式の開始に伴い、登録国外事業者制度は適格請求書等保存方式に移行され、令和5年9月1日において登録国外事業者である者であって、同日において「登録国外事

業者の登録の取消しを求める旨の届出書」を提出していない者（以下「移行登録国外事業者」といいます。）は、令和５年10月１日に適格請求書発行事業者の登録を受けたものとみなされています。

　したがって、移行登録国外事業者が令和５年10月１日以後の取引について請求書等を交付する場合には、新たに付番された適格請求書発行事業者の登録番号を記載することとなります。ただし、適格請求書発行事業者の登録番号を記載することが困難な事情があるときは、令和６年３月31日までは、登録国外事業者登録番号を使用することができます。

■第五節　国外事業者が行う芸能・スポーツ等に係る役務の提供

　俳優、音楽家その他の芸能人又は職業運動家（タレント等）が、コンサートや舞台への出演、野球・サッカー・ゴルフなどのスポーツイベント等への出場等を行う役務の提供は、そのコンサート等の会場が日本国内であれば、国内において行う役務の提供に該当し、そのタレント等が国外の事業者（外国人タレント等）であっても、国内取引として消費税の課税対象となります。

　したがって、その基準期間における課税売上高又は特定期間における課税売上高が1,000万円を超える外国人タレント等には、消費税の納税義務者として申告納税を行う義務があります。

　しかし、こうした外国人タレント等は、一般的に、短期間で帰国することから、適切な申告納税を求めることには自ずと限界があるといえるでしょう。そこで、国外事業者が国内で行う芸能・スポーツ等の役務の提供は、「特定役務の提供」と位置づけられ、平成28年４月１日以後は、リバースチャージ方式を適用することとされています（消法４①、５①）。

■「特定役務の提供」に該当する取引の具体例

国外事業者が、対価を得て他の事業者に対して行う
①　芸能人としての映画の撮影、テレビへの出演
②　俳優、音楽家としての演劇、演奏
③　スポーツ競技の大会等への出場

＊　国外事業者であるスポーツ選手が、映画やCM等の撮影を国内で行って、その演技、出演料等を受領する場合は①に含まれます。

＊　国外事業者がアマチュア、ノンプロ等と称される者であっても、スポーツ競技等の役務の提供を行うことにより報酬・賞金等を受領する場合は③に含まれます。

　①から③の役務の提供であっても、国外事業者が不特定かつ多数の者に対して行うものは、「特定役務の提供」に該当しません。

国、地方公共団体等の特例

　国内において行う課税資産の譲渡等に係る消費税は、個人事業者及び法人をその納税義務者としています。したがって、国、地方公共団体、公共法人、公益法人等であっても、国内において課税資産の譲渡等を行う限り、消費税の納税義務者となります。

　しかし、これらの法人の事業活動は、公共性の強いものであり、一般の事業者とはその性格が異なるため、各種の特例が設けられています。

■国、地方公共団体等の分類と適用される特例

　国、地方公共団体等については、おおむね次のように区分して特例が設けられています。

区分	適用される特例			
	課税単位	資産の譲渡等の時期	仕入控除税額の計算	申告期限
国（一般会計）	○	○	課税標準額に対する消費税額と仕入控除税額とを同額とみなす	申告義務なし
地方公共団体（一般会計）	○	○		
国（特別会計）	○	○	特定収入がある場合の特例	○
地方公共団体（特別会計）	○	○		○
消費税法別表第三に掲げる公共法人、公益法人等	―	△ 要承認		△ 要承認
人格のない社団等	―	―		―

　＊　別表第三に掲げる法人には、例えば、一般社団法人、一般財団法人、学校法人、宗教法人等があります。

■納税義務と課否判定

　法人税法においては、公共法人は、納税義務者とされていません（法法４②）。また、公益法人等及び人格のない社団等については、その公益法人等の行う事業が収益事業に該当する場合に限って課税し、収益事業を行っていない場合には、申告納税の義務はありません。

　しかし、消費税法では、このような公益法人等の納税義務を免除する特例規定がないことから、基準期間における課税売上高又は特定期間における課税売上高が1,000万円を超える場合には、公共法人、公益法人等であっても消費税の課税事業者となります。

取引の課否判定は、収益事業に該当するか否かに関係なく、個々の取引について、他の一般事業者と同じ基準で行います。ただし、寄附を受ける行為や社会福祉事業、学校法人における教育としての役務の提供等のように法人税法上非収益事業とされるものは、その多くが消費税においても課税対象外又は非課税とされています。

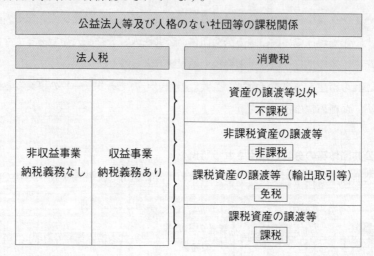

公益法人等及び人格のない社団等の課税関係		
法人税		消費税
非収益事業 納税義務なし	収益事業 納税義務あり	資産の譲渡等以外 不課税
		非課税資産の譲渡等 非課税
		課税資産の譲渡等（輸出取引等） 免税
		課税資産の譲渡等 課税

■公益法人等との取引

　一般の事業者が公益法人等に対して資産の譲渡等を行った場合に、譲渡等の相手方が公益法人であることを理由に消費税を課税しない、という取扱いはありません。

　また、国・地方公共団体、公共法人、公益法人等からの資産の譲受け等であっても、その資産の譲受け等が課税仕入れに該当する場合には、仕入税額控除の対象となります。

■第一節　課税単位の特例

　国又は地方公共団体については、一般会計又は特別会計ごとに、一の法人が行う事業とみなすこととされています（消法60①）。

　ただし、国又は地方公共団体が特別会計を設けて行う事業であっても、専らその特別会計を設ける国又は地方公共団体の一般会計に対して資産の譲渡等を行う特別会計については、一般会計に係る業務として行う事業とみなされます。

■第二節　国又は地方公共団体の一般会計の特例

　国又は地方公共団体は、その会計ごとに一の法人として消費税の納税義務者となりますが、一般会計については、仕入税額控除を行う消費税額を課税標準額に対する消費税額と同額とすること、確定申告の規定を適用しないこと等の特例により、申告及び納税をしないこととなっています（消法60⑥⑦）。

　つまり、国・地方公共団体をその会計ごとに通常の事業者とみなすことによって、一般の事業者又は異なる会計との間で取引を行うに当たって独立したものとしたうえで、自らが自らに納税する矛盾を避けるために、一般会計については納税の必要をなくすものとしています。

■第三節　資産の譲渡等の時期の特例

1 国又は地方公共団体の特別会計

　国又は地方公共団体の会計は、「予算決算及び会計令」又は「地方自治法施行令」の規定によりその歳入又は歳出の所属会計年度が定められており、一般の企業とは異なる会計処理が行われています。

　したがって、国又は地方公共団体の資産の譲渡等については、次のような特例が設けられています（消法60②、消令73）。

区　分	特　例
資産の譲渡等の時期	その対価を収納すべき会計年度の末日に行われたものとすることができる。
課税仕入れ等の時期	その費用の支払をすべき会計年度の末日に行われたものとすることができる。

2 公共法人又は公益法人等

　公共法人又は公益法人等のうち、国又は地方公共団体に準ずる法人として納税地の所轄税務署長の承認を受けたものは、資産の譲渡等又は課税仕入れ等を行った時期について、その対価を収納すべき又は費用の支払をすべき課税期間の末日に行われたものとすることができます。

　この承認を受けることができるのは、消費税法別表第三に掲げる法人のうち、国又は地方公共団体の会計処理の方法に準じて、収入・費用が帰属する会計年度について発生主義以外の特別な会計処理により行うこととされている法人です。

■第四節　申告期限の特例

　消費税の申告期限は、課税期間の末日の翌日から2月以内とされていますが、国又は地方公共団体等については、次のような特例が設けられています（消法45①、60⑧、消令76①②）。

区　分	申告期限・納付期限
国の特別会計	5月以内
地方公共団体の特別会計	6月以内
地方公営企業	3月以内
別表第三に掲げる法人のうち法令によりその決算を完結する日が会計年度の末日の翌日以後2月以上経過した日と定められていることその他特別の事情があるもの	6月以内で納税地の所轄税務署長が承認する期間内

■第五節　特定収入に係る仕入税額控除の特例

　国又は地方公共団体の特別会計、別表第三に掲げる法人、人格のない社団等については、特定収入（補助金等、資産の譲渡等の対価以外の一定の収入）を財源として支払われる課税仕入れ等の税額は、控除対象仕入税額から除かれます。

　この特例は、公益法人等が、国等から交付を受ける補助金等をその活動の主な財源にしているため設けられた特例です。仕入税額控除は、最終的に消費者に税負担を負わせることを目的に、売上げに係る消費税から仕入れに係る消費税を控除する仕組みですが、補助金収入や会費収入、寄附金収入等を主な収入源とする公益法人等は、仕入れに係る消費税額を転嫁するべき課税売上げを予定していません。補助金等の収入をもって支払われる課税仕入れは、形式上は公益法人等を経由して支払われますが、実質は補助金を交付した機関がその費用を負担しています。そのような課税仕入れについて仕入税額控除を行うとすると、補助金等を受け取れば受け取るほど公益法人等の消費税の還付額が増加することになります。そこで、特定収入を財源とする課税仕入れ等の税額は、控除対象仕入税額から除外する特例が設けられています。

　ただし、簡易課税制度を選択した場合や、特定収入の額が僅少と認められる場合には、この特例の適用はありません。

1 対象となる公益法人等

仕入税額控除の特例の対象となるのは、次の法人です（消法60④他）。

特例の対象となる公益法人等の範囲
① 国又は地方公共団体の特別会計
② 消費税法別表第三に掲げる法人
③ 人格のない社団等
④ 個別法により別表第三に掲げる法人とみなされる法人
・NPO法人（NPO法）
・法人である政党又は政治団体（政党等法人法）
・地方自治法第260条の２第17項の認可を受けた地縁団体（地方自治法）
・マンション管理組合法人（区分所有法）
・マンション建替組合及びマンション敷地売却組合（マンション建替法）
・防災街区整備事業組合（防災街区整備促進法）

上記の法人であっても、次の場合には、特例の適用がありません（消法37①、60④）。

① その課税期間において簡易課税制度の適用がある場合

② その課税期間の特定収入割合が５％以下である場合

■特定収入割合

特定収入割合とは、次の算式により計算した割合をいいます。

特定収入に係る仕入税額控除の特例は、特定収入割合が５％を超える場合に適用されます（消法60④、消令75③）。

$$ 特定収入割合 = \frac{特定収入の合計額}{資産の譲渡等の対価の額の合計額＋特定収入の合計額} $$

2 控除対象仕入税額の計算

この特例の適用がある場合には、まず、特例の適用がないものとして控除対象仕入税額を計算し、次にその特例適用前の控除対象仕入税額から、「特定収入に係る課税仕入れ等の税額」を控除します。

したがって、納付すべき消費税額は、次のように計算することとなります（消法60④、消令75④）。

$$\boxed{\begin{array}{c}\text{納付すべき}\\\text{消費税額}\end{array}} = \boxed{\begin{array}{c}\text{課税標準額に}\\\text{対する消費税額}\end{array}} - \left(\boxed{\begin{array}{c}\text{特例適用前の}\\\text{控除対象仕入税額}\end{array}} \boxed{\begin{array}{c}\text{特定収入に係る}\\\text{課税仕入れ等の税額}\end{array}}\right)$$

特定収入に係る課税仕入れ等の税額	
全額控除の場合 （消令75④一）	特定収入に係る課税仕入れ等の税額＝①＋② ① 課税仕入れ等に係る特定収入の合計額×$\dfrac{7.8}{110}$ ② （特例適用前の控除対象仕入税額－①）×調整割合
一括比例配分方式 （消令75④三）	特定収入に係る課税仕入れ等の税額＝①＋② ① 課税仕入れ等に係る特定収入の合計額×$\dfrac{7.8}{110}$×課税売上割合 ② （特例適用前の控除対象仕入税額－①）×調整割合
個別対応方式 （消令75④二）	特定収入に係る課税仕入れ等の税額＝①＋②＋③ ① 課税資産の譲渡にのみ要する課税仕入れ等 に使途が特定されている特定収入の合計額×$\dfrac{7.8}{110}$ ② 課税資産の譲渡等とその他の資産の譲渡 等に共通して要する課税仕入れ等にのみ×$\dfrac{7.8}{110}$×課税売上割合 使途が特定されている特定収入の合計額 ③ （特例適用前の控除対象仕入税額－①－②）×調整割合

＊ 「課税仕入れ等に係る特定収入の合計額」とは、特定収入のうち、法令等において、課税仕入れに係る支払対価の額又は課税貨物の引取価額に係る支出のためにのみ使用することとされている部分の合計額をいいます。

なお、特定収入に係る課税仕入れ等の税額は、税率が異なるごとに計算します。上記$\dfrac{7.8}{110}$の割合は、課税仕入れ等に係る特定収入に応じて、次によります。

① 軽減税率が適用される課税仕入れ等に係る特定収入……$\dfrac{6.24}{108}$

② ①以外の課税仕入れ等に係る特定収入……$\dfrac{7.8}{110}$

③ 旧税率を適用した課税仕入れ等に係る特定収入……旧税率による割合

■調整割合

調整割合とは、次の算式により計算した割合をいいます。

$$\text{調整割合} = \dfrac{\text{その他の特定収入の合計額}}{\text{資産の譲渡等の対価の額の合計額＋その他の特定収入の合計額}}$$

＊ 「その他の特定収入の合計額」とは、特定収入のうち、法令等において、その使途が特定されていない部分の合計額をいいます。

3 控除しきれない場合

特定収入に係る課税仕入れ等の税額を特例適用前の控除対象仕入税額から控除して控除しきれない金額があるときは、その控除しきれない金額を課税資産の譲渡等に係る消費税額とみな

してその課税期間の課税標準額に対する消費税額に加算します（消法60⑤）。

4 特定収入と非特定収入

(1) 特定収入

特定収入とは、資産の譲渡等の対価に該当しない収入のうち、非特定収入以外の収入をいいます（消法60④、消令75①、消基通16－2－1）。

(2) 非特定収入

非特定収入は、借入金や預り金等の返還を要する収入や課税仕入れ等以外に使用することとされている補助金等、他者の負担により仕入税額控除の基礎となる支払がなされる可能性がない収入です。

非特定収入は、次のとおり特定列挙されています（消令75①）。

非特定収入の範囲
①　借入金等（借入金及び債券の発行に係る収入で、法令においてその返済又は償還のため補助金、負担金等の交付を受けることが規定されているもの以外のもの） ②　出資金 ③　預金、貯金及び預り金 ④　貸付回収金 ⑤　返還金及び還付金 ⑥　次に掲げる収入 　　法令、交付要綱等又は国若しくは地方公共団体が合理的な方法により資産の譲渡等の対価以外の収入の使途を明らかにした文書において、次に掲げる支出以外の支出（特定支出）のためにのみ使用することとされている収入 　イ　課税仕入れに係る支払対価の額に係る支出 　ロ　課税貨物の引取価額に係る支出 　ハ　①の借入金等の返済金又は償還金に係る支出

(3) 借入金収入の取扱い

借入金収入は、返済を予定した収入ですから、借入金収入によって課税仕入れ等を行ったとしても、他者の負担によって賄われた課税仕入れ等にはなりません。

ただし、その借入返済につき補助金等の交付があるとすれば、結果的には、借入れという方法を通して補助金等による課税仕入れ等が行われたことになります。

そこで、借入金収入については、補助金との関係により、特定収入又は非特定収入に区分するものとされています。

公益法人等が行う借入れや債権の発行について、法令等において借入金返済のための補助金等が交付される場合には、通常、借入前に借入返済のための補助金等の使途を限定した交付要

綱等が作成されます。この場合には、その交付要綱に従ってその借入金収入が特定収入となるかどうかを判断し、交付される補助金等は非特定収入となります。

また、借入の後に返済のための補助金等が交付されることとなった場合には、借入金収入は非特定収入とし、その返済のための補助金等につき、借入金収入の使途により特定収入となるかどうかを判断します。

返済のための補助金等が特定収入に該当した場合のその特定収入の使途についても、借入金収入の使途により、その使途を特定します。

借入金の区分			判定	
			借入金	補助金等
返済のための補助金等の交付あり	借入前に交付決定	課税仕入れ等のために使用しないとされている	非特定収入	非特定収入
		その他	特定収入	
	借入後に交付決定	課税仕入れ等のために使用していない	非特定収入	非特定収入
		その他		特定収入
返済のための補助金等の交付なし			非特定収入	交付なし

また、借入金の返済のための補助金の判断基準は、次の(4)によります。

⑷ 使途の特定

資産の譲渡等の対価以外の収入の使途は、次の文書において明らかにされた使用目的により判断するものとされています（消令75①六）。

① 法令、交付要綱など国、地方公共団体又は特別の法律により設立された法人から資産の譲渡等の対価以外の収入を受ける際にこれらの者が作成したその収入の使途を定めた文書（消令75①六イ）

② 国又は地方公共団体が合理的な方法により資産の譲渡等の対価以外の収入の使途を明らかにした文書（消令75①六ロ）

これらの交付要綱等には、実績報告書、予算書、決算書等を含むものとされています（消基通16－2－2）。

5 帳簿の記載事項等

公益法人等においては、特定収入に係る仕入税額控除の規定の適用を受けるかどうかを判定するため、課税期間ごとに、特定収入の額を把握する必要があります。

したがって、一般の事業者の記帳の義務に加えて、特定収入等に関する事項（相手方の氏名又は名称、収入年月日、内容、金額、使途）についての記帳の義務があります（消令77、消規31）。

第九章　事業の承継

■第一節　相続により事業を承継した場合

❶　相続があった場合の納税義務

　課税事業者である相続人が、相続により事業を承継した場合には、その承継した事業についても当然に納税義務が生じます。

　事業を行わない個人又はその課税期間の基準期間における課税売上高及び特定期間における課税売上高が1,000万円以下である個人事業者＊が相続により事業を承継した場合には、その相続により承継した事業の規模を反映させるため、納税義務の判定について特別な取扱いが設けられています。

　＊　課税事業者を選択している者を除きます。

⑴　相続があった年の納税義務

　その年の基準期間における課税売上高及び特定期間における課税売上高が1,000万円以下である相続人が、基準期間における課税売上高が1,000万円を超える被相続人の事業を承継した場合は、その相続人のその相続のあった日の翌日からその年12月31日までの間における課税資産の譲渡等については、納税義務は免除されません（消法10①）。

相続があった年の相続人の納税義務			
区　分		判　定	
相続人の基準期間における課税売上高又は特定期間における課税売上高が1,000万円超		課税事業者	
相続人の基準期間における課税売上高及び特定期間における課税売上高が1,000万円以下	被相続人の基準期間における課税売上高＊が1,000万円以下	免税事業者	
	被相続人の基準期間における課税売上高＊が1,000万円超	その年1月1日から相続開始の日まで	免税事業者
		相続開始の日の翌日からその年12月31日まで	課税事業者

　＊　複数の相続人が事業を分割して相続した場合は、各相続人が承継した事業に係る部分の課税売上高により判定します（消法10③、消令21）。

(2)　相続があった年の翌年、翌々年の納税義務

　相続により被相続人の事業を承継した年の翌年又は翌々年においては、相続人のその年の基準期間における課税売上高及び特定期間における課税売上高が1,000万円以下であっても、その相続人の基準期間における課税売上高と被相続人の基準期間における課税売上高との合計額が1,000万円を超えるときは、その相続人のその年における課税資産の譲渡等については、納税義務は免除されません（消法10②）。

相続があった年の翌年又は翌々年の相続人の納税義務		
区　分		判　定
相続人の基準期間における課税売上高又は特定期間における課税売上高が1,000万円超		課税事業者
相続人の基準期間における課税売上高 ＋ 被相続人の基準期間における課税売上高＊	1,000万円超	課税事業者
	1,000万円以下	免税事業者

　　＊　複数の相続人が事業を分割して相続した場合は、各相続人が承継した事業に係る部分の課税売上高により判定します（消法10③、消令21）。

(3)　相続があった場合の課税事業者選択届出書の効力等

　被相続人が提出した課税事業者選択届出書の効力は、相続によりその被相続人の事業を承継した相続人には及びません。したがって、その相続人が課税事業者を選択しようとするときは、新たに課税事業者選択届出書を提出しなければなりません。

　この場合、次の課税期間は、「課税資産の譲渡等に係る事業を開始した課税期間」となり、その提出をした日の属する課税期間から課税事業者となることができます（消基通1－4－12）。

①　事業を営んでいない相続人が相続により被相続人の事業を承継し、相続があった日の属する課税期間中に課税事業者選択届出書を提出した場合

②　個人事業者である相続人が相続により課税事業者選択の特例の適用を受けていた被相続人の事業を承継し、相続があった日の属する課税期間中に課税事業者選択届出書を提出した場合

　　＊　12月中に相続が開始したことは、やむを得ない事情に該当し、課税事業者の選択又はその不適用につき、届出特例の規定が適用されます（消基通1－4－16、32ページ参照）。

(4)　適格請求書発行事業者が死亡した場合

　適格請求書発行事業者が死亡した場合には、事業を承継した相続人を適格請求書発行事業者とみなす取扱いがあります。39ページを参照してください。

2 相続があった場合の簡易課税制度の適用関係

(1) 適用上限

上述のとおり、相続があった場合の納税義務は、相続人の基準期間における課税売上高に被相続人の基準期間における課税売上高を加味して判定します。

しかし、簡易課税制度の適用について、その基準期間における課税売上高が5,000万円を超えるかどうかは、その相続人の基準期間における課税売上高のみによって判定します。

(2) 相続があった場合の簡易課税制度選択届出書の効力等

被相続人が提出した簡易課税制度選択届出書の効力は、相続によりその被相続人の事業を承継した相続人には及びません。したがって、その相続人が簡易課税制度の適用を受けようとするときは、新たに簡易課税制度選択届出書を提出しなければなりません。

この場合、次の課税期間は、「課税資産の譲渡等に係る事業を開始した課税期間」となり、その提出をした日の属する課税期間から簡易課税制度選択の効力が生じるものとすることができます（消基通13－1－3の2）。

① 事業を営んでいない相続人が相続により被相続人の事業を承継し、相続があった日の属する課税期間中に簡易課税制度選択届出書を提出した場合

② 納税義務が免除されていた個人事業者が相続により簡易課税制度の適用を受けていた被相続人の事業を承継し、相続があった日の属する課税期間中に簡易課税制度選択届出書を提出した場合

＊ 12月中に相続が開始したことは、やむを得ない事情に該当し、課税事業者の選択又はその不適用につき、届出特例の規定が適用されます（消基通13－1－5の2、32ページ「やむを得ない事情の範囲」参照）。

3 相続があった場合の課税期間の特例

被相続人が提出した課税期間特例選択（変更）届出書の効力は、相続によりその被相続人の事業を承継した相続人には及びません。したがって、その相続人が課税期間の特例の適用を受けようとするときは、新たに課税期間特例選択届出書を提出しなければなりません。

この場合、次の期間は、「課税資産の譲渡等に係る事業を開始した期間」となり、その提出をした日の属する期間から課税期間特例選択の効力が生じることとなります（消基通3－3－2）。

① 事業を営んでいない相続人が相続により被相続人の事業を承継し、相続があった日の属する期間中に課税期間特例選択届出書を提出した場合

② 個人事業者である相続人が相続により課税期間の特例の適用を受けていた被相続人の事業を承継し、その相続があった日の属する期間中に課税期間特例選択届出書を提出した場合

4 相続があった場合の任意の中間申告

被相続人が提出した任意の中間申告書を提出する旨の届出書の効力は、相続によりその被相続人の事業を承継した相続人には及びません。したがって、その相続人が任意の中間申告制度の適用を受けようとするときは、新たに任意の中間申告書を提出する旨の届出書を提出しなければなりません（消基通15－1－1の4）。

5 事業用資産の受入れ等

(1) 資産及び負債の承継

相続により事業を承継する際の事業用資産の受入れは、包括的な資産負債の引継ぎであり、対価を支払って行う資産の譲受けに該当しません。したがって、事業を承継する際の事業用資産の受入れについては、その資産の種類にかかわらず消費税の課税関係は生じません。

(2) 棚卸資産に係る調整

免税事業者が相続により課税事業者となる場合において、その相続開始の日において消費税を納める義務が免除されていた期間中に国内において譲り受けた課税仕入れに係る棚卸資産又は保税地域からの引取りに係る課税貨物で棚卸資産に該当するものを有しているときは、その課税仕入れに又は課税貨物に係る消費税額は、その課税事業者となった期間の課税仕入れ等の税額とみなされます（消法36①）。

また、課税事業者が相続により免税事業者であった被相続人の事業を承継した場合、その被相続人が消費税を納める義務が免除されていた期間中に国内において譲り受けた課税仕入れに係る棚卸資産又は保税地域からの引取りに係る課税貨物で棚卸資産に該当するものを引き継いだときは、その課税仕入れ又は課税貨物に係る消費税額は、その引継ぎを受けた日の属する課税期間の課税仕入れ等の税額とみなされます（消法36③）。

これらの取扱いについては、対象となる棚卸資産の明細を記録した書類の保存が要件となっています（消法36②）。

(3) 調整対象固定資産に係る調整

相続により承継した固定資産が調整対象固定資産に該当する場合には、その相続人において、調整対象固定資産に関する仕入れに係る消費税額の調整の規定が適用されます（消法33、34、35）。

(4)　延払基準

　相続により、延払基準の適用を受けている被相続人の事業を承継した場合には、その事業を承継した相続人がその課税資産の譲渡等を行ったものとみなされ、被相続人において繰り延べた部分の資産の譲渡等の対価の額は、相続人の資産の譲渡等の対価の額として取り扱います（消法16④）。

(5)　工事進行基準

　相続により、工事進行基準の適用を受けている被相続人の事業を承継した場合には、その請負工事に係る資産の譲渡等の対価の額のうち被相続人が資産の譲渡等の対価としたものは、その相続人が資産の譲渡等の対価の額としたものとみなされます（消令38①）。

(6)　仕入対価の返還等

　相続により事業を承継した相続人が、被相続人が行った課税仕入れにつき仕入れに係る対価の返還等を受けた場合には、その相続人が自ら行った課税仕入れにつき対価の返還等を受けたものとみなされます（消法32③）。

(7)　輸入に係る消費税の還付

　相続により事業を承継した相続人が、被相続人が保税地域から引き取った課税貨物に係る消費税の還付を受けた場合には、相続人が自ら引き取った課税貨物につき消費税の還付を受けたものとみなされます（消法32⑥）。

(8)　売上げに係る対価の返還等

　相続により事業を承継した相続人が、被相続人が行った課税資産の譲渡等につき売上げに係る対価の返還等を行った場合には、相続人が自ら行った課税資産の譲渡等につき対価の返還等を行ったものとみなされます（消法38③）。

(9)　貸倒れの税額控除

　相続により承継した売掛金等について貸倒れがあった場合には、その相続人が行った資産の譲渡等に係る貸倒れとみなされます（消法39④）。

■第二節　合併により事業を承継した場合

1　合併があった場合の納税義務

　課税事業者である法人が、合併により事業を承継した場合には、その承継した事業についても当然に納税義務が生じます。

　その課税期間の基準期間における課税売上高及び特定期間における課税売上高が1,000万円以下である法人又は合併により設立された法人が合併により事業を承継した場合には、その合併により承継した事業の規模を反映させるため、納税義務の判定について特別な取扱いが設けられています。

　この場合、合併後存続する法人又は合併により設立された法人を合併法人といいます（消法2①五）。また、合併により消滅した法人を被合併法人といいます（消法2①五の二）。

　合併があった場合の納税義務の有無の判定は以下のとおりです。なお、いずれにおいても次に該当する場合には、納税義務は免除されません。

・課税事業者を選択している場合
・基準期間がない課税期間であってその事業年度開始の日の資本金の額が1,000万円以上である場合
・特定新規設立法人である場合

(1)　吸収合併があった事業年度の納税義務

　その事業年度の基準期間における課税売上高及び特定期間における課税売上高が1,000万円以下である法人が、その基準期間に対応する期間における課税売上高が1,000万円を超える法人の事業を吸収合併により承継した場合においては、その合併法人のその合併があった日からその事業年度終了の日までの間における課税資産の譲渡等については、納税義務は免除されません（消法11①）。

合併があった事業年度の合併法人の納税義務			
区　分		判　定	
合併法人の基準期間における課税売上高又は特定期間における課税売上高が1,000万円超		課税事業者	
合併法人の基準期間における課税売上高及び特定期間における課税売上高が1,000万円以下	被合併法人の基準期間に対応する期間における課税売上高＊が1,000万円以下	免税事業者	
	被合併法人の基準期間に対応する期間における課税売上高＊が1,000万円超	その事業年度開始の日から合併の日の前日まで	免税事業者
		合併の日からその事業年度終了の日まで	課税事業者

＊　被合併法人の基準期間に対応する期間における課税売上高とは、合併法人の合併があった日の属する事業年度開始の日の２年前の日の前日から同日以後１年を経過する日までの間に終了した被合併法人の各事業年度における課税売上高の合計額をその各事業年度の月数の合計数で除し、これに12を乗じて計算した金額をいいます（消令22①）。

(2) 吸収合併があった事業年度の翌事業年度、翌々事業年度の納税義務

　合併により被合併法人の事業を承継した事業年度の翌事業年度又は翌々事業年度においては、合併法人のその事業年度の基準期間における課税売上高及び特定期間における課税売上高が1,000万円以下であっても、その合併法人の基準期間における課税売上高と被合併法人の基準期間に対応する期間における課税売上高との合計額が1,000万円を超えるときは、その合併法人のその事業年度における課税資産の譲渡等については、納税義務は免除されません（消法11②）。

合併の翌事業年度又は翌々事業年度の合併法人の納税義務		
区　分		判　定
合併法人の基準期間における課税売上高又は特定期間における課税売上高が1,000万円超		課税事業者
合併法人の基準期間における課税売上高 ＋ 被合併法人の基準期間に対応する期間における課税売上高＊	1,000万円超	課税事業者
	1,000万円以下	免税事業者

＊　被合併法人の基準期間に対応する期間における課税売上高とは、次の金額をいいます（消令22②）。
　①　合併の翌事業年度
　　　合併法人のその事業年度の基準期間の初日から同日以後１年を経過する日までの間に終了した被合併法人の各事業年度における課税売上高の合計額をその各事業年度の月数の合計数で除し、これに12を乗じて計算した金額

② 合併の翌々事業年度

　合併法人のその事業年度の基準期間の初日から同日以後１年を経過する日までの間に終了した被合併法人の各事業年度における課税売上高の合計額をその各事業年度の月数の合計数で除し、これに12を乗じて計算した金額をその基準期間に含まれる事業年度の月数の合計数で除し、これにその基準期間の初日からその合併があった日の前日までの期間の月数を乗じて計算した金額

(3) 新設合併があった事業年度の納税義務

　合併により新たに法人が設立された場合において、各被合併法人の基準期間に対応する期間における課税売上高のいずれかが1,000万円を超えるときは、その合併法人のその設立の日の属する事業年度における課税資産の譲渡等については、納税義務は免除されません（消法11③）。

合併により設立された合併法人の設立事業年度の納税義務	
区　分	判　定
被合併法人の基準期間に対応する期間における課税売上高＊がいずれも1,000万円以下	免税事業者
被合併法人の基準期間に対応する期間における課税売上高＊のいずれかが1,000万円超	課税事業者

　＊　被合併法人の基準期間に対応する期間における課税売上高とは、合併法人の合併があった日の属する事業年度開始の日の２年前の日の前日から同日以後１年を経過する日までの間に終了した被合併法人の各事業年度における課税売上高の合計額をその各事業年度の月数の合計数で除し、これに12を乗じて計算した金額をいいます（消令22③）。

(4) 新設合併があった事業年度の翌事業年度、翌々事業年度の納税義務

　新設合併により設立された合併法人の設立の事業年度の翌事業年度又は翌々事業年度においては、合併法人のその事業年度の基準期間における課税売上高及び特定期間における課税売上高が1,000万円以下であっても、その合併法人の基準期間における課税売上高と被合併法人の基準期間に対応する期間における課税売上高との合計額が1,000万円を超えるときは、その合併法人のその事業年度における課税資産の譲渡等については、納税義務は免除されません（消法11④）。

設立の翌事業年度又は翌々事業年度の合併法人の納税義務			
区　分			判　定
設立の翌事業年度	合併法人の特定期間における課税売上高が1,000万円超		課税事業者
	各被合併法人の基準期間に対応する期間における課税売上高＊の合計額	1,000万円超	課税事業者
		1,000万円以下	免税事業者
設立の翌々事業年度	合併法人の基準期間における課税売上高（年換算した金額）又は特定期間における課税売上高が1,000万円超		課税事業者
	合併法人の基準期間における課税売上高（年換算しない）＋各被合併法人の基準期間に対応する期間における課税売上高＊の合計額	1,000万円超	課税事業者
		1,000万円以下	免税事業者

＊　被合併法人の基準期間に対応する期間における課税売上高とは、次の金額をいいます（消令22④）。
　①　合併の翌事業年度
　　合併法人の合併があった日の属する事業年度開始の日の２年前の日の前日から同日以後１年を経過する日までの間に終了した被合併法人の各事業年度における課税売上高の合計額をその各事業年度の月数の合計数で除し、これに12を乗じて計算した金額
　②　合併の翌々事業年度
　　合併法人のその事業年度開始の日の２年前の日の前日から同日以後１年を経過する日までの間に終了した各被合併法人の各事業年度における課税売上高をその各事業年度の月数の合計数で除し、これにその合併法人のその事業年度開始の日の２年前の日の前日から合併があった日の前日までの期間の月数を乗じて計算した金額

(5)　合併があった場合の課税事業者選択届出書の効力等

　被合併法人が提出した課税事業者選択届出書の効力は、合併によりその被合併法人の事業を承継した合併法人には及びません。したがって、その合併法人が課税事業者を選択しようとするときは、新たに課税事業者選択届出書を提出しなければなりません。
　この場合、次の課税期間は、「課税資産の譲渡等に係る事業を開始した課税期間」となり、その提出をした日の属する課税期間から課税事業者となることができます（消基通１－４－13）。
　①　新設合併により被合併法人の事業を承継し、その設立の課税期間中に課税事業者選択届出書を提出した場合
　②　吸収合併により課税事業者選択の特例の適用を受けていた被合併法人の事業を承継し、合併があった日の属する課税期間中に課税事業者選択届出書を提出した場合

2 合併があった場合の簡易課税制度の適用関係

(1) 適用上限

上述のとおり、合併があった場合の納税義務は、合併法人の基準期間における課税売上高に被合併法人の基準期間における課税売上高を加味して判定します。

しかし、簡易課税制度の適用について、その基準期間における課税売上高が5,000万円を超えるかどうかは、その合併法人の基準期間における課税売上高のみによって判定します。

(2) 合併があった場合の簡易課税制度選択届出書の効力等

被合併法人が提出した簡易課税制度選択届出書の効力は、合併によりその被合併法人の事業を承継した合併法人には及びません。したがって、その合併法人が簡易課税制度の適用を受けようとするときは、新たに簡易課税制度選択届出書を提出しなければなりません。

この場合、次の課税期間は、「課税資産の譲渡等に係る事業を開始した課税期間」となり、その提出をした日の属する課税期間から簡易課税制度選択の効力が生じるものとすることができます（消基通13−1−3の3）。

① 新設合併により被合併法人の事業を承継し、その設立の課税期間中に簡易課税制度選択届出書を提出した場合

② 納税義務が免除されていた合併法人が吸収合併により簡易課税制度の適用を受けていた被合併法人の事業を承継し、合併があった日の属する課税期間中に簡易課税制度選択届出書を提出した場合

3 合併があった場合の課税期間の特例

被合併法人が提出した課税期間特例選択（変更）届出書の効力は、合併によりその被合併法人の事業を承継した合併法人には及びません。したがって、その合併法人が課税期間の特例の適用を受けようとするときは、新たに課税期間特例選択届出書を提出しなければなりません。

この場合、次の期間は、「課税資産の譲渡等に係る事業を開始した期間」となり、その提出をした日の属する期間から課税期間特例選択の効力が生じることとなります（消基通3−3−3）。

① 新設合併により被合併法人の事業を承継し、その設立の日の属する期間中に課税期間特例選択届出書を提出した場合

② 吸収合併により課税期間の特例の適用を受けていた被合併法人の事業を承継し、その合併があった日の属する期間中に課税期間特例選択届出書を提出した場合

4 合併があった場合の任意の中間申告

　被合併法人が提出した任意の中間申告書を提出する旨の届出書の効力は、吸収合併又は新設合併によりその被合併法人の事業を承継した合併法人には及びません。したがって、その合併法人が任意の中間申告制度の適用を受けようとするときは、新たに任意の中間申告書を提出する旨の届出書を提出しなければなりません（消基通15－1－1の4）。

5 事業用資産の受入れ等

(1) 資産及び負債の承継

　合併により事業を承継する際の事業用資産の受入れは、包括的な資産負債の引継ぎであり、対価を支払って行う資産の譲受けに該当しません。したがって、事業を承継する際の事業用資産の受入れについては、その資産の種類にかかわらず消費税の課税関係は生じません。

(2) 棚卸資産に係る調整

　免税事業者である法人が吸収合併により課税事業者となる場合において、その吸収合併の日の前日において消費税を納める義務が免除されていた期間中に国内において譲り受けた課税仕入れに係る棚卸資産又は保税地域からの引取りに係る課税貨物で棚卸資産に該当するものを有しているときは、その課税仕入れに又は課税貨物に係る消費税額は、その課税事業者となった期間の課税仕入れ等の税額とみなされます（消法36①）。

　また、課税事業者である合併法人が合併により免税事業者であった被合併法人の事業を承継した場合において、その被合併法人が消費税を納める義務が免除されていた期間中に国内において譲り受けた課税仕入れに係る棚卸資産又は保税地域からの引取りに係る課税貨物で棚卸資産に該当するものを引き継いだときは、その課税仕入れに又は課税貨物に係る消費税額は、その引継ぎを受けた日の属する課税期間の課税仕入れ等の税額とみなされます（消法36③）。

　これらの取扱いについては、対象となる棚卸資産の明細を記録した書類の保存が要件となっています（消法36②）。

(3) 調整対象固定資産に係る調整

　合併により承継した固定資産が調整対象固定資産に該当する場合には、その合併法人において、調整対象固定資産に関する仕入れに係る消費税額の調整の規定が適用されます（消法33、34、35）。

⑷　延払基準

　合併により、延払基準の適用を受けている被合併法人の事業を承継した場合には、その事業を承継した合併法人がその課税資産の譲渡等を行ったものとみなされ、被合併法人において繰り延べた部分の資産の譲渡等の対価の額は、合併法人の資産の譲渡等の対価の額として取り扱います（消法16④）。

⑸　工事進行基準

　合併により、工事進行基準の適用を受けている被合併法人の事業を承継した場合には、その請負工事に係る資産の譲渡等の対価の額のうち被合併法人が資産の譲渡等の対価としたものは、その合併法人が資産の譲渡等の対価の額としたものとみなされます（消令38①）。

⑹　仕入対価の返還等

　合併により事業を承継した合併法人が、被合併法人が行った課税仕入れにつき仕入れに係る対価の返還等を受けた場合には、その合併法人が自ら行った課税仕入れにつき対価の返還等を受けたものとみなされます（消法32③）。

⑺　輸入に係る消費税の還付

　合併により事業を承継した合併法人が、被合併法人が保税地域から引き取った課税貨物に係る消費税の還付を受けた場合には、合併法人が自ら引き取った課税貨物につき消費税の還付を受けたものとみなされます（消法32⑥）。

⑻　売上げに係る対価の返還等

　合併により事業を承継した合併法人が、被合併法人が行った課税資産の譲渡等につき売上げに係る対価の返還等を行った場合には、合併法人が自ら行った課税資産の譲渡等につき対価の返還等を行ったものとみなされます（消法38③）。

⑼　貸倒れの税額控除

　合併により承継した売掛金等について貸倒れがあった場合には、その合併法人が行った課税資産の譲渡等に係る貸倒れとみなされます（消法39④）。

■第三節　分割により事業を承継した場合

　法人を分割した場合は、その分割前の事業規模を反映させるため、納税義務の判定及び簡易課税制度の適用上限の判定について特別な取扱いが設けられています。

　会社分割は、次の表のように分類されます（消法2①六、六の二、12①⑦）。

　この場合、分割した法人を分割法人といい、分割により分割法人の事業を承継した法人を分割承継法人といいます（消法2①六、六の二）。

　また、分割等を行った法人を新設分割親法人といい、分割等により設立された又は資産の譲渡を受けた法人を新設分割子法人といいます（消法12①）。

　なお、法人税に見られる分割型分割又は分社型分割の区分や適格又は非適格の区分は、消費税には直接関係しません。

分類		内容	分割等を行った法人	事業を承継した法人
会社分割	分割等	新設分割	分割等の場合には特に「新設分割親法人」という。	分割等の場合には特に「新設分割子法人」という。
		現物出資		
		事後設立		
	吸収分割	既存の法人に分割した事業を承継させる	分割法人	分割承継法人

⑴　新設分割

　新設分割とは、会社法に規定する新設分割をいい、会社の一部門を切り離して、新たに設立した法人に移転し、その事業を承継させることをいいます（消法12⑦一）。

⑵　現物出資

　現物出資とは、金銭の出資に代えて、土地、建物等の資産を出資することをいいます。

　現物出資をした法人が、100％出資して子会社を設立し、その事業を承継させる場合には、納税義務の免除の特例計算を行います（消法12⑦二）。

⑶　事後設立

　事後設立とは、株式会社の成立後2年以内に、その成立前から存在する財産で会社の純資産額の5分の1を超える価額の固定資産を取得することをいいます（会社法467①五）。

　親会社が100％出資して設立した子会社につき、金銭以外の資産の譲渡が設立の時から予定されており、設立後6月以内に資産を譲渡した場合には、納税義務の免除の特例計算を行います（消法12⑦三、消令23⑨）。

■分割があった場合の納税義務の有無の判定

　分割があった場合の納税義務の有無の判定は以下のとおりです。なお、いずれにおいても次に該当する場合には納税義務は免除されません。

・課税事業者を選択している場合

・基準期間がない課税期間であってその事業年度開始の日の資本金の額が1,000万円以上である場合

・特定新規設立法人である場合

1 新設分割子法人の納税義務

(1) 新設分割子法人の分割事業年度及びその翌事業年度の納税義務

　新設分割子法人が、基準期間に対応する期間における課税売上高が1,000万円を超える新設分割親法人の事業を承継した場合においては、その新設分割子法人のその分割等があった事業年度又はその翌事業年度における課税資産の譲渡等については、納税義務は免除されません（消法12①）。

分割があった事業年度又はその翌事業年度の新設分割子法人の納税義務	
区　　分	判　　定
新設分割親法人の基準期間に対応する期間における課税売上高＊1が1,000万円以下	免税事業者
新設分割親法人の基準期間に対応する期間における課税売上高＊1が1,000万円超	課税事業者

　＊1　新設分割親法人の基準期間に対応する期間における課税売上高とは、新設分割子法人の分割等があった日の属する事業年度開始の日の2年前の日の前日から同日以後1年を経過する日までの間に終了した新設分割親法人の各事業年度における課税売上高の合計額をその各事業年度の月数の合計数で除し、これに12を乗じて計算した金額をいいます（消令23①）。

　＊2　新設分割子法人の特定期間における課税売上高が1,000万円を超える場合には課税事業者となります。

(2) 新設分割子法人の分割があった事業年度の翌々事業年度以後の納税義務

　新設分割子法人のその事業年度開始の日の1年前の日の前々日以前に分割等があった場合において、その事業年度の基準期間の末日においてその新設分割子法人が特定要件に該当し、かつ、その新設分割子法人の基準期間における課税売上高とその新設分割親法人の基準期間における課税売上高との合計額が1,000万円を超えるときは、その新設分割子法人のその事業年度における課税資産の譲渡等については、納税義務は免除されません（消法12③）。

　ただし、新設分割親法人が複数である場合には、この規定は適用されません。

分割の翌々事業年度以後の新設分割子法人の納税義務			
区　分			判　定
特定要件＊1に該当しない場合の判定	新設分割子法人の基準期間における課税売上高又は特定期間における課税売上高が1,000万円超		課税事業者
	新設分割子法人の基準期間における課税売上高及び特定期間における課税売上高が1,000万円以下		免税事業者
特定要件に該当する場合＊2の判定	新設分割子法人の基準期間における課税売上高 ＋ 新設分割親法人の基準期間に対応する期間における課税売上高＊3	1,000万円超	課税事業者
		1,000万円以下	免税事業者

＊1　特定要件とは、新設分割子法人の発行済株式又は出資の総数又は総額の$\frac{50}{100}$を超える数又は金額の株式又は出資が新設分割親法人及びその新設分割親法人と特殊な関係にある者の所有に属する場合をいいます。

＊2　新設分割子法人の特定期間における課税売上高が1,000万円を超える場合には、課税事業者となります。

＊3　新設分割親法人の基準期間に対応する期間における課税売上高とは、その新設分割子法人のその事業年度開始の日の2年前の日の前日から同日以後1年を経過する日までの間に開始した新設分割親法人の各事業年度（以下、「特定事業年度」といいます。）における課税売上高の合計額をその特定事業年度の月数の合計数で除し、これに12を乗じて計算した金額をいいます（消令23③④）。

2 新設分割親法人の納税義務

　新設分割親法人のその事業年度開始の日の1年前の日の前々日以前に分割等があった場合において、その事業年度の基準期間の末日において新設分割子法人が特定要件に該当し、かつ、新設分割親法人の基準期間における課税売上高と新設分割子法人の基準期間に対応する期間における課税売上高との合計額が1,000万円を超えるときは、新設分割親法人のその事業年度における課税資産の譲渡等については、納税義務は免除されません（消法12④）。

　ただし、新設分割親法人が複数である場合には、この規定は適用されません。

分割の翌々事業年度以後の新設分割親法人の納税義務			
区　分			判　定
特定要件＊1に該当しない場合の判定	新設分割親法人の基準期間における課税売上高又は特定期間における課税売上高が1,000万円超		課税事業者
	新設分割親法人の基準期間における課税売上高及び特定期間における課税売上高が1,000万円以下		免税事業者
特定要件に該当する場合＊2の判定	新設分割親法人の基準期間における課税売上高 ＋ 新設分割子法人の基準期間に対応する期間における課税売上高＊3	1,000万円超	課税事業者
		1,000万円以下	免税事業者

＊1　特定要件とは、新設分割子法人の発行済株式又は出資の総数又は総額の$\frac{50}{100}$を超える数又は金額

の株式又は出資が新設分割親法人及びその新設分割親法人と特殊な関係にある者の所有に属する場合をいいます。

*2 新設分割親法人の特定期間における課税売上高が1,000万円を超える場合には、課税事業者となります。

*3 新設分割子法人の基準期間に対応する期間における課税売上高とは、次の金額をいいます（消令23⑤）。

① 分割等の翌々事業年度

新設分割親法人のその事業年度開始の日の2年前の日の前日から同日以後1年を経過する日までの間に開始した新設分割子法人の各事業年度における課税売上高の合計額をその各事業年度の月数の合計数で除し、これに12を乗じて計算した金額を、その新設分割親法人の基準期間に含まれる事業年度の月数の合計数で除し、これにその分割等があった日からその新設分割親法人の基準期間の末日までの期間の月数を乗じて計算した金額

② 分割等の翌々々事業年度以後

新設分割親法人のその事業年度開始の日の2年前の日の前日から同日以後1年を経過する日までの間に開始した新設分割子法人の各事業年度における課税売上高の合計額をその各事業年度の月数の合計数で除し、これに12を乗じて計算した金額

③ 吸収分割があった場合の納税義務

⑴ 分割承継法人の納税義務

その事業年度の基準期間における課税売上高及び特定期間における課税売上高が1,000万円以下である法人が、基準期間に対応する期間における課税売上高が1,000万円を超える法人の事業を吸収分割により承継した場合においては、その分割承継法人のその吸収分割があった日からその事業年度終了の日までの間における課税資産の譲渡等については、納税義務は免除されません（消法12⑤）。

吸収分割があった事業年度の分割承継法人の納税義務		
区　分		判　定
分割承継法人の基準期間における課税売上高又は特定期間における課税売上高が1,000万円超		課税事業者
分割承継法人の基準期間における課税売上高及び特定期間における課税売上高が1,000万円以下	分割法人の基準期間に対応する期間における課税売上高＊が1,000万円以下	免税事業者
	分割法人の基準期間に対応する期間における課税売上高＊が1,000万円超	その事業年度開始の日から吸収分割の日の前日まで　　免税事業者
		吸収分割の日からその事業年度終了の日まで　　課税事業者

＊ 分割法人の基準期間に対応する期間における課税売上高とは、分割承継法人の吸収分割があった日

-258-

の属する事業年度開始の日の2年前の日の前日から同日以後1年を経過する日までの間に終了した分割法人の各事業年度における課税売上高の合計額をその各事業年度の月数の合計数で除し、これに12を乗じて計算した金額をいいます（消令23⑥）。

(2) 分割承継法人の吸収分割があった事業年度の翌事業年度の納税義務

分割承継法人のその事業年度開始の日の1年前の日の前日からその事業年度開始の日の前日までの間に吸収分割があった場合において、分割法人のその分割承継法人のその事業年度の基準期間に対応する期間における課税売上高（分割法人が二以上ある場合には、いずれかの分割法人に係る金額）が1,000万円を超えるときは、その分割承継法人のその事業年度における課税資産の譲渡等については、納税義務は免除されません（消法12⑥）。

＊ 分割法人の基準期間に対応する期間における課税売上高とは、分割承継法人のその事業年度開始の日の2年前の日の前日から同日以後1年を経過する日までの間に終了した分割法人の各事業年度における課税売上高の合計額をその各事業年度の月数の合計数で除し、これに12を乗じて計算した金額をいいます（消令23⑦）。

(3) 分割法人の納税義務

分割法人には、納税義務の免除の特例はありません。分割法人のその課税期間の基準期間における課税売上高及び特定期間における課税売上高によって判定します。

４ 分割があった場合の課税事業者選択届出書の効力等

分割法人が提出した課税事業者選択届出書の効力は、分割によりその分割法人の事業を承継した分割承継法人には及びません。したがって、その分割承継法人が課税事業者を選択しようとするときは、新たに課税事業者選択届出書を提出しなければなりません。

この場合、次の課税期間は、「課税資産の譲渡等に係る事業を開始した課税期間」となり、その提出をした日の属する課税期間から課税事業者となることができます（消基通1－4－13の2）。

① 法人が、新設分割により新設分割親法人の事業を承継し、その新設分割があった日の属する課税期間中に課税事業者選択届出書を提出した場合

② 法人が、吸収分割により課税事業者選択の特例の適用を受けていた分割法人の事業を承継し、吸収分割があった日の属する課税期間中に課税事業者選択届出書を提出した場合

５ 分割があった場合の簡易課税制度の適用関係

(1) 適用上限

上述のとおり、分割等があった場合の納税義務は、新設分割子法人の基準期間における課税

売上高に分割親法人の基準期間における課税売上高を加味して判定します。

　新設分割子法人又は新設分割親法人の簡易課税制度の適用についても、上記の納税義務の有無の判断に用いた金額により5,000万円を超えるかどうかを判定します（消法37①）。

　ただし、吸収分割があった場合の分割承継法人の簡易課税制度の適用については、その分割承継法人の基準期間における課税売上高のみによって判定します。

(2)　分割があった場合の簡易課税制度選択届出書の効力等

　分割法人が提出した簡易課税制度選択届出書の効力は、分割によりその分割法人の事業を承継した分割承継法人には及びません。したがって、その分割承継法人が簡易課税制度の適用を受けようとするときは、新たに簡易課税制度選択届出書を提出しなければなりません。

　この場合、次の課税期間は、「課税資産の譲渡等に係る事業を開始した課税期間」となり、その提出をした日の属する課税期間から簡易課税制度選択の効力が生じるものとすることができます（消基通13－1－3の4）。

①　法人が、新設分割により新設分割親法人の事業を承継し、その新設分割があった日の属する課税期間中に簡易課税制度選択届出書を提出した場合

②　納税義務が免除されていた分割承継法人が、吸収分割により簡易課税制度の適用を受けていた分割法人の事業を承継し、その吸収分割があった日の属する課税期間中に簡易課税制度選択届出書を提出した場合

6　分割があった場合の課税期間の特例

　分割法人が提出した課税期間特例選択（変更）届出書の効力は、分割によりその分割法人の事業を承継した分割承継法人には及びません。したがって、その分割承継法人が課税期間の特例の適用を受けようとするときは、新たに課税期間特例選択届出書を提出しなければなりません。

　この場合、次の期間は、「課税資産の譲渡等に係る事業を開始した期間」となり、その提出をした日の属する期間から課税期間特例選択の効力が生じることとなります（消基通3－3－4）。

①　法人が、新設分割により新設分割親法人の事業を承継し、その新設分割の日の属する期間中に課税期間特例選択届出書を提出した場合

②　法人が、吸収分割により課税期間の特例の適用を受けていた分割法人の事業を承継し、その吸収分割があった日の属する期間中に課税期間特例選択届出書を提出した場合

7 分割があった場合の任意の中間申告

　分割法人が提出した任意の中間申告書を提出する旨の届出書の効力は、分割によりその分割法人の事業を承継した分割承継法人には及びません。したがって、その分割承継法人が任意の中間申告制度の適用を受けようとするときは、新たに任意の中間申告書を提出する旨の届出書を提出しなければなりません（消基通15－1－1の4）。

8 事業用資産の受入れ等

(1) 資産及び負債の承継

　新設分割又は吸収分割により事業を承継する際の事業用資産の受入れは、包括的な資産負債の引継ぎであり、対価を支払って行う資産の譲受けに該当しません。したがって、事業を承継する際の事業用資産の受入れについては、その資産の種類にかかわらず消費税の課税関係は生じません。

　ただし、現物出資又は事後設立の場合には、その事業承継は資産の譲渡によって行われるものであり、分割法人においては資産の譲渡が、分割承継法人においては資産の譲受けが行われたこととなります。

(2) 棚卸資産に係る調整

　免税事業者である法人が吸収分割により課税事業者となる場合において、その吸収分割の日の前日において消費税を納める義務が免除されていた期間中に国内において譲り受けた課税仕入れに係る棚卸資産又は保税地域からの引取りに係る課税貨物で棚卸資産に該当するものを有しているときは、その課税仕入れに又は課税貨物に係る消費税額は、その課税事業者となった期間の課税仕入れ等の税額とみなされます（消法36①）。

　また、課税事業者である分割承継法人が分割により免税事業者であった分割法人の事業を承継した場合において、その分割法人が消費税を納める義務が免除されていた期間中に国内において譲り受けた課税仕入れに係る棚卸資産又は保税地域からの引取りに係る課税貨物で棚卸資産に該当するものを引き継いだときは、その課税仕入れに又は課税貨物に係る消費税額は、その引継ぎを受けた日の属する課税期間の課税仕入れ等の税額とみなされます（消法36③）。

　これらの取扱いについては、対象となる棚卸資産の明細を記録した書類の保存が要件となっています（消法36②）。

(3) 調整対象固定資産に係る調整

　分割により承継した固定資産が調整対象固定資産に該当する場合には、その分割承継法人に

おいて、調整対象固定資産に関する仕入れに係る消費税額の調整の規定が適用されます（消法33、34、35）。

(4) 延払基準

分割により、延払基準の適用を受けている分割法人の事業を承継した場合には、その事業を承継した分割承継法人がその課税資産の譲渡等を行ったものとみなされ、分割法人において繰り延べた部分の資産の譲渡等の対価の額は、分割承継法人の資産の譲渡等の対価の額として取り扱います（消法16④）。

(5) 工事進行基準

分割により、工事進行基準の適用を受けている分割法人の事業を承継した場合には、その請負工事に係る資産の譲渡等の対価の額のうち分割法人が資産の譲渡等の対価としたものは、その分割承継法人が資産の譲渡等の対価の額としたものとみなされます（消令38①）。

(6) 仕入対価の返還等

分割により事業を承継した分割承継法人が、分割法人が行った課税仕入れにつき仕入れに係る対価の返還等を受けた場合には、その分割承継法人が自ら行った課税仕入れにつき対価の返還等を受けたものとみなされます（消法32③）。

(7) 輸入に係る消費税の還付

分割により事業を承継した分割承継法人が、分割法人が保税地域から引き取った課税貨物に係る消費税の還付を受けた場合には、分割承継法人が自ら引き取った課税貨物につき消費税の還付を受けたものとみなされます（消法32⑥）。

(8) 売上げに係る対価の返還等

分割により事業を承継した分割承継法人が、分割法人が行った課税資産の譲渡等につき売上げに係る対価の返還等を行った場合には、分割承継法人が自ら行った課税資産の譲渡等につき対価の返還等を行ったものとみなされます（消法38③）。

(9) 貸倒れの税額控除

分割により承継した売掛金等について貸倒れがあった場合には、その分割承継法人が行った課税資産の譲渡等に係る貸倒れとみなされます（消法39④）。

演 習 問 題

問31　次の文章の　[　　　　　]　の中に適切な語を記入しなさい。

1. [　　　　　]とは、合併後存続する法人又は合併により設立された法人をいう。

2. [　　　　　]とは、合併により消滅した法人をいう。

3. [　　　　　]とは、分割をした法人をいう。

4. [　　　　　]とは、分割により分割法人の事業を承継した法人をいう。

信　　託

■第一節　信託制度の概要

　信託に当たっては、信託財産の所有権を受託者に移転することによってその財産の管理・処分権が受託者に与えられます。受託者は、自己の固有財産や他の信託財産とは明確に区分して、委託者又は受益者の信託目的に従ってその信託財産の運用を行います。信託の利益は受益者が享受し、受託者は報酬を受けるにとどまり、信託契約の終了時には、信託財産は委託者又は受益者に移転します。

　ただし、特定受益証券発行信託や法人課税信託等、信託終了時に信託財産を委託者又は受益者に移転することを予定していない信託もあります。

■第二節　信託財産の移転と資産等取引の帰属

　信託制度は、財産の所有及び管理とその収益とを分離して、その実質的な利益をすべて受益者に享受させようとする制度であり、信託財産の所有権の移転は形式的なものにすぎません。したがって、原則として、信託の開始に際し信託契約に基づいて委託者がその財産を受託者に移転する行為、又は、信託の終了により受託者から委託者又は受益者に信託財産を移転する行為は資産の譲渡等には該当しないものとされています。

　ただし、特定受益証券発行信託（法法2二十九ハ）又は法人課税信託（法法2二十九の二）の委託者が金銭以外の資産の信託をした場合における資産の移転については、その資産の移転のときに、移転時の時価をもってその資産の譲渡等があったものとなります（消令2①三）。

区　分	取扱い
①　特定受益証券発行信託による資産の移転 ②　法人課税信託による資産の移転又は出資とみなされるもの	資産の譲渡等に該当 （対価の額は移転時の時価）
その他の信託契約に基づく信託による資産の移転	資産の譲渡等に該当しない

　また、信託財産の運用に当たっては、受益者はその信託財産に属する資産を有するものとみなされ、その信託財産に係る資産等取引は、受益者に帰属します（消法14①）。

　ただし、集団投資信託（法法2二十九）、法人課税信託（法法2二十九の二）、退職年金等信託（法法12④一）、特定公益信託等（法法12④二）については、この取扱いから除かれていま

す（消法14①）。

*　資産等取引とは、その信託財産に係る資産の譲渡等、課税仕入れ及び課税貨物の保税地域からの引取りをいいます（消法14①）。

これら、信託財産を移転した場合の取扱いと資産等取引の帰属をまとめると次のようになります（消法14①、15②、消令２①三）。

信託の分類			信託財産の移転	資産等取引の帰属
受益者等課税信託 （収益の発生時に受益者に所得税又は法人税が課税されるもの）			資産の譲渡等に該当しない （形式的な所有権の移転）	受益者に帰属
受益者等課税信託以外	収益の分配時に受益者に所得税又は法人税が課税されるもの	集団投資信託等　特定受益証券発行信託	資産の譲渡等である	受託者に帰属
		集団投資信託等　その他	資産の譲渡等に該当しない （収益の分配金を対価とする信託のための移転等）	
		退職年金等信託		
		特定公益信託等		
	法人課税信託 （受託者に対して信託ごとに法人税が課税されるもの）		資産の譲渡である	各受託事業者に帰属

■第三節　受益者等課税信託

1　信託財産に係る資産等取引の帰属

　信託は、その信託財産は受益者に帰属するものとして、信託の収益が発生した時点で受益者に課税するのが原則です。このような取扱いを受ける信託を受益者等課税信託といいます。
　受益者等課税信託については、消費税においても、信託財産に係る資産取引等（資産の譲渡等、課税仕入れ及び課税貨物の保税地域からの引取り）は、受益者が行ったものとみなして課税します（消法14①、消基通９－１－29）。

2　受益者の範囲

　信託の受益者は、受益者としての権利を現に有するものです（消法14①）。
　また、信託の変更をする権限を現に有し、かつ、信託財産の給付を受けることとされている者は、受益者とみなされます（消法14②）。
　受益者が複数の場合は、信託財産に属する資産の全部をそれぞれの受益者がその有する権利

の内容に応じて有するものとし、資産等取引の全部をそれぞれの受益者がその有する権利の内容に応じて行ったものとされます（消法14③、消令26④）。

■第四節　法人課税信託

1　法人課税信託の範囲

法人課税信託とは、法人税法第2条第29号の2に規定する信託をいい、その範囲は、おおむね次のとおりです。

法人課税信託の範囲
法人課税信託とは、次に掲げる信託をいいます（集団投資信託、退職年金等信託、特定公益信託等を除きます。）。 イ　受益権を表示する証券を発行する旨の定めのある信託 ロ　受益者が存しない信託 ハ　公共法人及び公益法人等以外の法人が委託者となる信託で、次に掲げる要件のいずれかに該当するもの 　①　その法人の事業の全部又は重要な一部を信託し、かつ、その信託の効力が生じた時において、その法人の株主等が取得する受益権の割合がその信託に係る全ての受益権に対する割合の50/100を超えることが見込まれていたこと 　②　その信託の効力発生時等においてその法人又はその法人の特殊関係者が受託者であり、かつ、その効力発生時等においてその存続期間が20年を超えるものとされていたこと 　③　その信託の効力発生時においてその法人又はその法人の特殊関係者をその受託者と、その法人の特殊関係者をその受益者とし、かつ、その時においてその特殊関係者に対する収益の分配の割合の変更が可能である場合に該当したこと ニ　投資信託（投資信託及び投資法人に関する法律第2条第3項に規定するもの） ホ　特定目的信託（資産の流動化に関する法律第2条第13項に規定するもの）

2　固有事業者と受託事業者

法人課税信託の受託者は、各法人課税信託の信託資産等及び固有資産等ごとにそれぞれ別の者とみなして、消費税法の規定が適用されます（消法15①）。

この場合、それぞれ別の者とみなされた者を受託事業者・固有事業者といい、信託資産等は受託事業者に、固有資産等は固有事業者に帰属します（消法15①②）。

また、個人事業者が受託事業者である場合には、その受託事業については、法人とみなして消費税法の規定を適用します（消法15③）。

＊　信託資産等とは、信託財産に属する資産及びその信託財産に係る資産等取引をいいます（消法15①）。

＊　固有資産等とは、法人課税信託の信託資産等以外の資産及び資産等取引をいいます（消法15①）。

③　法人課税信託の納税義務等

(1)　固有事業者の基準期間における課税売上高

　法人課税信託の固有事業者については、その納税義務の判定及び簡易課税制度の適用の判定に用いる基準期間における課税売上高は、次のとおり計算します（消法15④、消令27①②）。

> 固有事業者の基準期間における課税売上高＝①＋②
> ①　固有事業者の固有資産等に係る基準期間における課税売上高
> ②　固有事業者の基準期間の初日から1年以内に終了した受託事業者の各事業年度における課税売上高の合計額（受託事業者の各事業年度の月数の合計数が12を超える場合には、その合計額をその合計数で除し、これに12を乗じて計算した金額）

(2)　受託事業者の納税義務

　受託事業者が課税事業者であるか免税事業者であるかは、その課税期間の初日における固有事業者の納税義務の有無により判定します（消法15⑥⑦⑪、消基通4－4－1）。

　したがって、固有事業者の基準期間における課税売上高及び特定期間における課税売上高が1,000万円超である場合のほか、固有事業者が課税事業者を選択している場合、合併や分割があった場合の特例により固有事業者が課税事業者となる場合には、受託事業者も課税事業者となります（消法15⑦）。

　また、受託事業者は、固有事業者とは別に独立して課税事業者を選択することはできません（消基通4－4－4）。

(3)　受託事業者の簡易課税制度の適用関係

　受託事業者の簡易課税制度の適用の有無は、その課税期間の初日において固有事業者に簡易課税制度の適用があるかどうかにより判定します（消法15⑧、消基通4－4－2）。

　受託事業者は、固有事業者とは別に独立して簡易課税制度を選択することはできません（消基通4－4－4）。

⑷ 受託事業者の課税期間特例の選択

受託事業者は、固有事業者とは別に独立して課税期間の短縮の特例の適用を受けることができます（消基通4－4－4）。

⑸ 受託事業者の課税売上割合に準ずる割合

受託事業者は、固有事業者とは別に独立して課税売上割合に準ずる割合の承認申請をし、その承認を受けて適用することができます（消基通4－4－4）。

⑹ 適格請求書等に記載する登録番号

固有事業者が適格請求書発行事業者である場合において、受託事業者の事業として交付する適格請求書、適格簡易請求書又は適格返還請求書には、固有事業者の登録番号を記載します（消基通4－4－3）。

総額表示の義務

　課税事業者は、不特定かつ多数の者に課税資産の譲渡等（輸出免税等の規定により消費税が免除されるものを除きます。）を行う場合において、あらかじめ課税資産の譲渡等に係る資産又は役務の価格を表示するときは、その資産又は役務に係る消費税額及び地方消費税額の合計額に相当する額を含めた価格を表示しなければなりません（消法63）。

　その資産又は役務に係る消費税額及び地方消費税額の合計額に相当する額を含めた価格を表示することを、一般に「総額表示」といいます。

1 対象となる取引等

　総額表示の義務は、不特定かつ多数の者に対する値札や店内掲示、チラシあるいは商品カタログにおいて、「あらかじめ」価格を表示する場合を対象としています。

総額表示の対象……次のいずれにも該当する場合
①　消費者に対して商品の販売や役務の提供等を行う、いわゆる小売段階の価格表示をする場合
②　あらかじめ価格を表示する場合

　したがって、事業者間の取引は総額表示の義務の対象とはなりません（消法63）。

　また、消費者との取引であっても、見積書、契約書、請求書等については、総額表示の義務の対象となりません。

2 具体的な表示例

　例えば、税抜価格が10,000円、適用される税率が10％である場合、次に掲げるような表示が「総額表示」に該当します。

　11,000円

　11,000円（税込）

　11,000円（税抜10,000円）

　11,000円（うち消費税等1,000円）

　11,000円（税抜10,000円、消費税等1,000円）

　＊　支払総額である「11,000円」さえ表示されていればよく、「消費税額」や「税抜価格」が同時に表示されていても構いません。

　　この場合には、税込価格が明瞭に表示されていなければなりません。

3 対象となる表示媒体

　対象となる価格表示は、商品本体による表示（商品に添付又は貼付される値札等）、店頭における表示、チラシ広告、新聞・テレビによる広告など、消費者に対して行われる価格表示であれば、それがどのような表示媒体により行われるものであるかを問わず、総額表示が義務付けられます。

　なお、口頭による価格の提示は、これに含まれません。

4 価格表示を行っていない場合

　総額表示が義務付けられるのは、あらかじめ取引価格を表示している場合です。

　価格表示がされていない場合に、価格を表示することを強制するものではありません。

経理処理

■第一節　税抜経理方式と税込経理方式

消費税の課税の対象となる取引の経理処理には、税込経理方式と税抜経理方式とがあります。

経理方式	内容	取扱い			
		売上げの消費税等	仕入れの消費税等	納付税額	還付税額
税込経理方式	対価に含まれる消費税等の額を区分しない	売上金額に含める	資産の取得価額・経費の額に含める	租税公課として損金算入	雑収入として益金算入
税抜経理方式	対価に含まれる消費税等の額を区分する	仮受消費税等とする	仮払消費税等とする	仮受消費税等と仮払消費税等の差額であるため、原則として損益に影響しない	
期末一括税抜方式	期中は、消費税等の額を区分しないで合計額により売上げ・仕入れを計上し、決算期末において、一括して消費税等の金額を仮受消費税等・仮払消費税等に振り替える				
月末一括税抜方式	個々の取引計上時は、消費税等の額を区分しないで合計額により売上げ・仕入れを計上し、月ごとに一括して消費税等の金額を仮受消費税等・仮払消費税等に振り替える				

＊　地方消費税は必ず消費税とあわせて処理します（所得税経理通達2㊟3、経理通達2㊟(2)）。

(1)　納付すべき消費税額等

　いずれの経理処理によっても、消費税の税額計算は、課税標準額に対する消費税額から仕入れに係る消費税額を控除して算出する方法に変わりなく、その課税期間の納付すべき消費税額は、必ず同額となります。

(2)　利益の額

　税抜経理方式を行った場合には、消費税等に影響されない利益の額を把握することができます。

また、納付すべき消費税額等は、仮受消費税等と仮払消費税等の差額により随時把握することができます。ただし、一般課税において全額控除の適用がない場合や簡易課税制度の適用がある場合には、実際の納付額と差額が生じます。

　税込経理方式では、納付すべき消費税額等は租税公課として経費処理されるため、月次利益はこれを含んだ金額となります。また、還付申告を行った場合には、還付金の額は雑収入となり、法人税又は所得税の課税の対象となります。

■第二節　経理処理の選択

　税込経理方式又は税抜経理方式のいずれによるかは、事業者の任意であり、売上げについて税抜経理方式を適用している場合には、両者の混合方式とすることもできます（所得税経理通達2の2、3、経理通達2、3）。

区　分	売上げ	固定資産等		経費等
		棚卸資産	固定資産繰延資産	
税込経理方式	税込み			
税抜経理方式	税抜き			
混合方式	税抜き	税抜き		税込み
		税込み		税抜き
		税抜き	税込み	税込み
				税抜き
		税込み	税抜き	税込み
				税抜き

■ 混合方式

　混合方式による場合であっても、次の①〜④の項目ごとにその処理を統一しなければなりません。個々の取引ごとに違う経理処理をすることはできません。

　①　売上取引

　②　棚卸資産の取得取引

　③　固定資産・繰延資産の取得取引

　④　経費等の取引

　また、上記①の売上取引に加え、②③④のうち少なくとも1項目については税抜経理をしなければなりません。

さらに、棚卸資産の取得に係る取引については、税抜経理又は税込経理の処理を継続適用しなければなりません。

2 個人事業者

個人事業者は、事業所得、不動産所得、山林所得、雑所得の所得区分ごとに税抜経理方式・税込経理方式・混合方式を選択することができます（所得税経理通達2㊟1）。

譲渡所得の収入金額は、その譲渡資産を使用していた事業等に適用している経理方式によります（所得税経理通達2㊟2）。

3 免税事業者

免税事業者は、税込経理方式によります。税抜経理方式を選択することはできません（所得税経理通達5、経理通達5）。

■第三節　納付する消費税等の処理

納付する消費税等又は還付される消費税等の取扱いは、次のとおりです。

税込経理方式			税抜経理方式	
区分	決算期末	申告・納付の日	決算期末	申告・納付の日
原則	処理なし	損金又は益金に算入	仮受消費税と仮払消費税の差額を未払消費税等とする*	未払消費税等の支払
特例	損金又は益金に算入して未払消費税等を計上	未払消費税等の支払		

* 端数処理により実際の納付額と差額が生じた場合は、その差額を雑損失又は雑収入とします。
また、控除対象外消費税額が生じた場合には、次の**第四節**によります。

■第四節　控除対象外消費税等の取扱い

税抜経理方式を適用した場合において、仕入税額控除の対象外となった仮払消費税等を控除対象外消費税額等といいます（所令182の2⑤、法令139の4⑤）。

控除対象外消費税額等は、法人税又は所得税において次のように取り扱います。

1 資産に係る控除対象外消費税額等

資産に係る控除対象外消費税額等は、これを繰延消費税額等として資産計上し、5年以上の期間で償却します。

ただし、その全額について、個々の資産の取得価額に算入する処理が認められています。

また、一定の要件に該当する場合には、一時の損金とする取扱いが設けられています。

(1) 一時の損金又は必要経費とする取扱い

次の場合には、法人税においては、損金経理を要件としてその生じた資産に係る控除対象仕入税額の合計額をその事業年度の損金の額に算入し、所得税においては、その生じた資産に係る控除対象外消費税額等の合計額をその年分の必要経費に算入します（所令182の2①②、法令139の4①②）。

　イ　課税売上割合が80％以上である場合

　ロ　棚卸資産に係るものである場合

　ハ　20万円未満である場合

(2) 繰延消費税額等の償却

資産に係る控除対象外消費税額等のうち、上記(1)により損金の額又は必要経費に算入されるもの以外のものは、繰延消費税額等となります（所令182の2③、法令139の4③）。

所得税においては、繰延消費税額等について、その年分の所得の金額の計算上必要経費に算入する金額は、次の算式により計算した金額とされています（所令182の2③④）。

繰延消費税額等につき必要経費に算入する金額	
繰延消費税額等が生じた年	$\dfrac{繰延消費税額等}{60} \times$ その年において事業所得等を生ずべき業務を行っていた期間の月数 $\times \dfrac{1}{2}$
その後の年	$\dfrac{繰延消費税額等}{60} \times$ その年において事業所得等を生ずべき業務を行っていた期間の月数

法人税においては、繰延消費税額等について、その事業年度の所得の金額の計算上損金の額に算入する金額は、その法人がその繰延消費税額等につき損金経理をした金額のうち、次の算式により計算した金額に達するまでの金額とされています（法令139の4③④）。

繰延消費税額等につき損金経理した金額のうち損金の額に算入する金額	
繰延消費税額等が生じた事業年度	$\dfrac{繰延消費税額等}{60} \times$ その事業年度の月数 $\times \dfrac{1}{2}$
その後の事業年度	$\dfrac{繰延消費税額等}{60} \times$ その事業年度の月数

(3) 明細書の添付

個人事業者においては、資産に係る控除対象外消費税額等の合計額又は繰延消費税額等につ

き必要経費に算入した金額がある場合には、確定申告書に必要経費に算入される金額の計算に関する明細書の添付をしなければなりません（所令182の2⑨）。

　法人においては、各事業年度において資産に係る控除対象外消費税額等の合計額又は繰延消費税額等につき損金経理をした金額がある場合には、損金の額に算入される金額の計算に関する明細書をその事業年度の確定申告書に添付しなければなりません（法令139の5）。

2　その他の控除対象外消費税額等

　資産に係る控除対象外消費税額等以外のものは、その生じた事業年度の損金の額又はその生じた年分の必要経費に算入します。

■第五節　適格請求書発行事業者以外からの課税仕入れ

　適格請求書発行事業者以外の者からの課税仕入れは、税抜経理方式においても、原則として仮払消費税等となる金額はありません。ただし、簡易課税又は2割特例を適用する事業者については、継続適用を要件として、仮払消費税等を計上することができる取扱いがあります（所得税経理通達1の2、令和5年12月経過的取扱い(2)、経理通達1の2、令和5年12月経過的取扱い(2)）

地方消費税

　地方消費税は、平成6年度税制改正により創設されました。

　平成6年度税制改正においては、それまで3%であった国税である消費税の税率が、平成9年4月1日以後行う課税資産の譲渡等及び課税貨物の引取りにつき、4%と改められました。これに伴い地方消費税が創設され、平成9年4月1日から施行されています。

　地方消費税では、国内取引に係るものを「譲渡割」といい、輸入取引に係るものを「貨物割」といいます（地方税法72の77）。

■第一節　地方消費税の課税標準と税率

1 課 税 標 準

　地方消費税の譲渡割に係る課税標準は、課税資産の譲渡等に係る消費税額から仕入れに係る消費税額等の控除すべき税額の合計額を控除した後の消費税額です（地方税法72の77、72の82）。

　地方消費税の貨物割に係る課税標準は、保税地域からの課税貨物の引取りに係る消費税額です（地方税法72の77、72の82）。

　地方税の課税標準額は、千円未満の端数を切り捨てることとされています（地方税法20の4の2①）が、地方消費税の計算に当たっては、百円未満の端数を切り捨てた消費税額をそのまま課税標準額として計算することとされています（地方税法72の82）。

2 税 　 　率

①　令和元年9月30日までの税率

　平成26年4月1日から令和元年9月30日までの地方消費税の税率は、$\frac{17}{63}$です（地方税法72の83）。

　国税である消費税の税率が6.3%、この税額を課税標準とする地方消費税の税率が$\frac{17}{63}$、したがって、両者の合計税率は8%（6.3% + 6.3% × $\frac{17}{63}$）となります。

②　令和元年10月1日以後の税率

　令和元年10月1日以後の地方消費税の税率は、国税である消費税額に対して$\frac{22}{78}$です。

地方消費税の税率には、標準税率又は軽減税率の違いはありません。

■第二節　納税義務者

1 譲渡割の納税義務者

譲渡割の納税義務者は、国税である消費税の課税事業者です（地方税法72の78①）。

譲渡割は、課税事業者の住所等又は本店所在地等の都道府県が課税します（地方税法72の78①②）。

2 貨物割の納税義務者

貨物割の納税義務者は、課税貨物を保税地域から引き取る者です（地方税法72の78①）。

貨物割は、保税地域の所在地の都道府県が課税します（地方税法72の78①）。

■第三節　申告納付の手続

1 譲渡割の申告

消費税の課税事業者は、消費税の確定申告書の提出期限までに、所定の事項を記載した譲渡割の申告書を住所等又は本店所在地等の都道府県の知事に提出し、その申告書に記載した譲渡割額を納付しなければならないものとされています（地方税法72の86、72の88）。

ただし、当分の間は、消費税と併せて所轄税務署長にその申告書を提出し、消費税額と地方消費税額との合計額を納付書に記載して、国に納付します（地方税法附則9の5、9の6）。

そのため、国税である消費税の申告書は、地方消費税の申告書と併せて1枚の様式とされ、「消費税及び地方消費税の申告書」とされています。

2 貨物割の申告

保税地域からの引取りに係る課税貨物についての消費税に係る申告書を提出する義務がある者は、所定の事項を記載した申告書を、消費税の申告と併せて、税関長に提出しなければならないものとされています（地方税法72の101）。

問32　次の文章の　　　　　　の中に、適切な語を記入しなさい。

１．地方消費税の　　　　　　に係る課税標準は、課税資産の譲渡等に係る消費税額から仕入れに係る消費税額等の控除すべき税額を控除した後の　　　　　　である。

２．地方消費税の　　　　　　に係る課税標準は、保税地域からの課税貨物の引取りに係る　　　　　　である。

問33　次の資料から、当課税期間（令和６年４月１日から令和７年３月31日まで）の地方消費税の譲渡割の金額を計算しなさい。

なお、金額は税込みであり、当課税期間の課税売上割合は98％である。

いずれの取引についても軽減税率が適用されたものはない。

①　課税売上高　　　　　　55,000,000円　　③　売上対価の返還等の金額　　660,000円
②　課税仕入れ等の金額　　38,500,000円

（解答欄）

〈消費税の税額の計算〉

課税標準額　　　　　　　　円　×　──　=　　　　　　　円（　　　円　未満切捨て）

課税標準額に対する消費税額　　　　　　円　×　　％　=　　　　　　円

控除対象仕入税額　　　　　円　×　──　=　　　　　　円

返還等対価に係る消費税額　　　　　円　×　──　=　　　　　円

控除税額小計　　　　　円　+　　　　円　=　　　　　円

差引税額　　　　　円　−　　　　　円　=　　　　　円（　　　円　未満切捨て）

〈地方消費税の税額の計算〉

譲渡割額　　　　　円　×　──　=　　　　　円（　　　円　未満切捨て）

第二五章

総合演習問題

問34 次の資産の譲渡等又は資産の譲渡等の対価について、解答用紙の該当する区分に番号を記入しなさい。なお、特に指示がないものは、国内取引として解答すること。

1．法人が行う課税商品の販売

2．法人が対価を得て行う土地の譲渡

3．法人が社員から利用料を収受して所有する保養所施設を利用させる行為

4．法人が従業員に取扱商品（衣料品）を贈与する取引

5．法人が所有する株式について剰余金の配当を受け取る行為

6．法人が店舗の火災につき保険会社から火災保険金を受け取る行為

7．法人が所有工場の火災につき出火元から損害賠償金を受け取る行為

8．法人が金銭の支払に代えて土地を引き渡す代物弁済

9．法人が金銭の支払に代えて建物を引き渡す代物弁済

10．法人が自社の役員に対して行う課税商品の贈与

11．法人が行う取引先の法人に対する車両の贈与

12．法人が自社の役員に対して無償で行う駐車場の貸付け

13．法人が受け取る合同運用投資信託の収益の分配

14．法人が行う株式（ゴルフ場利用株式ではない）の譲渡

15．法人が行うゴルフ会員権の譲渡

16．法人が行う株式による代物弁済

17．法人が受け取る貸付金の利子

18．法人が行う身体障害者用物品の譲渡

19．法人が行う駐車場の貸付け

20．法人が行う雑貨の輸入

21．法人が受け取る銀行預金の利子

22．法人が行う土地の貸付け

23．法人が行う住宅の貸付け

24．法人が行う土地の販売

25．法人が行う米国への電化製品の輸出販売

26．法人がスイスの山荘を売却する取引

27．法人が国外の支店で行う商品の販売

28．法人が国内で行う非居住者への食品の販売

29. 法人が行う外国貨物の譲渡

30. 法人が受け取る国債の利子

31. 法人が受ける国庫補助金収入

32. 法人が行う土地の交換取引

33. 法人が行う所有国債の譲渡

34. 法人が行う身体障害者用物品の輸入

35. 法人が行う特許権(米国登録) の譲渡

36. 法人が行う特許権(日本登録) の非居住者への譲渡

37. 法人が行う特許権(日本登録) の居住者への譲渡

38. 内国法人が行う特許権(日本と米国で登録) の居住者への譲渡

39. 内国法人が行う特許権(日本と米国で登録) の非居住者への譲渡

40. 外国法人が行う特許権(日本と米国で登録) の居住者への譲渡

41. 外国法人が行う特許権(日本と米国で登録) の非居住者への譲渡

42. 宗教法人が寄附金を受け取る行為

43. 宗教法人が行う駐車場の貸付け

44. 宗教法人が行う美術品の譲渡

45. 個人事業者が課税商品を家事のために消費する行為

46. 個人事業者が商品(食料品) を家事のために消費する行為

47. 個人事業者が行う自己の生活用動産の譲渡

48. 個人事業者が行う事業用建物の譲渡

49. 個人事業者が行う自己の居住用家屋の譲渡

50. 個人事業者が行う商品陳列棚の譲渡

51. 個人事業者が行う身体障害者用物品の譲渡

52. 個人事業者が行う住宅用アパートの貸付け

53. 個人事業者が行う店舗の貸付け

54. 家具製造業者(個人事業者) が家具をインドに輸出販売する取引

55. サラリーマンが勤務先から給与の支払を受けて行う労働の提供

56. サラリーマンが賃貸用マンションを貸し付ける行為

57. サラリーマンが行う自家用自動車の輸入

58. サラリーマンが行う雑貨の輸入

59. 個人事業者が行う身体障害者用物品の輸入

60. 航空会社が行う羽田・福岡間の航空輸送

61. 航空会社が行う成田・香港間の航空輸送

62. 航空会社が行うパリ・ロンドン間の航空輸送

63. 船舶会社が受ける横浜・名古屋間の船賃

64. 船舶会社が受ける横浜・サイパン間の船賃

65. 家具製造業者が国外の支店に送るため行う製品の輸出

66. 商社が建設機械を中国の会社に販売

67. 不動産業者が行う建物の販売

68. 不動産業者が行う土地の販売

69. 不動産業者が行う土地の貸付け

70. 不動産会社が行う店舗の貸付け

71. 不動産会社が行う住宅の貸付け

72. 不動産会社が行う駐車場の貸付け

73. 不動産業者が受ける建物の仲介手数料

74. 不動産業者が受ける土地の仲介手数料

75. 人材派遣業者が受ける人材派遣料

76. 保険会社が受ける保険料

77. 国際電話会社が受ける国際通話料金

78. 商社が建設機械を中国に輸出販売する取引

79. 都道府県が受ける行政手数料

80. 電力会社が受ける電気料金

81. 市町村が受ける行政手数料

82. 火葬場が受ける火葬料

83. 市役所が受ける行政手数料

84. 学校法人が受ける高等学校の授業料

85. 学校法人が受ける大学の授業料

86. 学校法人が行う制服の販売

87. 学校法人が受ける寄付金

88. 病院が受ける医療保険に基づく医療費

89. 医療法人が受ける健康診断料

90. 医療法人が受ける医療保険に基づく診察料

91. 薬品会社が行う医療法人への医薬品の販売

92. 社会福祉法人が行う社会福祉事業

93. 衣料品販売業者が行う衣料品の販売

94. 精肉店が行うメンチカツの販売

95. スーパーマーケットが行う惣菜の販売

96. ガソリンスタンドが受ける洗車料金

97. ガス会社が受けるガス使用料

98. 郵便局が行う郵便切手の販売

99. 出版社が行う雑誌の譲渡

100. 出版社が行う医学雑誌の譲渡

101. 出版社が行う教科用図書の販売

102. 出版会社が行う教科用図書の輸入

103. 金融業者が受ける手形の割引料

104. 書籍販売店が行う月刊誌の販売

105. ペットショップが行うドッグフードの販売

106. 酒屋が行うビール券の販売

107. 酒屋が行うビールの販売

108. 自動販売機による缶ジュースの販売

109. 通信販売による果実の販売

110. コンビニエンスストアが行う弁当の販売

111. コンビニエンスストアが行う惣菜の販売

112. 出前業者が受ける配送料金

113. 鮮魚店が行う刺身の販売

114. 税理士が受ける顧問報酬

115. 弁護士が受ける顧問報酬

116. 公認会計士が受ける監査報酬

117. 不動産鑑定士が受ける鑑定報酬

118. 同業者団体が受ける通常組合費

119. 同業者団体が研修会の参加費として受ける特別会費

【解答欄】

取引の区分		番　号
課税対象外取引		
課税対象取引	標準税率課税対象取引	
	軽減税率課税対象取引	
	免税取引	
	非課税取引	

問35　甲株式会社（以下「甲社」という。）は事務用品の販売業を営んでいる課税事業者であるが、同社の令和6年4月1日から令和7年3月31日までの課税期間における取引等の状況は次の〔資料〕のとおりである。これに基づき、この課税期間における納付すべき消費税の額をその計算過程を示して計算しなさい。なお、計算に当たっては、次の事項を前提としなさい。

(1) 甲社は、前課税期間以前の各課税期間においても、課税事業者であった。

(2) 売上げ及び仕入れに係る消費税額は割戻し計算により行い、仕入れに係る消費税額の計算は全額控除方式によるものとする。

(3) 会計帳簿による経理は、すべて消費税及び地方消費税込みの金額により処理している。

(4) 当課税期間に行った課税仕入れについては、その事実を明らかにする帳簿及び適格請求書等が保存されている。

(5) 納付すべき地方消費税の額については、計算する必要はない。

〔資料〕

1. 当課税期間における損益計算書

損　益　計　算　書

自令和6年4月1日　至令和7年3月31日　　（単位：円）

期首商品棚卸高	11,023,560	当期商品売上高	435,050,550
当期商品仕入高	246,730,000	期末商品棚卸高	9,790,000
役員報酬	26,400,000	受取利息	4,910
従業員給料手当	71,200,800	受取配当金	130,000
福利厚生費	19,653,920		
減価償却費	4,224,100		
旅費交通費	5,207,000		
通信費	2,647,800		
租税公課	7,612,600		
その他の経費	24,895,800		
当期利益	25,379,880		
	444,975,460		444,975,460

2. 損益計算書の内容に関して付記すべき事項は次のとおりである。

(1) 当期商品売上高は、すべて課税売上げに該当する。

(2) 当期商品仕入高は、すべて課税仕入れに該当する。

(3) 福利厚生費のうち18,332,000円は、甲株式会社が負担すべき社会保険料で、残額はすべて課税仕入れに該当する。

(4) 旅費交通費のうち510,000円は、海外出張費である。

(5) 通信費のうち392,800円は、国際通信費である。

(6) 租税公課には、消費税中間納付額3,780,000円が含まれている。

(7) 減価償却費のうち85,000円は、当期に取得した事業用備品（取得価額1,980,000円）に係るものである。

(8) その他の経費のうち20,361,000円は、課税仕入れに該当する費用である。

3. その他の資料

その他の経費には次のものが含まれている。

(1) 当課税期間に値引きをした商品の額は71,500円（その他の経費に含まれている。）で、返還等対価に係る税額は5,070円（適正額）である。

(2) 前課税期間に販売した商品に係る売掛金935,000円が貸倒れとなり、貸倒れに係る税額66,300円（適正額）が生じている。

【解答欄】

Ⅰ．課税標準額に対する消費税額の計算

区　分	金　額	計算過程
1．課税標準額	［　　　］円	1．課税標準額の計算 　［　　　］円 × ［──］ = ［　　　］円 　→ ［　　　］円（［　　　］円 未満切捨て）
2．課税標準額に対する消費税額	［　　　］円	2．課税標準額に対する消費税額の計算 　［　　　］円 × ［　］% = ［　　　］円

Ⅱ．控除税額の計算

区　分	金　額	計算過程
1．控除対象仕入税額	［　　　］円	1．控除対象仕入税額の計算 　(1) 課税仕入れの税額 　　① 当期商品仕入高 ［　　　］円 　　② 福利厚生費 ［　　　］円 － ［　　　］円 　　　= ［　　　］円 　　③ 旅費交通費 ［　　　］円 － ［　　　］円 　　　= ［　　　］円 　　④ 通信費 ［　　　］円 － ［　　　］円 　　　= ［　　　］円 　　⑤ 事業用備品 ［　　　］円 　　⑥ その他の経費 ［　　　］円 　　⑦ 合計（①〜⑥計 ［　　　］円） 　　　× ［──］ = ［　　　］円
2．返還等対価に係る税額	［　　　］円	
3．貸倒れに係る税額	［　　　］円	
4．控除税額合計	［　　　］円	4．控除税額合計の計算 　1．［　　　］円 + 2．［　　　］円 　+ 3．［　　　］円 = ［　　　］円

Ⅲ．納付税額の計算

区　分	金　額	計算過程
1．差引税額	☐円	1．差引税額の計算 Ⅰの2. ☐円 − Ⅱの4. ☐円 ＝ ☐円 → ☐円 （☐円 未満切捨て）
2．納付税額	☐円	2．納付税額の計算 1. ☐円 − ☐円 ＝ ☐円

問36　乙株式会社（以下「乙社」という。）は日用品雑貨の販売業を営んでいる課税事業者であるが、同社の令和 6 年 4 月 1 日から令和 7 年 3 月31日までの課税期間における取引等の状況は次の〔資料〕のとおりである。これに基づき、この課税期間における納付すべき消費税の額をその計算過程を示して計算しなさい。なお、計算に当たっては、次の事項を前提として解答しなさい。

(1)　乙社は前課税期間以前の各課税期間においても課税事業者であった。

(2)　売上げ及び仕入れに係る消費税額は割戻し計算により行い、仕入れに係る消費税額の計算は個別対応方式よるものとする。

(3)　会計帳簿による経理は、すべて消費税及び地方消費税込みの金額（指示があるものを除き、標準税率適用）により処理している。

(4)　当課税期間に行った課税仕入れについては、その事実を明らかにする帳簿及び適格請求書等が、また、輸出取引については、その証明書類が、それぞれ保存されている。

(5)　納付すべき地方消費税の額については、計算する必要はない。

〔資料〕

1. 当課税期間における損益計算書

損　益　計　算　書

自令和6年4月1日　至令和7年3月31日　　（単位：円）

期首商品棚卸高	22,509,000	当期商品売上高	430,260,935
当期商品仕入高	297,960,300	期末商品棚卸高	23,980,000
売上値引・戻り高	2,368,300	仕入値引・戻し高	1,887,600
役員報酬	18,000,000	受取利息	18,000
従業員給与手当	49,716,370	受取配当金	600,000
商品荷造運送費	4,939,000	貸倒引当金戻入額	180,000
福利厚生費	7,006,400	固定資産売却益	10,178,000
接待交際費	1,717,400	償却債権取立益	259,200
通信費	2,846,100		
旅費交通費	2,414,000		
水道光熱費	2,420,000		
消耗品費	1,078,000		
寄附金	350,000		
租税公課	14,740,000		
地代家賃	1,320,000		
貸倒引当金繰入額	196,000		
減価償却費	1,915,000		
支払利息	1,173,000		
支払手数料	4,026,000		
貸倒損失	440,000		
有価証券売却損	900,000		
その他の経費	6,977,000		
当期利益	22,351,865		
	467,363,735		467,363,735

2. 損益計算書の内容に関して付記すべき事項は次のとおりである。

(1) 当期商品売上高の内訳は、次のとおりである。

① 輸出免税となる売上高　　　　　　　　　16,880,000円

② 国内における課税売上高　　　　　　　413,380,935円

(2) 売上値引・戻り高は、当課税期間の国内売上高に係るものである。

(3) 固定資産売却益の内訳は、次のとおりである。

区分	資　産	売却価額	帳簿価額	売却益
①	営業用車両A	665,000	487,000	178,000
②	土地	120,000,000	110,000,000	10,000,000
			計	10,178,000

(4) 償却債権取立益は、前課税期間に貸倒処理した売掛金（令和元年11月発生）の領収額である。

(5) 当期商品仕入高は、国内における課税仕入れに該当するものである。

(6) 仕入値引・戻し高は、当課税期間の国内仕入れに係るものである。

(7) 商品荷造運送費の内訳は、次のとおりである。

① 輸出免税の対象となる売上げに係る国際運賃　　　374,000円

② 国内における課税売上げに係る国内運賃及び荷造費　　4,565,000円

(8) 従業員給与手当のうち2,236,000円は、通勤手当（実額）である。

(9) 福利厚生費の内訳は、次のとおりである。

① 乙株式会社負担分の社会保険料　　　5,821,000円

② 従業員慰安のための国内旅行費用　　　699,000円

　　このうち9,000円は、入湯税である。

③ 従業員の慶弔に伴う祝い金、香典等　　　400,000円

④ 従業員休憩室に備える軽減税率の対象となる
お茶の購入費　　　86,400円

(10) 接待交際費の内訳は、次のとおりである。

① 取引先に贈呈した商品券の購入費　　　260,000円

② 取引先に贈呈した軽減税率の対象となる
飲食料品の購入費　　　108,000円

③ 取引先接待のための飲食費　　　729,000円

④ 取引先接待のためのゴルフプレー費　　　428,400円

　　このうち14,400円は、ゴルフ場利用税である。

⑤ 取引先の慶弔に伴う祝い金、香典等　　　192,000円

(11) 寄附金のうち220,000円は某市立高校に寄贈した机・椅子の購入費で、他は金銭による寄附である。

(12) 通信費のうち298,000円は海外の取引先との国際通信費、32,560円は当課税期間末日現在未使用の郵便切手類の購入費である。

　　なお、乙株式会社は郵便切手類につき、継続して購入日の属する課税期間の課税仕入れとすることとしている。

⒀　旅費交通費のうち236,000円は、海外出張旅費である。

⒁　水道光熱費は、すべて課税仕入れに該当する。

⒂　消耗品費は、すべて課税仕入れに該当する。

⒃　地代家賃は、商品倉庫に係る支払家賃である。

⒄　租税公課のうち2,268,000円は、消費税中間納付額である。

⒅　支払手数料は、土地売却（(3)の②参照）に係るものである。

⒆　貸倒損失は、令和2年10月に販売した商品に係る売掛金が回収不能となったもので、適正額と認められる。

⒇　有価証券売却損は、帳簿価額1,050,000円のB株式（ゴルフ場利用株式等に該当する。）を550,000円で売却したことによるものと、帳簿価額3,000,000円のC株式（ゴルフ場利用株式に該当しない。）を2,600,000円で売却したことによるものの合計額である。

(21)　その他の経費のうち6,881,600円は、課税仕入れに該当する。

(22)　費用項目に属する勘定科目で、役員報酬、従業員給与手当、福利厚生費、接待交際費、寄附金、通信費、旅費交通費、水道光熱費、消耗品費及びその他の経費のうち課税仕入れとなるものは、課税資産の譲渡等とその他の資産の譲渡等に共通して要する課税仕入れに該当する。

3．乙社は、当課税期間に営業用車両Dを3,564,000円で取得している。

4．乙社は、当課税期間内に商品（仕入価額105,000円、通常の販売価額195,000円）を同社の役員に贈与しているが何らの経理処理もしていない。

【解答欄】

Ⅰ．課税標準額に対する消費税額の計算

区　分	金　額	計算過程
1．課税標準額	円	1．課税標準額の計算　　a．当期商品売上高　　　　　　　　　円　　b．（　　　　　）　　　　　　円　　c．（　　　　　）　　　　　　円　　d．（　　　　　）　　　　　円　≧（　　円　×　　%　＜　　　　　　　　　＝　　　円）　　　　　　∴　　　円　　e．合計　　（計　　　　　　　円）×　──　　＝　　　　円　→　　　円　　　　　（　円　未満切捨て）

| 2．課税標準額
に対する消費
税額 | 円 | 2．課税標準額に対する消費税額の計算
　　　円　×　　%　=　　　　円 |
| 3．課税標準額
に対する消費
税額の調整額 | 円 | 3．課税標準額に対する消費税額の調整額の計算（貸
　　倒れ回収に係る消費税額の計算）
　　　円　×　──　=　　　円 |

Ⅱ．控除税額の計算

区　分	金　額	計　算　過　程
1．課税売上割 合	円 円	1．課税売上割合の計算 （1）課税売上高 　　a．総売上高　　　　円 　　b．売上に係る対価の返還等の金額 　　　　円　×　──　=　　　円 　　c．課税売上高　a．− b．=　　　円 （2）輸出売上高　　　円 （3）非課税売上高 　　a．受取利息　　円 　　b．有価証券売却高　　円　×　% 　　　=　　円 　　c．（　　　　）　　円 　　d．合計　a．+ b．+ c．=　　円 （4）課税売上割合 　　$\frac{(1)+(2)}{(1)+(2)+(3)}$ =　円 　　　　　　　　　　　　　円
2．控除対象仕 入税額	円	2．控除対象仕入税額の計算 （1）課税仕入れ等の税額 　　イ．課税資産の譲渡等にのみ要するもの 　　　a．当期商品仕入高　　円 　　　b．商品荷造運送費　　円 　　　c．地代家賃　　円 　　　d．（　　　）　　円 　　　e．合計（計　　円） 　　　　×　──　=　　円 　　ロ．その他の資産の譲渡等にのみ要するもの（土 　　　　地売却手数料） 　　　　円　×　──　=　　円

ハ．課税資産の譲渡等とその他の資産の譲渡等に
共通して要するもの
A．標準税率適用分
a．従業員給与手当 [円]
b．福利厚生費 [円] − [円]
= [円]
c．接待交際費
[円] + ([円] − [円])
= [円]
d．通信費 [円] − [円]
= [円]
e．旅費交通費 [円] − [円]
= [円]
f．水道光熱費 [円]
g．消耗品費 [円]
h．寄附金 [円]
i．その他の経費 [円]
j．小計 ([計   円])
× [──] = [円]

B．軽減税率適用分
a．福利厚生費 [円]
b．接待交際費 [円]
c．小計 ([計   円])
× [──] = [円]

C．合計
[円] + [円] = [円]

(2) 返還等に係る税額（課税資産の譲渡等にのみ要
するものに係るもの）
[円] × [──] = [円]

(3) 個別対応方式による控除対象仕入税額の計算
([円] − [円])
+ [円] × [── 円 / 円]
= [円]

3．返還等対価 に係る税額	[円]	3．返還等対価に係る税額の計算 [円] × [──] = [円]

-290-

4．貸倒れに係る税額	円	4．貸倒れに係る税額の計算 円 × ── = 円
5．控除税額合計	円	5．控除税額合計の計算 円 ＋ 円 ＋ 円 ＝ 円

Ⅲ．納付税額の計算

区　分	金　額	計算過程
1．差引税額	円	1．差引税額の計算 円 ＋ 円 － 円 ＝ 円 → 円 （ 円 未満切捨て）
2．納付税額	円	2．納付税額の計算 円 － 円 ＝ 円

公益社団法人 **全国経理教育協会主催**

消費税法能力検定試験

- ○令和 6 年度消費税法能力検定試験受験要項
- ○試験規則・実施要項
- ○消費税法能力検定試験級別出題区分表
  （令和 6 年度実施の検定試験については、税制改正により出題範囲を変更し出題する場合があります。）

- ○令和 5 年10月実施試験問題

公益社団法人　全国経理教育協会　主催
文　部　科　学　省　後援

令和6年度
所得税法能力検定試験
法人税法能力検定試験
消費税法能力検定試験
相続税法能力検定試験
受験要項

試　験　日　第115回　令和6年 5月19日（日）※2・3級は施行いたしません。
　　　　　　第116回　令和6年10月27日（日）
　　　　　　第117回　令和7年 2月 2日（日）※1級は施行いたしません。
　　　　（注）所得税法・法人税法・消費税法・相続税法とも各回，同一試験日に行います。

受験資格　男女の別，年齢，学歴，国籍等の制限なく誰でも受けられます。

受　験　料　1級　3,500円
（税込）　2級　2,700円
　　　　　　3級　2,300円
　　　　（注）所得税法・法人税法・消費税法・相続税法　各級共通

申込期間　第115回　令和6年 4月 1日　～　 4月30日
　　　　　　第116回　令和6年 9月 2日　～　 9月30日
　　　　　　第117回　令和6年12月 9日　～　 1月 6日

試験会場　本協会加盟校　※試験会場の多くは専門学校となります。

申込方法　協会ホームページの申込サイト（https://app.zenkei.or.jp/）にアクセスし，メールアドレス
　　　　　　を登録してください。マイページにログインするためのIDとパスワードが発行されます。
　　　　　　マイページの検定実施一覧から検定試験の申し込みを行ってください。
　　　　　　申し込み後，コンビニ・ペイジー・ネットバンキング・クレジットカード・キャリア決済・プ
　　　　　　リペイドのいずれかの方法で受験料をお支払ください。受験票をマイページから印刷し試験当
　　　　　　日に持参してください。試験実施日の2週間前から印刷が可能です。

試験時間　試験時間は試験規則第5条を適用します。開始時間は受験票に記載します。

適用法令　適用する法令等は毎年4月30日現在施行されているものに準拠します。
　　　　　　5月施行の1級は，前年の11月30日現在施行されているものに準拠して出題します。

合格発表　試験日から1週間以内にインターネット上のマイページで閲覧できます。
　　　　　　※試験会場の学生，生徒の場合，各受付校で発表します。

［受験者への注意］
1．申し込み後の変更，取り消し，返金はできませんのでご注意ください。
2．受験者は，試験開始時間の10分前までに入り，受験票を指定の番号席に置き着席してください。
3．解答用紙の記入にあたっては，黒鉛筆または黒シャープペンを使用してください。
4．計算用具（計算機能のみの電卓またはそろばん）を持参してください。
5．試験は，本協会の規定する方法によって行います。
6．試験会場では試験担当者の指示に従ってください。
　この検定についての詳細は，本協会又はお近くの本協会加盟校にお尋ねください。

郵便番号　170－0004
東京都豊島区北大塚1丁目13番12号
公益社団法人　全国経理教育協会
helpdesk@zenkei.or.jp

公益社団法人　全 国 経 理 教 育 協 会 主 催

所 得 税 法 能 力 検 定 試 験 規 則　　　（令和4年4月改正）
法 人 税 法 能 力 検 定 試 験 規 則
消 費 税 法 能 力 検 定 試 験 規 則
相 続 税 法 能 力 検 定 試 験 規 則

第1条　　本協会は，この規則により全国一斉に所得税法能力検定試験，法人税法能力検定試験，消費税法
　　　　能力検定試験，相続税法能力検定試験を行う。

第2条　　検定試験は筆記によって行い，受験資格を制限しない。

第3条　　検定試験は年間3回行い，その日時及び場所は施行のつどこれを定める。

第4条　　検定試験は所得税法1級，所得税法2級，所得税法3級，法人税法1級，法人税法2級，法人税
　　　　法3級，消費税法1級，消費税法2級，消費税法3級，相続税法1級，相続税法2級，相続税法3級
　　　　のそれぞれ3ランクに分ける。

第5条　　検定試験の種目及び制限時間を次のように定める。

　　　　　所得税法1級　1時間30分　　消費税法1級　1時間30分
　　　　　所得税法2級　1時間　　　　消費税法2級　1時間
　　　　　所得税法3級　1時間　　　　消費税法3級　1時間
　　　　　法人税法1級　1時間30分　　相続税法1級　1時間30分
　　　　　法人税法2級　1時間　　　　相続税法2級　1時間
　　　　　法人税法3級　1時間　　　　相続税法3級　1時間

第6条　　検定試験の標準開始時間を次のように定める。

　　　　　所得税法1級　9時00分　　　消費税法1級　13時00分
　　　　　所得税法2級　10時50分　　　消費税法2級　14時50分
　　　　　所得税法3級　9時00分　　　消費税法3級　13時00分
　　　　　法人税法1級　10時50分　　　相続税法1級　14時50分
　　　　　法人税法2級　9時00分　　　相続税法2級　13時00分
　　　　　法人税法3級　10時50分　　　相続税法3級　14時50分

　　　　　ただし，天災，交通機関の遅延等により，上記の時間に開始できないときは，各試験会場の試験
　　　　実施責任者において「開始時間変更に関する申請書」を提出することとする。

第7条　　検定試験は各級とも100点を満点とし，得点70点以上を合格とする。

第8条　　検定試験に合格した者には，合格証書を交付する。

第9条　　受験手続き及び受験料については別にこれを定める。

第10条　　本規則の改廃は，理事会が決定する。

所得税法能力検定試験
法人税法能力検定試験
消費税法能力検定試験
相続税法能力検定試験
実施要項

（令和3年4月改正）

　　所得税法能力検定試験規則，法人税法能力検定試験規則，消費税法能力検定試験規則，相続税法能力検定試験規則第9条の規定による詳細を次のとおり定める。

受験資格　　　男女の別，年齢，学歴，国籍等の制限なく誰でも受けられる。

申込方法　　　協会ホームページの申込サイト（https://app.zenkei.or.jp/）にアクセスし，メールアドレスを登録し，マイページにログインするためのIDとパスワードを受け取る。
　　　　　　　マイページの検定実施一覧から申し込みを行う。申し込み後，コンビニ・ペイジー・ネットバンキング・クレジットカード・キャリア決済・プリペイドのいずれかで受験料を支払う。受験票はマイページから印刷し試験当日に持参する。試験の開始時間が重ならない級については2つ以上の級の申し込みができる。

受験料　　1　級　　3,500円　　　　　3　級　　2,300円
（税込）　2　級　　2,700円
　　　　　　　（注）所得税法・法人税法・消費税法・相続税法各級共通

試験時間　　　試験時間は試験規則第5条を適用するものとする。開始時間は受験票に記載する。

合格発表　　　試験日から1週間以内にインターネット上のマイページで閲覧できる。
　　　　　　　※試験会場の学生，生徒の場合，各受付校で発表する。

消費税法能力検定試験級別出題区分表

注1　とくに明示がないかぎり同一の項目又は範囲については，級の上昇に応じて程度が高くなるものとする。
注2　適用する法令等は毎年4月30日現在施行されているものに準拠する。
　　　ただし，5月施行の1級は，前年の11月30日現在施行されているものに準拠して出題する。

（令和5年4月1日改正）

項　　　目	3　　級	2　　級	1　　級
1．出題理念及び合格者の能力	消費税法の学習の導入部と位置付け，消費税法における基本的な内容を出題する。消費税法の規定や基本的な考え方を理解し，経理事務担当者として，基本的な項目に限定すれば，消費税の申告書に従った消費税額の計算をする能力を持つ。	消費税法の規定や基本的な考え方に基づき，企業における経理管理者または経理管理者を補助する者として，基本的な課否判定について，その考え方を理解し，これらの判定に基づく消費税の申告書に従った消費税額の計算をする能力を持つ。	企業における消費税の申告業務を行う経理管理者や将来，税理士・公認会計士を目標とする者として，消費税法における各規定の意義を理解し，それぞれの規定に基づいた課否判定を行い，税務上，適正な消費税の申告書を作成する能力を持つ。
2．税法の基礎			
（1）税金の意義，根拠，目的	○税金の意義，根拠，目的		
（2）納税の義務	○納税の義務		
（3）税金の体系と分類	○税金の体系と分類 　○国税と地方税 　○直接税と間接税 　○本税と附帯税		
（4）徴税方式	○徴税方式 ○賦課課税方式 ○申告納税方式		
3．法令等	原則として消費税法に係る法令並びに租税特別措置法，国税通則法及び地方税法等の消費税法に関連する他の法令（消費税法基本通達等の取扱いを含む）		
4．総則			
（1）用語の定義	○国内 ○保税地域 ○個人事業者 ○事業者 ○資産の譲渡等の基本的なもの──── ○課税資産の譲渡等 ○外国貨物 ○課税貨物 ○課税仕入れ ○事業年度 ○基準期間 ○確定申告書等 ○中間納付額 ○資産の貸付け ○資産の借受け	○合併法人 ○被合併法人 ○分割法人 ○分割承継法人 ○代物弁済，負担付き贈与，現物出資，交換 ○棚卸資産	○国外事業者 ○人格のない社団等 ○調整対象固定資産 ○特定資産の譲渡等 ○電気通信利用役務の提供 ○事業者向け電気通信利用役務の提供 ○特定役務の提供 ○特例申告書 ○附帯税 ○相続，包括遺贈 ○相続人，包括受遺者 ○被相続人，包括遺贈者
（2）課税の対象	○国内取引の原則────	○応用的なもの──── ○みなし譲渡	○特殊なもの ○特定資産の譲渡等 ○特定仕入れ

項　　目	3　級	2　級	1　級
（3）非課税	○国内取引の判定（基本的なもの）—— ○輸入取引の原則 ○国内取引の基本的なもの ○輸入取引	○特殊なもの ○みなし引取り ○国内取引の応用的なもの	○国内取引の特殊なもの
（4）輸出取引	○輸出免税等の基本的なもの	○輸出免税等の応用的なもの	○輸出免税等の特殊なもの ○輸出物品販売場における輸出物品の譲渡に係る免税
（5）－①・納税義務者	○国内取引（課税資産の譲渡等） ○輸入取引		○特定課税仕入れ
（5）－②・納税義務の免除	○小規模事業者に係る納税義務の免除 ○課税事業者の選択（手続除く）——	○特定期間における課税売上高による納税義務の免除の特例 ○課税事業者の選択（手続含む）	
（5）－③・納税義務の免除の特例		○相続があった場合の納税義務の免除の特例 ○合併があった場合の納税義務の免除の特例 ○分割等があった場合の納税義務の免除の特例 ○新設法人の納税義務の免除の特例	○特定新規設立法人の納税義務の免除の特例 ○高額特定資産を取得した場合等の納税義務の免除の特例
（6）実質判定			○資産の譲渡等又は特定仕入れを行った者の実質判定
（7）信託			○信託財産に係る資産の譲渡等の帰属 ○法人課税信託の受託者に関するこの法律の適用
（8）資産譲渡等の時期	○資産の譲渡等の時期の原則（基本的なもの）——	応用的なもの	○資産の譲渡等の時期の特例
（9）課税期間	○課税期間の原則		○課税期間の短縮
（10）納税地	○個人事業者の納税地の原則 ○法人の納税地 ○外国貨物に係る納税地	○個人事業者の納税地の特例 ○納税地の指定 ○納税地の異動の届出	○納税地指定の処分の取消しがあった場合の申告等の効力 ○輸出物品販売場において購入した物品を譲渡した場合等の納税地
5．課税標準及び税率 （1）課税標準	○国内取引の原則——	○応用的なもの—— 　代物弁済，負担付き贈与，現物出資，交換 ○役員に対する低額譲渡	○特殊なもの ○特定課税仕入れ

項　　目	3　　　級	2　　　級	1　　　級
（2）税率	○輸入取引 ○税率 ○元年軽減対象資産の譲渡等に係る税率等に関する経過措置	○みなし譲渡	
6．税額控除等 （1）仕入れに係る消費税額の控除	○国内取引（課税仕入れ） ○全額控除方式 ○課税仕入れ等の税額 ○課税仕入れに係る支払対価の額 ○適用要件	○輸入取引 ○個別対応方式又は一括比例配分方式 ○課税売上割合の計算 ○課税仕入れ等の区分 ○応用的なもの ○帳簿等の記載事項等	○特定課税仕入れ ○一括比例配分方式の選択 ○特殊なもの ○課税売上割合に準ずる割合 ○特定課税仕入れに係る税額 ○特殊なもの
（2）非課税資産の輸出等を行った場合の仕入れに係る消費税額の控除の特例			○非課税資産の輸出を行った場合 ○海外支店等で自己使用する資産の輸出等を行った場合
（3）仕入れに係る対価の返還等を受けた場合の仕入れに係る消費税額の控除の特例	○国内取引		○輸入引取り
（4）仕入れに係る消費税額の調整			○課税売上割合が著しく変動した場合 ○調整対象固定資産を転用した場合 ○居住用賃貸建物を課税賃貸用に供した場合等の仕入れに係る消費税額の調整 ○納税義務の免除を受けないこととなった場合等
（5）仕入れに係る消費税額の控除の特例（簡易課税）	○1種類の事業を営む場合 ○事業区分の基本的なもの ○届出要件	○2種類以上の事業を営む場合の原則的な計算，特例計算 ○事業区分の応用的なもの	
（6）課税標準額に対する消費税額の調整	○売上げに係る対価の返還等をした場合の消費税額の控除 ○貸倒れに係る消費税額の控除等	○貸倒回収に係る消費税額	○特定課税仕入れに係る対価の返還等を受けた場合の消費税額の控除等
7．申告，納付，還付等 （1）中間申告	○課税資産の譲渡等についての中間申告		○課税資産の譲渡等及び特定課税仕入れについての中間申告 ○合併法人に係る中間申告

項　　　目	3　　　級	2　　　級	1　　　級
（2）確定申告	○課税資産の譲渡等についての中間申告による納付		○仮決算をした場合の中間申告書の記載事項等 ○中間申告書の提出がない場合の特例 ○課税資産の譲渡等及び特定課税仕入れについての中間申告による納付
	○課税資産の譲渡等についての確定申告		○課税資産の譲渡等及び特定課税仕入れについての確定申告 ○死亡の場合の確定申告 ○清算の場合の確定申告
	○課税資産の譲渡等についての確定申告による納付		○課税資産の譲渡等及び特定課税仕入れについての確定申告による納付 ○法人の確定申告書の提出期限の特例
（3）還付申告		○還付を受けるための申告	○死亡の場合の還付を受けるための申告
		○仕入れに係る消費税額の控除不足額の還付	○確定申告等に係る更正等による仕入れに係る消費税額の控除不足額の還付
		○中間納付額の控除不足額の還付の手続	○確定申告等に係る更正等又は決定による中間納付額の控除不足額の還付
（4）輸入申告			○引取りに係る課税貨物についての課税標準額及び税額の申告等 ○引取りに係る課税貨物についての消費税の納付等 ○引取りに係る課税貨物についての納期限の延長
（5）修正申告 　　　更正の請求 　　　更正及び決定			○修正申告 ○更正の請求，更正の請求の特例 ○更正及び決定
8．雑則，罰則	○帳簿の備付け等	○小規模事業者の納税義務の免除が適用されなくなった場合等の届出（基本的なもの）	○小規模事業者の納税義務の免除が適用されなくなった場合等の届出（応用的なもの） ○申告義務等の承継 ○国，地方公共団体等に対する特例 ○特定資産の譲渡等を行う事業者の義務 ○価格の表示
9．地方消費税	○簡単な計算	○簡単な計算	○簡単な計算

項　　　目	3　　　級	2　　　級	1　　　級
10．経理処理	○税込経理方式 ○税抜経理方式		
11．出題の形式 （1）文章問題	○原則として簡単なもの 　語群選択方式又は○×方 　式	○空欄方式（語群を与える） 　又は○×方式	
（2）仕訳問題	○出題の可能性あり		
（3）計算問題	○原則として計算過程の簡 　単なものを出題する ○原則として計算式を与え 　る		

第113回消費税法能力検定試験　問題

3 級

解答は解答用紙に

第1問　次の各文の（　　）内の語句のうち，適切なものを選び，解答欄に記号で記入しなさい。（20点）

1．課税貨物とは，（①　ア．保税地域，イ．税関）から引き取られる外国貨物のうち，（②　ウ．非課税，エ．課税）とされるもの以外のものをいう。

2．（③　オ．国内，カ．海外）において事業者が行った（④　キ．譲渡の取引等，ク．資産の譲渡等）には，消費税を課する。

3．前課税期間の確定消費税額が（⑤　ケ．38万円，コ．48万円）を超える課税事業者は，所定の時期に，所定の事項を記載した（⑥　サ．中間申告書，シ．確定申告書）を税務署長に提出するとともに，その申告に係る消費税額を国に納付しなければならない。

4．簡易課税制度において，金融・保険業のみなし仕入率は（⑦　ス．50％，セ．60％）とされ，建設業のみなし仕入率は（⑧　ソ．70％，タ．60％）とされる。

5．外国貨物とは，関税法に規定する外国貨物をいい，具体的には，（⑨　チ．輸入，ツ．輸出）を許可された貨物及び外国から本邦に到着した貨物で輸入が（⑩　テ．許可された後，ト．許可される前）のものをいう。

第2問

（1）次に掲げる者のうち，消費税法上の事業者に該当する者には○印を，それ以外の者には×印を記入しなさい。（10点）

①　物品販売業を営む法人

②　サラリーマン

③　プロサッカー選手

④　フリーランスで事業を行う個人

⑤　年金受給者

（2）次に掲げる取引のうち，消費税の非課税取引には○印を，それ以外の取引には×印を記入しなさい。（10点）

①　法人が行う居住用アパートの貸付け

②　保険会社が受ける保険料

③　法人が扱う商品の米国への輸出

④　法人が受ける銀行預金の利子

⑤　法人が行うフェンスが設置された駐車場の貸付け

第3問 仕入れに係る消費税額の控除の特例（簡易課税制度）を採用している場合における課税標準額に対する消費税額及び控除税額の計算を行いなさい。

なお，基準期間の課税売上高は1,000万円超5,000万円以下である。（20点）

⑴ 課税期間……………自令和5年4月1日　至令和6年3月31日

⑵ 業　　　種……………100%　サービス業（飲食店業に該当する事業ではない。）

⑶ 当課税期間における税込課税売上高（標準税率適用）……………82,250,363円

⑷ 当課税期間における返還等対価に係る税額……………………………50,792円

【計算過程】

Ⅰ．課税標準額に対する消費税額の計算

区　　分	金　　額	計　算　過　程
1．課税標準額	①　　　　円	1．課税標準額の計算 　　□円 × ─── = □円 　　→ □円 　　（　□円 未満切り捨て）
2．課税標準額に対する消費税額	②　　　　円	2．課税標準額に対する消費税額の計算 　　□円 × □% = □円

Ⅱ．控除税額の計算

区　　分	金　　額	計　算　過　程
1．控除対象仕入税額	円	1．控除対象仕入税額の計算　　（みなし仕入率） 　（□円 − ③□円）× ④□% 　= □円
2．返還等対価に係る税額	円	
3．控除税額小計	⑤　　　　円	3．控除税額小計の計算 　□円 + □円 = □円

第4問 甲株式会社（以下，「甲社」という。）は衣料品の販売業を営んでいる課税事業者であるが，同社の令和5年4月1日から令和6年3月31日までの課税期間における取引等の状況は，次の〔資料〕のとおりである。これに基づき，当課税期間における納付すべき消費税の額をその計算過程を示して計算しなさい。なお，計算に当たっては，次の事項を前提として解答しなさい。(40点)

(1) 売上げ及び仕入れに係る消費税額は割戻し計算により行い，仕入れに係る消費税額の計算は全額控除方式によるものとする。

(2) 会計帳簿による経理は，すべて消費税及び地方消費税込みの金額により処理しており，軽減税率が適用される取引はない。

(3) 当課税期間に行った課税仕入れについては，その事実を明らかにする帳簿及び請求書等（令和5年10月1日以降は適格請求書等）が保存されている。

(4) 納付すべき地方消費税の額については，計算する必要はない。

〔資　料〕

1．当課税期間における損益計算書

損 益 計 算 書

自令和5年4月1日　至令和6年3月31日　　（単位：円）

期首商品棚卸高	15,612,400	当期商品売上高	257,152,200
当期商品仕入高	185,204,500	期末商品棚卸高	15,632,800
役 員 報 酬	14,400,000	受 取 利 息	65
従業員給与手当	32,805,600	受 取 配 当 金	132,000
福 利 厚 生 費	8,469,200		
荷 造 運 送 費	3,569,700		
旅 費 交 通 費	2,498,200		
接 待 交 際 費	746,360		
通 信 費	653,410		
租 税 公 課	1,756,810		
減 価 償 却 費	3,639,330		
そ の 他 の 経 費	841,680		
当 期 純 利 益	2,719,875		
	272,917,065		272,917,065

2．損益計算書の内容に関して付記すべき事項は次のとおりである。

(1) 当期商品売上高は，すべて課税売上げに該当する。

(2) 当期商品仕入高は，すべて課税仕入れに該当する。

(3) 福利厚生費のうち7,558,200円は，甲社が負担すべき社会保険料で，残額はすべて課税仕入れに該当する。

(4) 旅費交通費のうち325,140円は，海外出張費である。

(5) 接待交際費のうち155,000円は，取引先等の慶弔に伴う祝い金，香典等である。

(6) 通信費のうち23,100円は，国際通信費である。

(7) 租税公課には，消費税中間納付額1,168,000円が含まれている。

(8) その他の経費のうち475,480円は，課税仕入れに該当する費用である。

3．その他の資料

(1) 甲社は，当課税期間において事業用備品を780,000円で取得している。

(2) 前課税期間（自令和4年4月1日　至令和5年3月31日）に販売した商品に係る売掛金271,150円が貸倒れとなり貸倒れに係る税額19,227円（適正額）が生じている。

【計算過程】

第4問（40点）

Ⅰ．課税標準額に対する消費税額の計算

区　　　分	金　　額	計　　　算　　　過　　　程
1．課税標準額	円	1．課税標準額の計算 　　　　　円　×　─── = ①　　　　円 →　　　　　円 （　　　円　未満切り捨て）
2．課税標準額に 　　対する消費税額	②　　　　円	2．課税標準額に対する消費税額の計算 　　　　　円　×　　　％　=　　　　　円

Ⅱ．控除税額の計算

区　　　分	金　　額	計　　　算　　　過　　　程
1．控除対象 　　仕入税額	円	1．控除対象仕入税額の計算 a．当期商品仕入高　　　　　　　円 b．福利厚生費　　　　　円 －　　　　円 　　　　　　　　=　　　　　円 c．荷造運送費　　　　　　　円 d．旅費交通費　　　　　円 －　　　　円 　　　　　　　　= ③　　　　円 e．接待交際費　　　　　円 －　　　　円 　　　　　　　　= ④　　　　円 f．通　信　費　　　　　円 －　　　　円 　　　　　　　　= ⑤　　　　円 g．その他の経費　　　　　　　円 h．事業用備品　　　　　　　円 i．合　計 　（⑥　　　　円）×　─── =　　　　　円

-306-

2. 貸倒れに 係る税額	⑦　　　　　　　円	
3. 控除税額小計	⑧　　　　　　　円	3. 控除税額小計の計算 　　　　　　円 ＋ 　　　　　　円 ＝ 　　　　　　円

Ⅲ. 納付税額の計算

区　　　分	金　　額	計　　　算　　　過　　　程
1. 差引税額	円	1. 差引税額の計算 　　　円 － 　　　円 ＝ ⑨　　　円 →　　　　　　　　円 （　　　円 未満切り捨て）
2. 納付税額	⑩　　　　　　　円	2. 納付税額の計算 　　　円 － 　　　円 ＝ 　　　円

主催　公益社団法人　全国経理教育協会　　後援　文部科学省

第113回消費税法能力検定試験　解答用紙

3 級

試験会場 _____

受験番号 _____

採　点 _____

第1問（20点）

①	②	③	④	⑤	⑥	⑦	⑧	⑨	⑩

第2問（20点）

（1）

①	②	③	④	⑤

（2）

①	②	③	④	⑤

第3問（20点）

①		円	②		円
③		円	④		%
⑤		円			

第4問（40点）

①		円	②		円
③		円	④		円
⑤		円	⑥		円
⑦		円	⑧		円
⑨		円	⑩		円

第113回消費税法能力検定試験　問題

2 級

解答は解答用紙に

第1問　次の文章の　　　　の中に，下記語群のうちから適切なものを選び，その番号を記入しなさい。

(20点)

1．保税地域において　イ　が消費され，又は使用された場合には，その消費又は使用をした者がその消費又は使用の時に当該　イ　をその保税地域から　ロ　ものとみなす。

2．法人は，その資産の譲渡等及び　ハ　に係る消費税の納税地に　ニ　があった場合には，遅滞なく，その　ニ　前の納税地を所轄する税務署長に書面によりその旨を届け出なければならない。

3．被合併法人とは，　ホ　により　ヘ　した法人をいう。

4．課税事業者による申告書の提出があった場合において，これらの申告書に　ト　の記載があるときは，税務署長は，これらの申告書を提出した者に対し，当該　ト　に相当する消費税を　チ　する。

5．その事業年度の基準期間がない法人のうち，当該事業年度開始の日における資本金の額又は出資の金額が　リ　以上である法人については，消費税を納める義務が　ヌ　。

〔語　群〕

① 免除される	② 納付額	③ 過払金	④ 分割	⑤ 設立
⑥ 課税貨物	⑦ 輸入貨物	⑧ 外国貨物	⑨ 課税仕入れ	⑩ 輸出する
⑪ 保管する	⑫ 還付	⑬ 5,000万円	⑭ 変更	⑮ 控除
⑯ 原料又は材料	⑰ 合併	⑱ 引き取る	⑲ 不足額	⑳ 存続
㉑ 移転	㉒ 6月	㉓ 1,000万円	㉔ 特定仕入れ	㉕ 交換
㉖ 対価の額	㉗ 異動	㉘ 負う	㉙ 消滅	㉚ 免除されない

第2問 次の取引について，解答用紙に示す取引の区分に該当する番号を記入しなさい。

なお，特に指示がないものは国内取引として解答することとする。（20点）

① 土砂災害に被災した得意先に対する見舞品の譲渡

② 大学が行う通信教育に係る授業料および設備費

③ ビール券やクオカードの譲渡

④ 法人が行う海外のホテル宿泊料や旅行案内に係る役務提供の対価を受ける行為

⑤ 有料老人ホームが行う一食あたりおよび一日あたりの限度額以下の飲食料品の提供

⑥ 保険給付の対象となる訪問介護サービスの提供（特別な居室の提供や送迎はない）

⑦ 居宅要介護者の選定による特別な食事の提供

⑧ 法人が国際電話に係る料金を収受する行為

⑨ 自動販売機により行われる飲食料品の提供

⑩ ドラッグストアを営む法人が行う風邪薬や解熱鎮痛剤（医薬品に該当するもの）の譲渡

第3問 次の資料（税込経理方式）に基づき，甲株式会社（以下，「甲社」という。）の当課税期間（自令和5年4月1日　至令和6年3月31日）における消費税の課税標準額から控除税額までの計算を行いなさい。なお，売上げに係る消費税額は，取引総額を割戻して計算を行うものとする。また，控除対象仕入税額の計算については簡易課税制度を選択しており，当課税期間の基準期間における課税売上高は1,000万円超5,000万円以下であるものとする。（20点）

〔資料〕

⑴　甲社の当課税期間における課税総売上高は50,165,000円であるが，その内訳は次のとおりである。

　　①　小売業に係る売上高　　　　　　　　　　　　　　　　　　　32,400,000円

　　　　上記はすべて軽減税率に係るものである。

　　②　飲食店業に係る売上高　　　　　　　　　　　　　　　　　　17,765,000円

　　　　上記はすべて標準税率に係るものである。

⑵　上記⑴の②に係る売上値引高　　　　　　　　　　　　　　　　　165,000円

⑶　当課税期間に発生した貸倒損失額　　　　　　　　　　　　　　　135,000円

　　これは，令和4年11月に行った小売業の売上高に係るものである。

これは解答用紙ではありません。
解答は解答用紙に記入すること。

【計算過程】

第3問 （20点）

Ⅰ．課税標準額に対する消費税額の計算

区　　分	金　　額	計　　　算　　　過　　　程
１．課税標準額	①　　　　　円	１．課税標準額の計算　　（　　　　円 未満切り捨て） ⑴　標準税率適用分 　　　　　　円 × ──── = 　　　　　円 ⑵　軽減税率適用分 　　　　　　円 × ──── = 　　　　　円 ⑶　合　計 ⑴ ＋ ⑵ = 　　　　　円
２．課税標準額に 　　対する消費税額	円	２．課税標準額に対する消費税額の計算 ⑴　標準税率適用分 　　　　円 × 　　% = 　　　　円 ⑵　軽減税率適用分 　　　　円 × 　　% = 　　　　円 ⑶　合　　　計 ⑴ ＋ ⑵ = 　　　　円

Ⅱ．控除税額の計算

区　　分	金　　額	計　　　算　　　過　　　程
１．控　除　対　象 　　仕　入　税　額	円	１．控除対象仕入税額の計算 ⑴　各種事業に係る消費税額 　イ．第 ② 種事業に係る消費税額 　　A．軽減税率適用分 　　　（　　　　　円 × ──── = 　　　　　円） 　　　× 　　% = ③ 　　　　円

ロ．第 ④ 種事業に係る消費税額

A．標準税率適用分

a．総売上高

$$(\boxed{ ⑤ \qquad } 円 \times \boxed{ } = \boxed{ \qquad } 円)$$

$$\times \boxed{ \quad \% } = \boxed{ \qquad } 円$$

b．返還等対価に係る税額

$$\boxed{ \qquad } 円 \times \frac{7.8}{110} = \boxed{ \qquad } 円$$

c．第 □ 種事業に係る消費税額

$$\boxed{ \qquad } 円 - \boxed{ \qquad } 円 = \boxed{ \qquad } 円$$

ハ．合　計

$$\boxed{ \qquad } 円 + \boxed{ \qquad } 円 = \boxed{ \qquad } 円$$

(2) みなし仕入率

イ．標準税率適用分

$$\frac{ \boxed{ \qquad } 円 \times \boxed{ ⑥ \quad \% } }{ \boxed{ \qquad } 円 }$$

ロ．軽減税率適用分

$$\frac{ \boxed{ \qquad } 円 \times \boxed{ ⑦ \quad \% } }{ \boxed{ \qquad } 円 }$$

(3) 控除対象仕入税額

イ．標準税率適用分

$$(\boxed{ \qquad } 円 - \boxed{ \qquad } 円) \times (2)イ$$

$$= \boxed{ \qquad } 円$$

ロ．軽減税率適用分

$$\boxed{ \qquad } 円 \times (2)ロ = \boxed{ \qquad } 円$$

ハ．合　計

$$イ + ロ = \boxed{ \qquad } 円$$

2．返還等対価に係る税額	⑧ 円	
3．貸倒れに係る税額	⑨ 円	3．貸倒れに係る税額の計算 $$\boxed{ \qquad } 円 \times \boxed{ } = \boxed{ \qquad } 円$$
4．控除税額小計	⑩ 円	4．控除税額小計の計算 $$\boxed{ \qquad } 円 + \boxed{ \qquad } 円 + \boxed{ \qquad } 円$$ $$= \boxed{ \qquad } 円$$

第4問 乙株式会社（以下，「乙社」という。）は雑貨品の販売業を営んでいる課税事業者であるが，同社の令和5年4月1日から令和6年3月31日までの課税期間における取引等の状況は次の〔資料〕のとおりである。

　　これに基づき，当課税期間における納付すべき消費税の額をその計算過程を示して計算しなさい。

　　なお，計算に当たっては，次の事項を前提として解答しなさい。(40点)

(1) 乙社は前課税期間以前の各課税期間においても課税事業者であった。

(2) 売上げ及び仕入れに係る消費税額は割戻し計算により行い，仕入れに係る消費税額の計算は個別対応方式によるものとする。

(3) 会計帳簿による経理は，すべて消費税及び地方消費税込みの金額（指示があるものを除き，標準税率適用）により処理している。

(4) 当課税期間に行った課税仕入れについては，その事実を明らかにする帳簿及び請求書等（令和5年10月1日以降は適格請求書等）が，また，輸出取引については，その証明書類が，それぞれ保存されている。

(5) 納付すべき地方消費税の額については，計算する必要はない。

〔資料〕
　1. 当課税期間における損益計算書

損 益 計 算 書

自令和5年4月1日　至令和6年3月31日　　　（単位：円）

期 首 商 品 棚 卸 高	21,627,000	当 期 商 品 売 上 高	638,038,000
当 期 商 品 仕 入 高	517,376,000	期 末 商 品 棚 卸 高	23,334,000
売 上 値 引・戻 り 高	3,527,000	仕 入 値 引・戻 し 高	2,183,000
役 員 報 酬	30,000,000	受 取 利 息	201,000
従 業 員 給 与 手 当	35,834,000	受 取 配 当 金	420,000
福 利 厚 生 費	13,166,000	貸 倒 引 当 金 戻 入 額	629,000
商 品 荷 造 運 送 費	4,272,000	固 定 資 産 売 却 益	6,153,000
旅 費 交 通 費	3,628,000	有 価 証 券 売 却 益	350,000
通 信 費	4,859,000	償 却 債 権 取 立 益	137,500
水 道 光 熱 費	5,131,000		
消 耗 品 費	2,564,000		
接 待 交 際 費	1,176,000		
寄 附 金	626,000		
租 税 公 課	5,362,000		
減 価 償 却 費	4,308,000		
貸 倒 引 当 金 繰 入 額	535,000		
支 払 手 数 料	2,871,000		
支 払 利 息	1,328,000		
貸 倒 損 失	638,000		
そ の 他 の 経 費	6,916,000		
当 期 純 利 益	5,701,500		
	671,445,500		671,445,500

2．損益計算書の内容に関して付記すべき事項は次のとおりである。

(1) 当期商品売上高の内訳は，次のとおりである。

① 輸出免税となる売上高　　　　　　　　　　　　　　19,765,000円

② 国内における課税売上高　　　　　　　　　　　　 618,273,000円

(2) 売上値引・戻り高は，当課税期間の国内売上高に係るものである。

(3) 固定資産売却益の内訳は，次のとおりである。

① 帳簿価額79,300,000円の土地を85,000,000円で売却したことによるもの

② 帳簿価額526,000円の商品陳列ケースを979,000円で売却したことによるもの

(4) 有価証券売却益は，帳簿価額3,650,000円の株式（ゴルフ場利用株式等に該当しない。）を
4,000,000円で売却したことによるものである。

(5) 償却債権取立益は，前々課税期間（自令和3年4月1日　至令和4年3月31日）に貸倒処理した
売掛金（令和元年11月発生）の領収額である。

(6) 当期商品仕入高は，国内における課税仕入れに該当するものである。

(7) 仕入値引・戻し高は，当課税期間の国内仕入れに係るものである。

(8) 従業員給与手当のうち1,386,000円は，通勤手当（実額）である。

(9) 福利厚生費の内訳は，次のとおりである。

① 乙社負担分の社会保険料　　　　　　　　　　　　 11,850,000円

② 従業員慰安のための社員旅行費用　　　　　　　　　1,166,000円

　　このうち3,000円は入湯税である。

③ 従業員に対する慶弔金　　　　　　　　　　　　　　 150,000円

(10) 商品荷造運送費の内訳は，次のとおりである。

① 輸出免税の対象となる売上げに係る国際運賃　　　　1,895,000円

② 国内における課税売上げに係る国内運賃及び荷造費　2,377,000円

(11) 旅費交通費のうち598,000円は，海外出張旅費である。

(12) 通信費のうち387,500円は，海外の取引先との国際通信費である。

(13) 水道光熱費は，すべて課税仕入れに該当する。

(14) 消耗品費は，すべて課税仕入れに該当する。

(15) 接待交際費の内訳は，次のとおりである。

① 取引先に贈呈したビール券の購入費　　　　　　　　 100,000円

② 取引先接待のための飲食費　　　　　　　　　　　　 213,000円

③ 取引先への贈答品（軽減税率の対象となる飲食料品）　378,000円

④ 取引先接待のためのゴルフプレー代　　　　　　　　 235,000円

　　このうち14,400円は，ゴルフ場利用税である。

⑤ 取引先に対する慶弔金　　　　　　　　　　　　　　 250,000円

⑯ 寄附金の内訳は，次の通りである。

　① 日本赤十字社に現金で行ったもの　　　　　　　　　200,000円

　② 公益社団法人に寄贈したノートパソコンの購入費　　426,000円

⑰ 租税公課のうち2,147,000円は，消費税中間納付額である。

⑱ 支払手数料は，土地の売却（⑶①参照）に係るものである。

⑲ 貸倒損失は，令和4年8月に販売した商品に係る売掛金が回収不能となったもので，適正額と認められる。

⑳ その他の経費のうち4,538,600円は，課税仕入れに該当する。この金額には，定期購読契約に基づく新聞の購読料（軽減税率の対象）58,800円が含まれている。

㉑ 費用項目に属する勘定科目で，役員報酬，従業員給与手当，福利厚生費，旅費交通費，通信費，水道光熱費，消耗品費，接待交際費，寄附金及びその他の経費のうち課税仕入れとなるものは，課税資産の譲渡等とその他の資産の譲渡等に共通して要する課税仕入れに該当する。

3．乙社は，当課税期間に営業用車両を1,956,000円で取得している。

4．乙社は，当課税期間に商品（仕入価額105,000円，通常の販売価額195,000円）を同社の役員に贈与しているが何らの経理処理もしていない。

【計算過程】

第4問 (40点)

I．課税標準額に対する消費税額の計算

区　　　分	金　　　額	計　　　算　　　過　　　程
1．課税標準額	円	1．課税標準額の計算 　a．当期商品売上高　　　　　　　① 　　　　円 　b．商品陳列ケース売却高　　　　② 　　　円 　c．（　　　　　　　　　　　　） 　　　　　 円 $>$ （ 円 × % ） 　　　　　 $<$ 　　　　　　　= 円 ） 　　　　　　　　　　∴ ③ 円 　d．合　計 　　　（ 計 円 ）× ─── = 円 　　　　　　　　　　→ 円 　　　　　　　（ 円 未満切り捨て）
2．課税標準額に 　対する消費税額	円	2．課税標準額に対する消費税額の計算 　　　 円 × % = 円
3．課税標準額に 　対する消費税額 　の調整額	④ 円	3．課税標準額に対する消費税額の調整額の計算（貸倒回収に係る消費税額の計算） 　　　 円 × ─── = 円

II．控除税額の計算

区　　　分	金　　　額	計　　　算　　　過　　　程
1．課税売上割合	円 円	1．課税売上割合の計算 　(1)　課税売上高 　　イ．国内売上高 　　　a．総売上高　　　　　　 円 　　　b．売上げに係る対価の返還等の金額 　　　　 円 × $\dfrac{100}{110}$ = 円 　　　c．国内売上高　　a．− b. = 円 　　ロ．輸出売上高　　　　　 円 　　ハ．合　計　　　イ．+ ロ. = 円

(2) 非課税売上高

a. 受 取 利 息 [　　　　　　] 円

b. (　　　　　　　　) [　　　　　　] 円

c. 有価証券売却高

[　　　　　　] 円 × [　　] % = [　　　　　　] 円

d. 合　　計　　a. + b. + c. = ⑤ [　　　　　　] 円

(3) 課税売上割合

$$\frac{(1) \quad [\qquad] 円}{(1) + (2) = [\qquad] 円}$$

2．控除対象 仕入税額	[　　　　　　] 円

2．控除対象仕入税額の計算

(1) 課税仕入れ等の税額

イ．課税資産の譲渡等にのみ要するもの

a. 当期商品仕入高 [　　　　　　] 円

b. 商品荷造運送費 ⑥ [　　　　　　] 円

c. (　　　　　　) ⑦ [　　　　　　] 円

d. 合　　計

[計　　　　円] × [——] = [　　　　　　] 円

ロ．その他の資産の譲渡等にのみ要するもの　(　　　　　　　　　)

[　　　　　　] 円 × [——] = ⑧ [　　　　　　] 円

ハ．課税資産の譲渡等とその他の資産の譲渡等に共通して要するもの

A．標準税率適用分

a. 従業員給与手当 ⑨ [　　　　　　] 円

b. 福 利 厚 生 費

[　　　　　　　　　　　　　　　] = ⑩ [　　　] 円

c. 旅 費 交 通 費

[　　　　　　　　　　　　　　　] = ⑪ [　　　] 円

d. 通　信　費

[　　　　　　　　　　　　　　　] = ⑫ [　　　] 円

e. (　　　　　　) [　　　　　　] 円

f. 消 耗 品 費 ⑬ [　　　　　　] 円

		g．接待交際費
		$\boxed{}$ ＝ ⑭$\boxed{}$ 円

h．寄 附 金　⑮$\boxed{}$ 円

i．その他の経費

$\boxed{}$ ＝ $\boxed{}$ 円

j．小 計

計$\boxed{}$ 円 × $\dfrac{}{}$ ＝ $\boxed{}$ 円

B．軽減税率適用分

a．接待交際費　$\boxed{}$ 円

b．その他の経費　$\boxed{}$ 円

c．小 計

計$\boxed{}$ 円 × $\dfrac{}{}$ ＝ ⑯$\boxed{}$ 円

C．合 計

$\boxed{}$ 円 ＋ $\boxed{}$ 円 ＝ $\boxed{}$ 円

⑵　返還等に係る税額（課税資産の譲渡等にのみ要するものに係るもの）

$\boxed{}$ 円 × $\dfrac{}{}$ ＝ $\boxed{}$ 円

⑶　個別対応方式による控除対象仕入税額の計算

（$\boxed{}$ 円 － ⑰$\boxed{}$ 円）＋ $\boxed{}$ 円

× $\dfrac{\boxed{}\ 円}{\boxed{}\ 円}$ ＝ $\boxed{}$ 円

3．返還等対価 に係る税額	⑱$\boxed{}$ 円	3．返還等対価に係る税額の計算 $\boxed{}$ 円 × $\dfrac{}{}$ ＝ $\boxed{}$ 円
4．貸 倒 れ に 係 る 税 額	⑲$\boxed{}$ 円	4．貸倒れに係る税額の計算 $\boxed{}$ 円 × $\dfrac{}{}$ ＝ $\boxed{}$ 円
5．控除税額小計	$\boxed{}$ 円	5．控除税額小計の計算 $\boxed{}$ 円 ＋ $\boxed{}$ 円 ＋ $\boxed{}$ 円 ＝ $\boxed{}$ 円

Ⅲ．納付税額の計算

区　　　分	金　　額	計　　算　　過　　程
1．差 引 税 額	＿＿＿＿＿ 円	1．差引税額の計算 ＿＿＿＿＿ 円　＋　＿＿＿＿＿ 円　－　＿＿＿＿＿ 円 ＝　＿＿＿＿＿ 円　→　＿＿＿＿＿ 円 （　＿＿＿ 円 未満切り捨て）
2．納 付 税 額	⑳　＿＿＿＿＿ 円	2．納付税額の計算 ＿＿＿＿＿ 円　－　＿＿＿＿＿ 円　＝　＿＿＿＿＿ 円

主催　公益社団法人　全国経理教育協会　　後援　文部科学省

第113回消費税法能力検定試験　解答用紙

2 級

試験会場

受験番号

採　点

第1問（20点）

イ	ロ	ハ	ニ	ホ	ヘ	ト	チ	リ	ヌ

第2問（20点）

取引の区分		番　　　号
課税対象外取引		
課税対象取引	非 課 税 取 引	
	輸出免税取引	
	標 準 税 率 課 税 取 引	
	軽 減 税 率 課 税 取 引	

第3問（20点）

①	円	②	第　　　　種事業
③	円	④	第　　　　種事業
⑤	円	⑥	％
⑦	％	⑧	円
⑨	円	⑩	円

第4問（40点）

①	円	②	円
③	円	④	円
⑤	円	⑥	円
⑦	円	⑧	円
⑨	円	⑩	円
⑪	円	⑫	円
⑬	円	⑭	円
⑮	円	⑯	円
⑰	円	⑱	円
⑲	円	⑳	円

〈著者略歴〉

金井恵美子（かない・えみこ）

1992年、税理士試験合格。93年、税理士登録、金井恵美子税理士事務所開設。

2003年、論文「所得税法第56条の今日的存在意義について」が第26回日税研究賞入選。

近畿大学大学院法学研究科非常勤講師。

近畿税理士会法律・税務審理室審理員。

令和6年版　演習<ruby>消費税法<rt>えんしゅうしょうひ ぜいほう</rt></ruby>

2024年4月5日　発行

編　者　<ruby>公益社団法人<rt>こう えき しゃ だん ほう じん</rt></ruby> <ruby>全国経理教育協会<rt>ぜん こく けい り きょういくきょうかい</rt></ruby>
　　　　　〒170-0004 東京都豊島区北大塚1-13-12　電話03(3918)6133(代)

著　者　<ruby>金井<rt>かな い</rt></ruby> <ruby>恵美子<rt>え み こ</rt></ruby>

　　　　　　　　　　　　　東京都文京区小石川1丁目3-25(小石川大国ビル)
　　　　　　　　　　　　　〒112-0002　電話03(4332)1375　FAX 03(4332)1376
発行所　　株式会社 清文社　大阪市北区天神橋2丁目北2-6(大和南森町ビル)
　　　　　　　　　　　　　〒530-0041　電話06(6135)4050　FAX 06(6135)4059
　　　　　　　　　　　　　URL https://www.skattsei.co.jp

印刷：㈱広済堂ネクスト

ISBN978-4-433-73974-4

令和6年版／演習消費税法

演習問題 検定試験問題 解答

（検定試験問題の点数配分等について、一部削除しています。）

〔演習問題解答〕

第二章　納税義務者（33ページ）

問1

1. 事業者は、 国内 において行った 課税資産の譲渡等 （特定資産の譲渡等を除く。）及び特定課税仕入れにつき、消費税を納める義務がある。

2. 事業者とは、 個人事業者 及び 法人 をいう。

3. 基準期間とは、個人事業者についてはその年の 前々年 をいい、 法人 についてはその事業年度の 前々事業年度 をいう。

4. 個人事業者の特定期間とは、その年の 前年 1月1日から 6月30日 までの期間をいう。

5. 法人の特定期間とは、原則として、その事業年度の 前事業年度 開始の日以後 6月 の期間をいう。

6. 事業者のうち、その課税期間に係る基準期間における課税売上高が 1,000万円以下 である者については、その課税期間中に国内において行った課税資産の譲渡等につき、 消費税 を納める義務を免除する。

7. 個人事業者のその年又は法人のその事業年度の 基準期間における課税売上高 が1,000万円以下である場合であっても、その個人事業者又は法人のうち、その個人事業者のその年又は法人のその事業年度に係る 特定期間における課税売上高 が1,000万円を超えるときは、その個人事業者のその年又は法人のその事業年度における課税資産の譲渡等については、納税義務は免除されない。この規定の適用にあたっては、特定期間中に支払った 給与等 の金額の合計額をもって、 特定期間における課税売上高 とすることができる。

8. その事業年度の基準期間がない法人（社会福祉法人を除く。）のうち、 新設法人 については、その 新設法人 の基準期間がない事業年度における 課税資産の譲渡等 については、小規模事業者に係る納税義務の免除の規定は適用されない。

9. 外国貨物を 保税地域 から引き取る者は、課税貨物につき、 消費税 を納める義務がある。

10. 法律上資産の譲渡等を行ったとみられる者が単なる 名義人 であって、その資産の譲渡等に係る対価を 享受 せず、その者以外の者がその資産の譲渡等に係る対価を 享受 する場合には、その資産の譲渡等は、その対価を 享受 する者が行ったものとして、消費税法の規定を適用する。

問2

1. 事業者のうち、その課税期間に係る 基準期間 における課税売上高が1,000万円以下である者については、その課税期間中に国内において行った課税資産の譲渡等につき、消費税を納める義務を 免除 する。

2. 個人事業者のその年又は法人のその事業年度の基準期間における課税売上高が 1,000万円以下 である場合であっても、その個人事業者又は法人のうち、その個人事業者のその年又は法人のその事業年度に係る 特定期間における課税売上高 が1,000万円を超えるときは、その個人事業者のその年又は法人のその事業年度における課税資産の譲渡等については、納税義務は免除されない。この規定の適用にあたっては、 特定期間中に支払った 給与等の金額の合計額をもって、 特定期間における課税売上高 とすることができる。

3．基準期間における課税売上高とは、 基準期間中 に国内において行った 課税資産の譲渡等の対価の額 の合計額から、売上げに係る税抜対価の返還等の金額の合計額を 控除 した残額をいう。

4．その事業年度の基準期間がない法人のうち、その事業年度開始の日における資本金の額又は出資の金額が 1,000万 円以上である法人を 新設法人 という。

5． 外国貨物 を保税地域から引き取る者は、 課税貨物 につき、消費税を納める 義務 がある。

6．課税事業者又は特例輸入者は、帳簿を備え付けてこれにその行った資産の譲渡等又は課税仕入れ若しくは 課税貨物 の保税地域からの引取りに関する事項を記録し、かつ、その帳簿を 保存 しなければならない。

問3
1． 基準期間における 課税売上高 が1,000万円を超えることとなった事業者は、消費税課税事業者届出書を速やかにその事業者の 納税地 を所轄する 税務署長 に提出しなければならない。

2． 基準期間における 課税売上高 が1,000万円以下となった事業者は、消費税の納税義務者でなくなった旨の届出書を速やかにその事業者の 納税地 を所轄する 税務署長 に提出しなければならない。

3． 新設法人 （その事業年度の基準期間がない法人のうち、その事業年度開始の日における資本金の額又は出資の金額が1,000万円以上である法人）に該当することとなった事業者は、消費税の 新設法人 に該当する旨の届出書を速やかにその事業者の 納税地 を所轄する 税務署長 に提出しなければならない。

4．課税事業者は、帳簿を備え付けてこれにその行った資産の譲渡等又は課税仕入れ若しくは課税貨物の保税地域からの引取りに関する事項を 記録 し、かつ、その帳簿を 保存 しなければならない。

第四章　課税の対象（67ページ）

問4
1．国内において 事業者 が行った 資産の譲渡等 には、消費税が課税される。

2．資産の譲渡等とは、 事業 として 対価 を得て行われる資産の 譲渡 及び 貸付け 並びに 役務の提供 をいう。

3．資産の譲渡等には、代物弁済による資産の 譲渡 その他 対価 を得て行われる資産の 譲渡 若しくは貸付け又は役務の提供に類する行為として定める一定のものが含まれる。

4．個人事業者が 棚卸資産 又は 棚卸資産 以外の資産で事業の用に供していたものを 家事 のために消費し、又は使用した場合における当該消費又は使用は、事業として対価を得て行われた資産の譲渡とみなす。

5．法人が資産をその 役員 に対して 贈与 した場合における当該 贈与 は、事業として対価を得て行われた資産の譲渡とみなす。

6．資産の譲渡又は貸付けが 国内 において行われたかどうかの判定は、その 譲渡 又は 貸付け が行われる 時 においてその資産が所在していた 場所 が 国内 にあるかどうかにより行うものとする。

7．役務の提供（電気通信利用役務の提供を除く。）が 国内 において行われたかどうかの判定は、その役務の提供が行われた 場所 が 国内 にあるかどうかにより行うものとする。

8．「外国貨物」とは、関税法に規定する外国貨物をいい、具体的には、 輸出 の許可を受けた貨物及び外国から本邦に到着した貨物で 輸入 が許可される

　　　　前　のものをいう。

9．保税地域から引き取られる　外国貨物　には、　消費税　を課する。

10．課税貨物とは、保税地域から引き取られる　外国貨物　のうち、　非課税　とされるもの以外のものをいう。

11．保税地域において　外国貨物　が消費され、又は使用された場合には、その消費又は使用をした者がその消費又は使用の時に当該　外国貨物　をその保税地域から　引き取る　ものとみなす。ただし、当該外国貨物が課税貨物の原料又は材料として消費され、又は使用された場合その他政令で定める場合は、この限りでない。

12．保税地域とは、関税法に規定する保税地域をいい、具体的には、指定保税地域、保税　蔵置場　、保税工場、保税　展示場　及び総合保税地域をいう。

第五章　非課税（85ページ）

問5
1．課税資産の譲渡等とは、　資産の譲渡等　のうち、　非課税　とされるもの以外のものをいう。

2．課税貨物とは、　保税地域　から引き取られる外国貨物のうち、　非課税　とされるもの以外のものをいう。

第七章　資産の譲渡等の時期（105ページ）

問6

	番　号
当課税期間において資産の譲渡等を認識すべきもの	②　④　⑤

第八章　課税標準と税率（116ページ）

問7
1．課税資産の譲渡等に係る消費税の　課税標準　は、課税資産の譲渡等の　対価の額　とする。ただし、課税資産の譲渡等につき課税されるべき消費税額及び地方消費税相当額は　含まない　ものとする。

2．法人が資産をその　役員　に贈与した場合には、その贈与の時におけるその資産の価格に相当する金額をその　対価　の額とみなす。

3．法人が資産をその　役員　に譲渡した場合において、その対価の額がその譲渡の時におけるその資産の価額に比し著しく　低い　ときは、その価額に相当する金額をその対価の額とみなす。

4．個人事業者が棚卸資産又は棚卸資産以外の資産で事業の用に供していたものを家事のために　消費　し、又は　使用　した場合には、その　消費　又は　使用　の時における　消費　し、又は　使用　した　資産の価額　に相当する金額をその対価の額とみなす。

5．保税地域から引き取られる課税貨物に係る消費税の　課税標準　は、その課税貨物の関税課税価格に消費税以外の消費税等の額及び関税の額に相当する金額を　加算　した金額とする。

問8　課税標準額　50,600,000円　＋　20,000,000円　＋　200,000円　＋　3,000,000円
　＝　73,800,000円

$$73,800,000円 \times \frac{100}{110} = 67,090,909円 \rightarrow 67,090,000円（ 千円 未満切捨て）$$

課税標準額に対する消費税額　67,090,000円　×　7.8%　＝　5,233,020円

第九章　軽減税率 （120ページ）

軽減税率の適用対象となるもの
2、5、6、9、12、18、19、20、21、22、23、24、25、26、27、28、30、31、32、33、34、35、38、40、41、45、48、52、53、57、58、60、61、63、68、70、73、76、77、78、79、80、85、86、87、88

第十章　課税標準額に対する消費税額の調整 （133ページ）

問10　　売上げに係る対価の返還等とは、$\boxed{国内}$ において行った課税資産の譲渡等につき、返品を受け、又は値引き若しくは割戻しをしたことによる、その課税資産の譲渡等の税込価額の全部若しくは一部の $\boxed{返還}$ 又はその課税資産の譲渡等の税込価額に係る売掛金その他の債権の額の全部若しくは一部の減額をいう。

問11　売上げに係る対価の返還等をした場合の消費税額 $\boxed{2,200,000円} \times \boxed{\dfrac{7.8}{110}}$

$= \boxed{156,000円}$

問12　売上げに係る対価の返還等をした場合の消費税額 $\boxed{2,200,000円} \times \boxed{\dfrac{7.8}{110}}$

$+ \boxed{1,620,000円} \times \boxed{\dfrac{6.24}{108}} = \boxed{249,600円}$

問13　貸倒れに係る消費税額 $\boxed{15,000,000円} \times \boxed{\dfrac{7.8}{110}} = \boxed{1,063,636円}$

問14　貸倒れに係る消費税額 $\boxed{2,200,000円} \times \boxed{\dfrac{7.8}{110}} + \boxed{3,240,000円} \times \boxed{\dfrac{6.24}{108}}$

$= \boxed{343,200円}$

問15　(1)売上げに係る対価の返還等をした場合の消費税額 $\boxed{1,650,000円} \times \boxed{\dfrac{7.8}{110}}$

$+ \boxed{1,080,000円} \times \boxed{\dfrac{6.24}{108}} = \boxed{179,400円}$

(2)貸倒れに係る消費税額 $\boxed{33,000,000円} \times \boxed{\dfrac{7.8}{110}} = \boxed{2,340,000円}$

(3)貸倒れ回収に係る消費税額 $\boxed{880,000円} \times \boxed{\dfrac{7.8}{110}} = \boxed{62,400円}$

第十一章　仕入れに係る消費税額の控除 （169ページ）

問16　1．課税仕入れとは、$\boxed{事業者}$ が事業として他の者から資産を $\boxed{譲り受け}$ 、若しくは $\boxed{借り受け}$ 、又は $\boxed{役務の提供}$ （給与等を対価とするものを除く。）を受けることをいう。

2．課税仕入れに係る支払対価の額とは、課税仕入れの $\boxed{対価}$ として支払い、又は支払うべき一切の金銭又は金銭以外の物若しくは権利その他 $\boxed{経済的な利益}$ の額とし、その際、課されるべき消費税額及び地方消費税額を $\boxed{含めた額}$ をいう。

3．課税仕入れ等の税額とは、国内において行った $\boxed{課税仕入れ}$ （特定課税仕入れに該当するものを除く。）に係る消費税額及び $\boxed{保税地域}$ からの引取りに係る $\boxed{課税貨物}$ につき課された又は課されるべき消費税額をいう。

4．仕入れに係る対価の返還等とは、国内において行った課税仕入れにつき、返品をし、又は値引き若しくは割戻しを受けたことによる、その課税仕入れに係る支払対価の額の全部若しくは一部の $\boxed{返還}$ 又はその課税仕入れに係る支払対価の額に係る買掛金その他の債務の全部若しくは一部の $\boxed{減額}$ をいう。

5．仕入れに係る消費税額の控除の規定は、原則として、 事業者 がその課税期間の課税仕入れ等の税額の控除に係る帳簿及び請求書等の 保存 をしない場合には適用されない。

6．課税仕入れに係る消費税額を控除するためには、原則として課税仕入れに係る 帳簿及び請求書等 の 保存 が必要である。

問17

(1) 課税売上高

① 総売上高 59,400,000円 ＋ 660,000円 ＝ 60,060,000円

② ①× $\frac{100}{110}$ ＝ 54,600,000円

③ 売上げに係る対価の返還等の金額 2,090,000円 × $\frac{100}{110}$ ＝ 1,900,000円

④ 課税売上高
②－③＝ 52,700,000円

(2) 輸出売上高 13,500,000円

(3) 非課税売上高

① 受取利息 65,000円

② 有価証券売却高 8,200,000円 × 5 ％ ＝ 410,000円

③ 土地売却高 30,000,000円

④ 合計①+②+③＝ 30,475,000円

(4) 課税売上割合

$$\frac{52,700,000円 ＋ 13,500,000円}{52,700,000円 ＋ 13,500,000円 ＋ 30,475,000円} = \frac{66,200,000円}{96,675,000円}$$

問18

課税売上割合が95％以上である場合	(1) 標準税率が適用される課税仕入れ等の税額

(1) 標準税率が適用される課税仕入れ等の税額

当期商品仕入高 371,800,000円

商品荷造運送費 2,420,000円

従業員給与手当 1,430,000円

福利厚生費 352,000円

旅費交通費 2,594,000円 － 361,000円 ＝ 2,233,000円

通信費 2,134,000円 － 264,000円 ＝ 1,870,000円

水道光熱費 1,903,000円

寄附金 341,000円

接待交際費 913,000円 ＋ （ 605,000円 － 3,300円 ）
＋ （ 434,000円 － 16,000円 ） ＝ 1,932,700円

消耗品費 1,540,000円

支払手数料 4,950,000円

その他の経費 4,246,000円

備品B 1,045,000円

合計 396,062,700円

396,062,700円 × $\frac{7.8}{110}$ ＝ 28,084,446円

(2) 軽減税率が適用される課税仕入れ等の税額

福利厚生費 162,000円 × $\frac{6.24}{108}$ ＝ 9,360円

(3) 仕入対価の返還等に係る税額 2,310,000円 × $\frac{7.8}{110}$
＝ 163,800円

(4) 控除対象仕入税額
28,084,446円 ＋ 9,360円 － 163,800円 ＝ 27,930,006円

課税売上割合が80％で一括比例配分方式を適用する場合	(1) 標準税率が適用される課税仕入れ等の税額 396,062,700円 $\times \dfrac{7.8}{110}$ = 28,084,446円 (2) 軽減税率が適用される課税仕入れ等の税額 福利厚生費 162,000円 $\times \dfrac{6.24}{108}$ = 9,360円 (3) 仕入対価の返還等に係る税額 2,310,000円 $\times \dfrac{7.8}{110}$ = 163,800円 (4) 控除対象仕入税額 28,084,446円 $\times$ 80% + 9,360円 $\times$ 80% － 163,800円 $\times$ 80% = 22,344,004円
課税売上割合が80％で個別対応方式を適用する場合	(1) 標準税率が適用される課税仕入れ等の税額 　a．課税資産の譲渡等にのみ要するもの 　　① 当期商品仕入高 371,800,000円 　　② 商品荷造運送費 2,420,000円 　　③ （備品B）1,045,000円 　　④ 合計 （①～③計375,265,000円 ）$\times \dfrac{7.8}{110}$ 　　　= 26,609,700円 　b．その他の資産の譲渡等にのみ要するもの（土地売却手数料） 　　4,950,000円 $\times \dfrac{7.8}{110}$ = 351,000円 　c．課税資産の譲渡等とその他の資産の譲渡等に共通して要するもの 　　① 従業員給与手当 1,430,000円 　　② 福利厚生費 352,000円 　　③ 旅費交通費 2,594,000円 － 361,000円 = 2,233,000円 　　④ 通信費 2,134,000円 － 264,000円 = 1,870,000円 　　⑤ 水道光熱費 1,903,000円 　　⑥ 寄附金 341,000円 　　⑦ 接待交際費 913,000円 ＋（ 605,000円 － 3,300円 ） 　　　＋（ 434,000円 － 16,000円 ）= 1,932,700円 　　⑧ 消耗品費 1,540,000円 　　⑨ その他の経費 4,246,000円 　　⑩ 合計（ ①～⑨計15,847,700円 ）$\times \dfrac{7.8}{110}$ = 1,123,746円 (2) 軽減税率が適用される課税仕入れ等の税額 　c．課税資産の譲渡等とその他の資産の譲渡等に共通して要するもの 　　福利厚生費 162,000円 $\times \dfrac{6.24}{108}$ = 9,360円 (3) 返還等に係る税額（課税資産の譲渡等にのみ要するものに係るもの） 　2,310,000円 $\times \dfrac{7.8}{110}$ = 163,800円 (4) 個別対応による控除対象仕入税額の計算 　26,609,700円 － 163,800円 ＋ 1,123,746円 $\times$ 80% 　＋ 9,360円 $\times$ 80% = 27,352,384円

第十二章　仕入れに係る消費税額の調整（183ページ）

問19

	番　　号
調整対象固定資産に該当するもの	②　④　⑤

問20

1．調整対象固定資産とは、 建物 、構築物、機械及び装置、船舶、航空機、車両及び運搬具、工具、器具及び備品、鉱業権その他の資産でその 価額 が少額でないものとして特定のものをいう。

2．棚卸資産とは、 商品 、製品、半製品、 仕掛品 、原材料、消耗品で貯蔵中のもの及びこれらに準ずるものをいう。

問21　【控除対象仕入税額】

$$52,800,000円 \times \frac{7.8}{110} = 3,744,000円$$

$$1,650,000円 \times \frac{7.8}{110} = 117,000円$$

$$3,744,000円 + 117,000円 = 3,861,000円$$

問22　【控除対象仕入税額】

$$52,800,000円 \times \frac{7.8}{110} = 3,744,000円$$

$$3,080,000円 \times \frac{7.8}{110} = 218,400円$$

$$3,744,000円 - 218,400円 = 3,525,600円$$

第十四章　簡易課税制度（中小事業者の仕入れに係る消費税額の控除の特例）（202ページ）

問23

事業区分	番　　号
第1種事業	①　⑤
第2種事業	②　④
第3種事業	③　⑨
第4種事業	⑥　⑧
第5種事業	⑩
第6種事業	⑦

問24

Ⅰ．課税標準額に対する消費税額の計算	
1．課税標準額 42,869,000円	1．課税標準額の計算 $47,156,450円 \times \frac{100}{110} = 42,869,500円 \rightarrow 42,869,000円$ （ 千円 未満切捨て）
2．課税標準額に対する消費税額 3,343,782円	2．課税標準額に対する消費税額の計算 $42,869,000円 \times 7.8\% = 3,343,782円$
Ⅱ．控除税額の計算	
1．控除対象仕入税額 1,671,891円	1．控除対象仕入税額の計算 みなし仕入率 $3,343,782円 \times 50\% = 1,671,891円$

問25

Ⅰ．課税標準額に対する消費税額の計算	
１．課税標準額 38,645,000円	１．課税標準額の計算 42,510,050円 × $\dfrac{100}{110}$ = 38,645,500円 → 38,645,000円 （ 千円 未満切捨て）
２．課税標準額に 対する消費税額 3,014,310円	２．課税標準額に対する消費税額の計算 38,645,000円 × 7.8% = 3,014,310円

Ⅱ．控除税額の計算	
１．控除対象仕入 税額 2,070,061円	１．控除対象仕入税額の計算 (1) 各種事業に係る消費税額 　① 第 2 種事業に係る消費税額 　　ⅰ．総売上高に基づく消費税額 　　（ 18,747,850円 × $\dfrac{100}{110}$ = 17,043,500円 ） 　　× 7.8% = 1,329,393円 　　ⅱ．返還等対価に係る消費税 　　77,550円 × $\dfrac{7.8}{110}$ = 5,499円 　　ⅲ．第 2 種事業に係る消費税額 　　1,329,393円 − 5,499円 = 1,323,894円 　② 第 4 種事業に係る消費税額 　　（ 23,762,200円 × $\dfrac{100}{110}$ = 21,602,000円 ） 　　× 7.8% = 1,684,956円 　③ 合計 　　1,323,894円 + 1,684,956円 = 3,008,850円 (2) みなし仕入率 　$\dfrac{1,323,894円 × 80\% + 1,684,956円 × 60\%}{3,008,850円}$ 　= 0.688 (3) 控除対象仕入税額 　（ 3,014,310円 − 5,499円 ） × 0.688 　= 2,070,061円
２．返還等対価に 係る税額 5,499円	２．返還等対価に係る税額の計算 77,550円 × $\dfrac{7.8}{110}$ = 5,499円
３．控除税額合計 2,075,560円	３．控除税額合計の計算 2,070,061円 + 5,499円 = 2,075,560円

第十五章　課税期間 （211ページ）

問26　1．個人事業者の消費税の課税期間は、原則として 1月1日 から 12月31日 までの期間とする。

　　　　2．法人の消費税の課税期間は、 事業年度 とする。

問27　1．課税期間の原則 令和6年4月1日から7年3月31日まで の期間

2．令和 6 年11月 1 日に 3 月ごとに短縮する課税期間特例選択届出書を提出した場合

　令和 6 年 4 月 1 日から 6 年12月31日まで の期間

　令和 7 年 1 月 1 日から 7 年 3 月31日まで の期間

3．令和 6 年11月 1 日に 1 月ごとに短縮する課税期間特例選択届出書を提出した場合

　令和 6 年 4 月 1 日から 6 年11月30日まで の期間

　令和 6 年12月 1 日から 6 年12月31日まで の期間

　令和 7 年 1 月 1 日から 7 年 1 月31日まで の期間

　令和 7 年 2 月 1 日から 7 年 2 月28日まで の期間

　令和 7 年 3 月 1 日から 7 年 3 月31日まで の期間

第十六章　申告と納付（230ページ）

問28

1．課税事業者は、課税期間の末日の翌日から 2 月以内 に所定の事項を記載した確定申告書を税務署長に提出しなければならない。この場合、個人事業者のその年の12月31日の属する課税期間に係る確定申告書の提出期限は、その年の 翌年 3 月31日 とする。

2．法人である事業者は、課税期間の末日の翌日から 2 月以内 に所定の事項を記載した 確定申告書 を税務署長に提出しなければならない。

3．課税事業者は、その課税期間分の消費税につき控除税額の控除不足額又は 中間納付額 の控除不足額がある場合には、確定申告書の提出義務がない場合においても、消費税の 還付 を受けるための申告書を提出することができる。

4．前課税期間の確定消費税額が 48万円 を超える課税事業者は、所定の時期に所定の事項を記載した 中間申告書 を税務署長に提出し、その申告書に記載した 中間納付額 に相当する消費税を国に納付しなければならない。

5．国内に住所を有する個人事業者の消費税の納税地は、その 住所地 とする。

6．内国法人の消費税の納税地は、その 本店 又は 主たる事務所 の所在地とする。

7．保税地域から引き取られる 外国貨物 に係る消費税の 納税地 は、その保税地域の所在地とする。

問29

① 法人Aの令和 6 年 4 月 1 日から令和 7 年 3 月31日までの課税期間

　令和 7 年 5 月31日

② 個人事業者Bの令和 6 年 1 月 1 日から令和 6 年12月31日までの課税期間

　令和 7 年 3 月31日

問30

〈毎月中間申告〉

　4,200万円 × $\frac{1}{12}$ ＝ 350万円≦400万円 　∴毎月中間申告 なし

〈三月中間申告〉

　4,200万円 × $\frac{3}{12}$ ＝ 1,050万円＞100万円 　∴三月中間申告 あり

第十九章　事業の承継（263ページ）

問31

1． 合併法人 とは、合併後存続する法人又は合併により設立された法人をいう。

2． 被合併法人 とは、合併により消滅した法人をいう。

3． 分割法人 とは、分割をした法人をいう。

4．分割承継法人 とは、分割により分割法人の事業を承継した法人をいう。

第二十三章　地方消費税（278ページ）

問32　1．地方消費税の 譲渡割 に係る課税標準は、課税資産の譲渡等に係る消費税額から仕入れに係る消費税額等の控除すべき税額を控除した後の 消費税額 である。

2．地方消費税の 貨物割 に係る課税標準は、保税地域からの課税貨物の引取りに係る 消費税額 である。

問33　〈消費税の税額の計算〉

課税標準額 55,000,000円 × $\dfrac{100}{110}$ ＝ 50,000,000円 （ 千円 未満切捨て）

課税標準額に対する消費税額 50,000,000円 × 7.8% ＝ 3,900,000円

控除対象仕入税額 38,500,000円 × $\dfrac{7.8}{110}$ ＝ 2,730,000円

返還等対価に係る消費税額 660,000円 × $\dfrac{7.8}{110}$ ＝ 46,800円

控除税額小計 2,730,000円 ＋ 46,800円 ＝ 2,776,800円

差引税額 3,900,000円 － 2,776,800円 ＝ 1,123,200円 （ 百円 未満切捨て）

〈地方消費税の税額の計算〉

譲渡割額 1,123,200円 × $\dfrac{22}{78}$ ＝ 316,800円 （ 百円 未満切捨て）

第二十四章　総合演習問題（279ページ）

問34

取引の区分		番　号
課税対象外取引		4、5、6、7、11、12、26、27、31、35、40、41、42、47、49、55、62、65、87、118
課税対象取引	標準税率課税対象取引	1、3、9、10、15、19、20、37、38、43、44、45、48、50、53、57、58、60、63、67、70、72、73、74、75、80、86、89、91、93、96、97、99、100、104、105、107、112、114、115、116、117、119
	軽減税率課税対象取引	28、46、94、95、108、109、110、111、113
	免税取引	25、29、36、39、54、61、64、66、77、78
	非課税取引	2、8、13、14、16、17、18、21、22、23、24、30、32、33、34、51、52、56、59、68、69、71、76、79、81、82、83、84、85、88、90、92、98、101、102、103、106

問35　Ⅰ．課税標準額に対する消費税額の計算

区　分	金　額	計算過程
1．課税標準額	395,500,000円	1．課税標準額の計算 435,050,550円 × $\dfrac{100}{110}$ ＝ 395,500,500円 → 395,500,000円 （ 千円 未満切捨て）
2．課税標準額に対する消費税額	30,849,000円	2．課税標準額に対する消費税額の計算 395,500,000円 × 7.8% ＝ 30,849,000円

Ⅱ．控除税額の計算

区　分	金　額	計算過程
1．控除対象 　　仕入税額	19,666,276円	1．控除対象仕入税額の計算 （1）課税仕入れの税額 　　① 当期商品仕入高　246,730,000円 　　② 福利厚生費　19,653,920円 　　　－　18,332,000円　＝　1,321,920円 　　③ 旅費交通費　5,207,000円　－　510,000円 　　　＝　4,697,000円 　　④ 通信費　2,647,800円　－　392,800円 　　　＝　2,255,000円 　　⑤ 事業用備品　1,980,000円 　　⑥ その他の経費　20,361,000円 　　⑦ 合計（　①～⑥計277,344,920円　） 　　　　×　$\frac{7.8}{110}$　＝　19,666,276円
2．返還等対 　　価に係る税 　　額	5,070円	
3．貸倒れに 　　係る税額	66,300円	
4．控除税額 　　合計	19,737,646円	4．控除税額合計の計算 　　1．19,666,276円　＋　2．5,070円 　　＋　3．66,300円　＝　19,737,646円

Ⅲ．納付税額の計算

区　分	金　額	計算過程
1．差引税額	11,111,300円	1．差引税額の計算 　　Ⅰの2．30,849,000円 　　－　Ⅱの4．19,737,646円　＝　11,111,354円 　　→　11,111,300円　（　百円　未満切捨て）
2．納付税額	7,331,300円	2．納付税額の計算 　　1．11,111,300円　－　3,780,000円 　　＝　7,331,300円

問36

Ⅰ．課税標準額に対する消費税額の計算

区　分	金　額	計算過程
1．課税標準 　　額	377,000,000円	1．課税標準額の計算 　　a．当期商品売上高　413,380,935円 　　b．（車両A売却高）　665,000円 　　c．（B株式売却高）　550,000円 　　d．（役員に対する商品の贈与） 　　　105,000円　$\gtrless$（　195,000円　×　50% 　　　＝　97,500円　） 　　　　　　　　　　　∴　105,000円

		e．合計
		（ 計414,700,935円 ） × $\frac{100}{110}$
		＝ 377,000,850円 → 377,000,000円
		（ 千円 未満切捨て）
2．課税標準額に対する消費税額	29,406,000円	2．課税標準額に対する消費税額の計算 377,000,000円 × 7.8% ＝ 29,406,000円
3．課税標準額に対する消費税額の調整額	18,379円	3．課税標準額に対する消費税額の調整額の計算 （貸倒れ回収に係る消費税額の計算） 259,200円 × $\frac{7.8}{110}$ ＝ 18,379円

Ⅱ．控除税額の計算

区　分	金　額	計算過程
1．課税売上割合	391,727,850円 511,875,850円	1．課税売上割合の計算 (1) 課税売上高 　　a．総売上高　377,000,850円 　　b．売上に係る対価の返還等の金額 　　　2,368,300円 × $\frac{100}{110}$ ＝ 2,153,000円 　　c．課税売上高　a．－b．＝ 374,847,850円 (2) 輸出売上高　16,880,000円 (3) 非課税売上高 　　a．受取利息 18,000円 　　b．有価証券売却高 2,600,000円 × 5 % 　　＝ 130,000円 　　c．（土地売却高） 120,000,000円 　　d．合計　a．＋b．＋c．＝ 120,148,000円 (4) 課税売上割合 　　$\frac{(1)+(2)}{(1)+(2)+(3)}$ ＝ $\frac{391,727,850円}{511,875,850円}$
2．控除対象仕入税額	22,725,318円	2．控除対象仕入税額の計算 (1) 課税仕入れ等の税額 　　イ．課税資産の譲渡等にのみ要するもの 　　　a．当期商品仕入高 297,960,300円 　　　b．商品荷造運送費 4,565,000円 　　　c．地代家賃 1,320,000円 　　　d．（車両D） 3,564,000円 　　　e．合計 （ 計307,409,300円 ） 　　　　× $\frac{7.8}{110}$ ＝ 21,798,114円 　　ロ．その他の資産の譲渡等にのみ要するもの 　　　（土地売却手数料） 　　　4,026,000円 × $\frac{7.8}{110}$ ＝ 285,480円 　　ハ．課税資産の譲渡等とその他の資産の譲渡 　　　等に共通して要するもの

A．標準税率適用分
　　a．従業員給与手当 2,236,000円
　　b．福利厚生費 699,000円
　　　－ 9,000円 ＝ 690,000円
　　c．接待交際費
　　　729,000円 ＋（ 428,400円
　　　－ 14,400円 ）＝ 1,143,000円
　　d．通信費 2,846,100円
　　　－ 298,000円 ＝ 2,548,100円
　　e．旅費交通費 2,414,000円
　　　－ 236,000円 ＝ 2,178,000円
　　f．水道光熱費 2,420,000円
　　g．消耗品費 1,078,000円
　　h．寄附金 220,000円
　　i．その他の経費 6,881,600円
　　j．小計（ 計19,394,700円 ）
　　　× $\frac{7.8}{110}$ ＝ 1,375,260円
B．軽減税率適用分
　　a．福利厚生費 86,400円
　　b．接待交際費 108,000円
　　c．小計（ 計194,400円 ）
　　　× $\frac{6.24}{108}$ ＝ 11,232円
C．合計
　　1,375,260円 ＋ 11,232円
　　＝ 1,386,492円

(3) 返還等に係る税額（課税資産の譲渡等にのみ要するものに係るもの）

1,887,600円 × $\frac{7.8}{110}$ ＝ 133,848円

(4) 個別対応方式による控除対象仕入税額の計算
（ 21,798,114円 － 133,848円 ）
＋ 1,386,492円 × $\frac{391,727,850円}{511,875,850円}$
＝ 22,725,319円

3．返還等対価に係る税額	167,934円	3．返還等対価に係る税額の計算 2,368,300円 × $\frac{7.8}{110}$ ＝ 167,934円
4．貸倒れに係る税額	31,200円	4．貸倒れに係る税額の計算 440,000円 × $\frac{7.8}{110}$ ＝ 31,200円
5．控除税額合計	22,924,453円	5．控除税額合計の計算 22,725,319円 ＋ 167,934円 ＋ 31,200円 ＝ 22,924,453円

Ⅲ．納付税額の計算

区　分	金　額	計算過程
1．差引税額	6,499,900円	1．差引税額の計算 　29,406,000円　＋　18,379円 　－　22,924,453円　＝　6,499,926円 　　→ 6,499,900円　（ 百円 未満切捨て）
2．納付税額	4,231,900円	2．納付税額の計算 　6,499,900円　－　2,268,000円 　＝　4,231,900円

第113回消費税法能力検定試験　解答

3　級

第1問（20点）

①	②	③	④	⑤	⑥	⑦	⑧	⑨	⑩
ア	ウ	オ	ク	コ	サ	ス	ソ	ツ	ト

第2問（20点）

（1）

①	②	③	④	⑤
○	×	○	○	×

（2）

①	②	③	④	⑤
○	○	×	○	×

第3問（20点）

①	74,773,000 円	②	5,832,294 円
③	50,792 円	④	50 %
⑤	2,941,543 円		

第4問（40点）

①	233,774,727 円	②	18,234,372 円
③	2,173,060 円	④	591,360 円
⑤	630,310 円	⑥	194,335,410 円
⑦	19,227 円	⑧	13,799,374 円
⑨	4,434,998 円	⑩	3,266,900 円

主催　公益社団法人　全国経理教育協会　　後援　文部科学省

第113回消費税法能力検定試験　解答

2 級

第1問（20点）

イ	ロ	ハ	ニ	ホ	ヘ	ト	チ	リ	ヌ
⑧	⑱	㉔	㉗	⑰	㉙	⑲	⑫	㉓	㉚

第2問（20点）

取引の区分		番　　　　号
課税対象外取引		①
課税対象取引	非課税取引	② ③ ⑥
	輸出免税取引	④ ⑧
	標準税率課税取引	⑦ ⑩
	軽減税率課税取引	⑤ ⑨

第3問（20点）

①	46,150,000 円	②	第	2	種事業
③	1,872,000 円	④	第	4	種事業
⑤	17,765,000 円	⑥			60 %
⑦	80 %	⑧			11,700 円
⑨	7,800 円	⑩			2,265,900 円

第4問（40点）

①	618, 273, 000 円	②	979, 000 円
③	105, 000 円	④	9, 750 円
⑤	85, 401, 000 円	⑥	2, 377, 000 円
⑦	1, 956, 000 円	⑧	203, 580 円
⑨	1, 386, 000 円	⑩	1, 163, 000 円
⑪	3, 030, 000 円	⑫	4, 471, 500 円
⑬	2, 564, 000 円	⑭	433, 600 円
⑮	426, 000 円	⑯	25, 237 円
⑰	154, 794 円	⑱	250, 096 円
⑲	45, 240 円	⑳	3, 197, 500 円